utb 6012

Eine Arbeitsgemeinschaft der Verlage

Brill | Schöningh – Fink · Paderborn
Brill | Vandenhoeck & Ruprecht · Göttingen – Böhlau · Wien · Köln
Verlag Barbara Budrich · Opladen · Toronto
facultas · Wien
Haupt Verlag · Bern
Verlag Julius Klinkhardt · Bad Heilbrunn
Mohr Siebeck · Tübingen
Narr Francke Attempto Verlag – expert verlag · Tübingen
Psychiatrie Verlag · Köln
Ernst Reinhardt Verlag · München
transcript Verlag · Bielefeld
Verlag Eugen Ulmer · Stuttgart
UVK Verlag · München
Waxmann · Münster · New York
wbv Publikation · Bielefeld
Wochenschau Verlag · Frankfurt am Main

Dr. Thieß Petersen arbeitet bei der Bertelsmann Stiftung in Gütersloh und lehrt an der Europa-Universität Viadrina Frankfurt (Oder).

Thieß Petersen

Grundwissen Inflation

Ökonomie, Gesellschaft, Klimawandel

UVK Verlag · München

Umschlagabbildung: © Brothers91 · iStockphoto
Autorenfoto: © privat

Bibliografische Information der Deutschen Nationalbibliothek
Die Deutsche Nationalbibliothek verzeichnet diese Publikation in der Deutschen Nationalbibliografie; detaillierte bibliografische Daten sind im Internet über http://dnb.dnb.de abrufbar.

DOI: https://doi.org/10.36198/9783838560120

– ein Unternehmen der Narr Francke Attempto Verlag GmbH + Co. KG
Dischingerweg 5 · D-72070 Tübingen

Internet: www.narr.de
eMail: info@narr.de

Einbandgestaltung: siegel konzeption | gestaltung
CPI books GmbH, Leck

utb-Nr. 6012
ISBN 978-3-8252-6012-5 (Print)
ISBN 978-3-8385-6012-0 (ePDF)
ISBN 978-3-8364-6012-5 (ePub)

„Inflation ist eine Art Steuer,
die nicht vom Gesetzgeber genehmigt werden muss."

Milton Friedman (1912–2006)
US-Ökonom und Nobelpreisträger

Inhalt

Was Sie vorher wissen sollten

Preise sind ein zentrales Element einer funktionierenden Marktwirtschaft. Sie führen zu einem Ausgleich von angebotener und nachgefragter Menge eines Gutes und sorgen so für ein Marktgleichgewicht. Sie informieren Unternehmen über Knappheiten und steuern dadurch die Produktionsentscheidungen. Zudem leiten sie die Produktionsfaktoren in die Bereiche und Unternehmen, in denen diese Faktoren den größten gesellschaftlichen Nutzen stiften.

Damit sie diese Ziele erreichen können, sollten Preise nicht zu stark schwanken, zumindest nicht kurzfristig. Das gilt in noch stärkerem Maße für das gesamtwirtschaftliche Preisniveau. Ein geringer Anstieg des Preisniveaus hat zwar eine wachstumssteigernde Wirkung, gleichzeitig aber bedeutet ein höheres gesamtwirtschaftliches Preisniveau auch einen Kaufkraftverlust. Zudem drohen bei zu hohen Preisniveausteigerungen eine Kapitalflucht, ausbleibende Ersparnisse und damit fehlende Finanzierungsmöglichkeiten für Investitionen. Bei extrem hohen Inflationsraten kann es zu Wirtschaftseinbrüchen mit Massenarbeitslosigkeit und sozialen Spannungen bis hin zu politischen Unruhen kommen.

Ein zentrales wirtschaftspolitisches Ziel einer Marktwirtschaft ist daher die Preisniveaustabilität. Inflation, also ein Anstieg des gesamtwirtschaftlichen Preisniveaus, verstößt gegen dieses Ziel.

Ziel dieses einführenden Textes ist es, die grundlegenden Ursachen und Konsequenzen einer Inflation zu erklären. Im **ersten Kapitel** werden zentrale Begriffe und Konzepte erläutert, die im Kontext der ökonomischen Analyse inflationärer Entwicklungen relevant sind. Das **zweite Kapitel** beschäftigt sich mit der Frage, wie die Inflation einer Volkswirtschaft gemessen wird und welche Indikatoren sich dafür anbieten. Das **dritte Kapitel** widmet sich den Ursachen eines Anstiegs des gesamtwirtschaftlichen Preisniveaus. Dabei ist vor allem zwischen einer nachfragegetriebenen und einer angebotsgetriebenen Inflation zu unterscheiden. Die wichtigsten ökonomischen Folgen einer Inflation behandelt das **vierte Kapitel**. Dort geht es um die Verteilungswirkungen steigender Preise – sowohl mit Blick auf die Einkommensverteilung als auch auf die Vermögensverteilung – sowie um die kurz-, mittel- und langfristigen Wachstums- und Beschäftigungseffekte.

In den anschließenden vier Kapiteln wird diskutiert, welchen Einfluss globale Entwicklungstrends wie die Globalisierung, der demografische Wandel, die Digitalisierung und der Klimawandel bzw. die zwingend erforderliche ökologische Transformation auf die Entwicklung des gesamtwirtschaftlichen Preisniveaus haben.

Das **fünfte Kapitel** beschreibt inflationsdämpfende Effekte der Globalisierung wie die Ausnutzung von Kostenvorteilen, Massenproduktionsvorteile und die Forcierung des technologischen Fortschritts infolge eines höheren Wettbewerbsdrucks. Gleichzeitig aber können grenzüberschreitende wirtschaftliche Beziehungen zu einer importierten Inflation, einer abwertungsbedingten Inflation und einer exportgetriebenen Inflation führen.

Im **sechsten Kapitel** werden die Auswirkungen des demografischen Wandels auf das gesamtwirtschaftliche Preisniveau diskutiert. Sowohl bei einer jungen, schnell wachsenden Bevölkerung mit vielen Kindern und Jugendlichen als auch in einer alten Gesellschaft mit einem hohen Anteil von Menschen im Rentenalter überwiegen preisniveauerhöhende Effekte. In einer Volkswirtschaft mit einem hohen Anteil von Menschen im erwerbsfähigen Alter an der Gesamtbevölkerung sind hingegen die inflationsdämpfenden Effekte stärker.

Das **siebte Kapitel** zeigt, dass auch die Digitalisierung inflationsdämpfende und inflationserhöhende Wirkungen hat. Zu den ersten gehören unter anderem Produktivitätssteigerungen durch digitale Technologien, Angebotsausweitungen durch die Angebote von privaten Anbietern, die Sharing Economy und der Abbau von Marktmacht durch eine höhere Markttransparenz. Inflationserhöhend wirken hingegen digitale Monopole, Kartellbildungen durch algorithmische Preisbildung und Preisdifferenzierung bzw. personalisierte Preise.

Die Auswirkungen des Klimawandels auf die Inflation werden im **achten Kapitel** beschrieben. Die Zerstörung von Produktionsanlagen und Transportinfrastrukturanlagen sowie die durch den Klimawandel und den Wassermangel reduzierten Ernteerträge wirken inflationserhöhend. Gleiches gilt für die Einpreisung der negativen externen Effekte des Verbrauchs fossiler Energien durch CO_2-Preise und die Bindung produktiver Ressourcen, die für die erforderlichen Investitionen zur ökologischen Transformation notwendig sind. Langfristig hat der ressourcensparende technologische Fortschritt eine preisniveausenkende Wirkung.

Im neunten und zehnten Kapitel werden verschiedene wirtschaftspolitische Maßnahmen zum Umgang mit zu hohen Inflationsraten skizziert.

Zunächst beschreibt das **neunte Kapitel** die Möglichkeiten und Grenzen geldpolitischer Instrumente, mit denen die Zentralbank eines Landes die Inflation bekämpfen kann. Im **zehnten Kapitel** werden zusätzliche wirtschaftspolitische Handlungsoptionen behandelt. Diskutiert werden Maßnahmen zur Ausweitung des gesamtwirtschaftlichen Güterangebots (z. B. die Förderung des technologischen Fortschritts, Produktivitätssteigerungen, eine Steigerung der Arbeitsmarktpartizipation und der Abbau von Importzöllen) und Maßnahmen zur Reduzierung der Güternachfrage (z. B. eine restriktive Fiskalpolitik, der Ausbau der Sharing Economy und eine Forcierung des Präferenz- bzw. Wertewandels hin zu einem geänderten Konsumverhalten). Erforderlich ist zudem eine Flankierung steigender Konsumgüterpreise durch sozialpolitische Maßnahmen.

Den Abschluss bilden ein Fazit mit einem Ausblick auf die Inflationsaussichten für die kommenden Jahre im **elften Kapitel** sowie ein **Glossar**.

Abkürzungsverzeichnis

BIP	Bruttoinlandsprodukt
C	private Konsumausgaben
EX	Exporte
EZB	Europäische Zentralbank
G	staatliche Ausgaben (G für government)
GE	Grenzerlös
GK	Grenzkosten
GN	Grenznutzen
I	gesamtwirtschaftliche Investitionen
i	Zinssatz (i für interest rate)
IM	Importe
IMF	Internationaler Währungsfonds (International Monetary Fund)
L	Arbeitsmenge (L für labour)
L^d	Arbeitsnachfrage (d für demand)
L^s	Arbeitsangebot (s für supply)
M	gesamtwirtschaftliche Geldmenge (M für money)
p	Preis eines einzelnen Produkts
p^H	Höchstpreis
p^W	Weltmarktpreis eines einzelnen Produkts
P	gesamtwirtschaftliches Preisniveau
π	Inflationsrate
r	realer Zinssatz
S	gesamtwirtschaftliche Ersparnisse
U	Umlaufgeschwindigkeit des Geldes
W	Nominallohn (W für wage)

W/P	Reallohn
X	Menge eines einzelnen Produkts
Y	reales Inlandsprodukt
Y^d	gesamtwirtschaftliche Güternachfrage (d für demand)
Y^s	gesamtwirtschaftliches Güterangebot (s für supply)

1 Begriffliche Klärungen

Die Volkswirtschaftslehre beschäftigt sich mit der grundlegenden Frage, wie Gesellschaften damit umgehen, dass Menschen über unbegrenzte Bedürfnisse verfügen, für deren Befriedigung es jedoch nur eine begrenzte Menge von Gütern, d. h. Waren und Dienstleistungen, gibt. Die Tatsache, dass die Mittel zur Befriedigung menschlicher Bedürfnisse – also **Güter** – knapp sind, macht es erforderlich, mit der Knappheit so umzugehen, dass das Spannungsverhältnis zwischen unbegrenzten Bedürfnissen und begrenzten Mitteln so weit wie möglich reduziert wird.

Die Erreichung dieses Ziels stellt eine Gesellschaft vor zahlreiche Fragen: Welche Produkte sollen hergestellt werden? Wer stellt diese Produkte mit welchen Produktionsverfahren her? Und für wen werden die Produkte hergestellt, d. h. wie werden die knappen Güter unter den Mitgliedern der Gesellschaft verteilt? Die Beantwortung dieser Fragen kann entweder zentral über Pläne und Zuweisungen erfolgen oder dezentral über Märkte und Preise. Sowohl theoretische Überlegungen als auch praktische Erfahrungen sprechen dafür, dass Märkte und **Preise** diese Fragen besser beantworten können als zentrale Pläne.

Preise sind in der Regel als **Geldpreise** ausgedrückt, d. h. der Preis eines Gutes wird in Geldeinheiten – z. B. Euro – angegeben. Preise haben eine Reihe von Funktionen. Die wichtigsten **Preisfunktionen** sind die Allokationsfunktion, die Anreiz- bzw. Sanktionsfunktion, die Innovationsfunktion, die Informationsfunktion, die Koordinierungsfunktion und die Markträumungsfunktion (vgl. zu den nachfolgenden Ausführungen Petersen 2016).

- Die **Allokationsfunktion** des Preises beschreibt den Umstand, dass der Preis die endgültige Verteilung der Güter und der Produktionsfaktoren regelt. Die in einer Volkswirtschaft vorhandenen Produktionsfaktoren und die mit ihnen produzierten Güter werden so verteilt, dass sie den Konsumenten den größtmöglichen Nutzen stiften. So sind beispielsweise Anbieter von Gütern, die von den Konsumenten hochgeschätzt werden und für die die Konsumenten einen hohen Preis zahlen, in der Lage, höhere Faktorpreise – also z. B. höhere Löhne – zu zahlen. Dadurch werden die Produktionsfaktoren in die Branchen gelenkt, die diese Güter herstellen. So werden schließlich die Güter, die von den Konsumenten hochgeschätzt werden, in größerem Umfang hergestellt.

- Der Preis stellt für die Anbieter oder Eigentümer von Gütern einen Anreiz dar, Mengeneinheiten dieses Gutes auf dem Markt anzubieten. Bei Preisänderungen passen die Hersteller von Waren und Dienstleistungen ihr Angebot an den neuen Preis an. Wenn beispielsweise der Preis eines Gutes infolge einer größeren Nachfrage steigt, erhöht dies den Anreiz der Anbieter, mehr Einheiten dieses Gutes zu produzieren und auf dem Markt anzubieten. Zudem erhöht der steigende Preis bei den Eigentümern dieses Gutes den Anreiz, sich von ihren Gütern zu trennen und diese zu verkaufen. Im Ergebnis führt die **Anreizfunktion** des Preises also dazu, dass im Fall einer größeren Nachfrage diese auch durch ein steigendes Angebot befriedigt werden kann. Negativ formuliert nimmt der Preis eine **Sanktionsfunktion** wahr: Produkte, die von den Konsumenten nicht mehr gewollt werden, erleiden einen Preisrückgang. Damit sinken die Gewinne, sodass die Kapitaleigentümer Einkommenseinbußen erleiden. Falls der Preis so weit sinkt, dass er die Produktionskosten nicht mehr deckt, kommt es zu Verlusten. Langfristig müssen diese Anbieter den Markt verlassen, weil sie nicht mehr kostendeckend produzieren können. Der Preis sorgt also dafür, dass Unternehmen, die nicht das anbieten, was die Konsumenten wollen, vom Markt verschwinden.
- Eng verbunden mit der Anreiz- bzw. der Sanktionsfunktion ist die **Innovationsfunktion**. Wenn in einem wettbewerblich organisierten Markt ein einzelnes Unternehmen befürchten muss, dass es von Konkurrenten vom Markt verdrängt werden kann, weil die Konkurrenten günstigere Güter anbieten, hat das einzelne Unternehmen einen Anreiz, durch **technologischen Fortschritt** die eigenen Produktionskosten zu reduzieren. Sinkende Preise bei den Gütern der Konkurrenz zwingen somit andere Unternehmen, Innovationsanstrengungen durchzuführen, um entweder die Qualität ihres Produkts zu verbessern oder die Kosten – und damit auch den Preis – des eigenen Produkts zu senken. Für die Konsumenten bedeutet dies, dass sie im Fall eines technologischen Fortschritts eine größere Menge von Gütern konsumieren können und dabei gleichzeitig nur noch einen geringeren Preis zahlen müssen. Dies erhöht den materiellen Wohlstand der Bürger.
- Die **Informationsfunktion** des Preises beschreibt den Umstand, dass der Preis alle Marktteilnehmer mit den Informationen versorgt, die

diese für ihre Entscheidungen benötigen. Hierzu gehört vor allem der Umstand, dass der Preis ein Knappheitsindikator ist. Ein steigender Preis ist ein Indikator dafür, dass es einen Nachfrageüberhang gibt. Dies bedeutet, dass nicht alle Konsumenten, die das Gut zu dem am Markt herrschenden Preis kaufen wollen, dieses Gut in der gewünschten Menge erwerben können. Das Angebot reicht nicht aus, um die Nachfragewünsche zu befriedigen. Der steigende Preis gibt den Anbietern die Information, dass eine Ausweitung des Angebots ökonomisch lohnend ist. Ein sinkender Preis ist hingegen ein Signal dafür, dass das Angebot zu groß ist und eine Reduzierung des Angebots ökonomisch sinnvoll ist. Hohe bzw. steigende Preise signalisieren somit Knappheit, geringe bzw. sinkende Preise sind hingegen ein Signal für einen Überfluss.
- Die **Koordinierungsfunktion** des Preises beschreibt den Umstand, dass der Preis das Angebot und die Nachfrage so koordiniert, dass die Produktionspläne der Unternehmen den Konsumplänen der Verbraucher entsprechen. Wenn die Anbieter z. B. ein Produkt herstellen, das nicht den Wünschen der Konsumenten entspricht, resultiert daraus ein Angebotsüberschuss. Der damit einhergehende Preisrückgang signalisiert den Anbietern, dass sie die Produktion dieses Gutes einschränken müssen. Damit werden die Produktions- und die Konsumpläne aufeinander abgestimmt.
- Die **Markträumungsfunktion** des Preises beschreibt schließlich den Umstand, dass der Preis das Angebot und die Nachfrage so koordiniert, dass der Markt geräumt wird. Es kommt zum Ausgleich der angebotenen und der nachgefragten Menge, d. h. es wird ein Marktgleichgewicht erreicht. Solange das Marktgleichgewicht noch nicht erreicht ist, finden Preisvariationen statt. Im Falle eines Angebotsüberschusses kommt es – wie weiter oben beschrieben – zu einem Preisrückgang, der zu einem Rückgang der angebotenen Gütermenge und zu einem Anstieg der nachgefragten Gütermenge führt. Die Preisänderungen finden so lange statt, bis der Angebotsüberschuss abgebaut ist und die angebotene Gütermenge mit der nachgefragten übereinstimmt. Dieses Prinzip gilt sowohl für Gütermärkte als auch für Faktormärkte, also z. B. den Arbeitsmarkt, und für Vermögensmärkte wie den Aktienmarkt.

Werden nicht nur die Preise für einzelne Produkte betrachtet, sondern alle Preise für Waren und Dienstleistungen in einer Volkswirtschaft, handelt es sich um das gesamtwirtschaftliche Preisniveau. Das **Preisniveau** gibt den gewichteten Durchschnitt aller Waren- und Dienstleistungspreise einer Volkswirtschaft an.

Von einer **Inflation** wird gesprochen, wenn die Preise für Konsumgüter auf breiter Front steigen und das gesamtwirtschaftliche Preisniveau zunimmt. Es geht dabei nicht nur um Preisanstiege für einzelne Produkte, sondern um einen generellen Anstieg der Preise für alle Waren, also materielle Produkte, und Dienstleistungen, d. h. immaterielle Produkte. Waren und Dienstleistungen werden im Folgenden als **Güter** bezeichnet. Die Rate, mit der sich das gesamtwirtschaftliche Preisniveau innerhalb eines bestimmten Zeitraums verändert, ist die **Inflationsrate**. Wird das Preisniveau zweier aufeinander folgender Jahre verglichen (z. B. 2022 mit 2021), handelt es sich um die **jährliche** Inflationsrate. Daneben gibt es auch **monatliche** Inflationsraten. Sie können sich auf den vorherigen Monat beziehen (also z. B. März 2022 im Vergleich zum Februar 2022) oder auf den Vorjahresmonat (also März 2022 im Vergleich zum März 2021).

Zu einem Anstieg des gesamtwirtschaftlichen Preisniveaus kommt es, wenn es einen gesamtwirtschaftlichen **Nachfrageüberhang** gibt. Dieser stellt sich ein, wenn die gesamtwirtschaftliche Güternachfrage größer ist als das Güterangebot.

Das Gegenteil einer Inflation ist eine **Deflation**. Sie liegt vor, wenn das Preisniveau im Zeitablauf sinkt bzw. wenn die Inflationsrate negativ wird. Die Rate, mit der das gesamtwirtschaftliche Preisniveau im Zeitablauf sinkt, heißt **Deflationsrate**. Wenn die Inflationsraten im Zeitablauf geringer werden, aber immer noch positiv sind, liegt eine **Disinflation** vor.

Der Anstieg des gesamtwirtschaftlichen Preisniveaus kann unterschiedliche Geschwindigkeiten haben. Je nachdem, wie rasch der Preisniveauanstieg erfolgt, wird zwischen einer **schleichenden**, einer **trabenden** und einer **galoppierenden** Inflation unterschieden. Konkrete Grenzwerte, ab denen aus einer schleichenden eine trabende und aus einer trabenden eine galoppierende Inflation wird, gibt es jedoch nicht (vgl. Issing 1990, S. 171). Das Ergebnis einer galoppierenden Inflation ist häufig eine **Hyperinflation**. In der Literatur wird von einer Hyperinflation gesprochen, wenn die monatliche Inflationsrate 50 Prozent und mehr beträgt (vgl. Illing 2016, S. 3).

Ein weiteres Unterscheidungsmerkmal von verschiedenen Inflationsarten ist neben dem Tempo der Inflation auch deren Dauerhaftigkeit. Hier kann vereinfachend zwischen einer vorübergehenden und einer chronischen Inflation gesprochen werden.

- Wenn ein gesamtwirtschaftlicher Preisniveauanstieg auf ein temporäres Ereignis zurückgeführt werden kann, welches nach mehr oder weniger kurzer Zeit wieder verschwindet, können die Preise auf ihr ursprüngliches Niveau sinken. Beispiel für die daraus resultierende **vorübergehende** oder temporäre Inflation ist eine Missernte, die die Preise für alle landwirtschaftlichen Produkte steigen lässt. Wenn es im Folgejahr wieder ein ausreichend hohes Angebot an Agrarprodukten gibt, wird der gesamtwirtschaftliche Nachfrageüberhang abgebaut und die Preise sinken auf ihr Ausgangsniveau zurück. Ein wochenlanger Ausfall von Lieferungen essenzieller Rohstoffe, Vorleistungen und Endprodukte aus dem Ausland wegen der Blockade eines wichtigen Handelsweges – so wie z. B. dem Suezkanal im Frühjahr 2021 – ist ebenfalls eine nur vorübergehende Inflationsursache.
- Denkbar sind auch Situationen, in denen es zu einer **einmaligen** Preisniveauerhöhung kommt, die nicht wieder zurückgeht. Das gesamtwirtschaftliche Preisniveau wird dadurch auf ein höheres Niveau gehoben, auf dem es anschließend verbleibt. Ein Beispiel dafür ist die einmalige Einführung von Energiesteuern oder einem Preis für den Ausstoß von Treibhausgasen zum Beginn eines Jahres. Da Energie für nahezu alle Produktionsprozesse benötigt wird, kommt es zu höheren Produktionskosten, die dann auch die Güterpreise steigen lassen und somit das gesamtwirtschaftliche Preisniveau. Wenn also beispielsweise am 1. Januar 2021 ein entsprechender Anstieg der Energiepreise erfolgt, bedeutet das für alle zwölf Monate des Jahres 2021 höhere Inflationsraten (verglichen mit den jeweiligen Monaten des Jahres 2020). Wenn es zum 1. Januar 2022 keine weiteren Energiepreissteigerungen gibt, verharren die durchschnittlichen Preise der Volkswirtschaft auf dem erreichten Niveau. Anders als im Beispiel einer Missernte sinkt das gesamtwirtschaftliche Preisniveau nicht wieder auf das Ausgangsniveau. Es steigt aber auch nicht mehr weiter an. Es kommt also zu einem **einmaligen Niveaueffekt**, der das Preisniveau auf ein höheres Niveau hebt.
- Bei einer **chronischen** Inflation ist die Inflationsursache dauerhaft. Dies wäre z. B. der Fall, wenn die Regierung eines Landes die Energiepreise jedes Jahr durch höhere Energiesteuern steigen lässt. Ein anderes Beispiel wäre eine von Jahr zu Jahr sinkende Zahl von Arbeitskräften, was zu permanenten Lohnsteigerungen führt, die über höhere Produktionskosten die Güterpreise steigen lassen.

Bei der Inflation ist zwischen der durch offizielle Statistiken gemessenen Inflation und der **gefühlten Inflation** zu unterscheiden. Während die offizielle Inflationsrate das Ergebnis objektiver Berechnungen ist, die im zweiten Kapitel detaillierter dargestellt werden, betrifft die gefühlte Inflation die Preisniveauänderungen, die die Menschen einer Volkswirtschaft aufgrund ihrer täglichen Kaufentscheidungen wahrnehmen. Sie kann von der offiziell gemessenen Inflation abweichen, wenn die Menschen nur auf die Preisänderungen achten, die sie bei ihren Einkäufen erleben (vgl. Weichenrieder und Gürer 2020, S. 837). Wenn die Verbraucher beispielsweise beim Kauf einiger Lebensmittel Preissteigerungen feststellen, sehen sie darin eine inflationäre Tendenz. Dabei ist es durchaus möglich, dass sie viele weitere Konsumausgaben tätigen, bei denen es keine Preiserhöhungen gibt. Diese werden jedoch nicht wahrgenommen, weil die Bezahlung durch Daueraufträge oder Abbuchungen erfolgt. Beispiele sind die Rechnungen für Strom, Telefon und Zeitungen, Rundfunkgebühren sowie Mieten. In diesem Fall überschätzt die gefühlte Inflation die tatsächlichen Preisniveausteigerungen.

Ein weiterer inflationsrelevanter Begriff ist die **Stagflation**. Dieser Terminus setzt sich zusammen aus den Begriffen Stagnation und Inflation. **Stagnation** ist ein Begriff aus der Konjunkturtheorie. Er beschreibt eine Situation, in der die Wirtschaft kaum oder gar nicht mehr wächst – die wirtschaftliche Leistungskraft des Landes stagniert, die Wachstumsrate des realen Bruttoinlandsprodukts (→ Box 1) geht zurück und tendiert gegen null. Gleichzeitig kommt es zu einem Anstieg des gesamtwirtschaftlichen Preisniveaus. Die Stagnation trifft also auf eine Inflation, das Ergebnis ist eine Stagflation.

Box 1 | Bruttoinlandsprodukt

Das Bruttoinlandsprodukt ist der traditionelle Indikator zur Messung der wirtschaftlichen Leistungskraft eines Landes (vgl. Petersen 2018). Es entspricht dem Wert aller Waren und Dienstleistungen, die innerhalb eines Jahres in einem Land hergestellt werden abzüglich der Vorleistungen. Die Vorleistungen werden abgezogen, um Doppelzählungen zu vermeiden. Die Messung der wirtschaftlichen Leistungsfähigkeit eines Landes mit Hilfe des Bruttoinlandsprodukts hat eine Reihe von Mängeln. Es erfasst nur wirtschaftliche Aktivitäten, die über Märkte gegen Bezahlung des Preises getauscht werden, nicht aber wirtschaftliche Aktivitäten, die innerhalb eines Haushalts erfolgen oder die ohne eine monetäre Gegenleistung erbracht werden. Ein anderes Defizit betrifft den Umstand, dass bestimmte Aktivitäten den Wert des Bruttoinlandsprodukts auch dann erhöhen, wenn die Versorgung der Bevölkerung mit Gütern unverändert bleibt. Wenn beispielsweise ein Haus brennt und zahlreiche Schäden anschließend beseitig werden, fließen die für die Reparaturarbeiten zu zahlenden Geldbeträge in das Bruttoinlandsprodukt ein, weil sie eine wirtschaftliche Leistung darstellen. Für die Bewohner wird damit jedoch nur der ursprüngliche Zustand wiederhergestellt, d. h. die Menge des nutzbaren Wohnraums hat sich im Vergleich zur Situation ohne den Brand nicht vergrößert. Dies verdeutlicht, dass das Bruttoinlandsprodukt kein Wohlfahrtsmaß ist, sondern lediglich die wirtschaftliche Leistungskraft einer Volkswirtschaft misst. Eine weitere Schwäche besteht darin, dass weder positive noch negative externe Effekte bei der Berechnung des Bruttoinlandsprodukts berücksichtigt werden. Dennoch ist das Bruttoinlandsprodukt nach wie vor die am meisten angewendete Messgröße in der wirtschaftswissenschaftlichen und wirtschaftspolitischen Diskussion, wenn es um die Quantifizierung der Wirtschaftskraft eines Landes geht.

Eng mit Preisen verbunden ist in einer Marktwirtschaft das Geld. **Geld** wird in einer Volkswirtschaft vor allem für den Kauf von Gütern sowie Vermögensgegenständen (Aktien, Wertpapieren etc.) und Produktionsfaktoren verwendet. Geld erfüllt in einer Gesellschaft drei grundlegende Funktionen. Erstens ist Geld ein allgemein akzeptiertes **Tauschmittel**, das den Austausch von Gütern und Vermögensgegenständen erheblich erleichtert. Zweitens ist Geld eine **Recheneinheit**, die eine einheitliche Bewertung aller Güter und Vermögensgegenstände ermöglicht. Drittens hat Geld eine **Wertaufbewahrungsfunktion**, die es erlaubt, zwischen dem Einkommenserwerb und der Verausgabung dieses Einkommens einen gewissen Zeitraum verstreichen zu lassen und so z. B. Vermögen aufzubauen. Jedes Objekt, das diese drei Funktionen erfüllt, ist im ökonomischen Sinne Geld.

Für eine funktionsfähige Marktwirtschaft ist die **Preisniveaustabilität** ein wichtiges Ziel. In einer marktwirtschaftlich organisierten Volkswirtschaft verfolgen unabhängige Zentralbanken das Ziel der Preisniveaustabilität. Dies bedeutet vor allem, dass der Anstieg der Verbraucherpreise einen bestimmten Schwellenwert nicht dauerhaft überschreiten sollte. Die

Europäische Zentralbank (EZB) sieht diesen Wert bei einer jährlichen **Inflationsrate** von zwei Prozent. Lange Zeit war das Ziel der EZB eine Inflationsrate, die unter, aber nahe zwei Prozent liegen sollte. Im Sommer 2021 verabschiedete der EZB-Rat eine neue geldpolitische Strategie. Danach wird mittelfristig eine Inflationsrate in Höhe von zwei Prozent angestrebt. Dieser Wert wird als ein symmetrisches **Inflationsziel** angesehen. Das bedeutet, dass eine Überschreitung dieses Zielwertes als ebenso unerwünscht angesehen wird wie eine Unterschreitung der Zweiprozentmarke (vgl. EZB 2021). Auch in den USA, in Japan, im Vereinigten Königreich und in Schweden betragen die Inflationsziele zwei Prozent (vgl. KfW 2020, S. 2). Die Zentralbanken zielen dabei auf das gesamtwirtschaftliche Preisniveau ab. Gemessen wird dieses in der Regel durch die Verbraucherpreise bzw. einen **Verbraucherpreisindex** (vgl. dazu Kapitel zwei). Es geht also nicht darum, dass die Preise aller einzelnen Waren und Dienstleistungen konstant bleiben sollen bzw. jährlich um zwei Prozent steigen sollen.

Für das wirtschaftspolitische Ziel der Preisniveaustabilität gibt es verschiedene Gründe. Preise können die weiter oben genannten Funktionen nicht oder nur schlecht erfüllen, wenn das gesamtwirtschaftliche Preisniveau stark steigt. Wenn beispielsweise alle Preise im Durchschnitt um zehn Prozent steigen, ist es für die Marktteilnehmer schwer zu erkennen, ob die Knappheit einzelner Güter zugenommen hat oder ob der Preisanstieg nur das Ergebnis eines generellen inflationären Prozesses ist. Die **Wertaufbewahrungsfunktion** des Geldes ist gefährdet, wenn hohe Inflationsraten die Kaufkraft des Geldes reduzieren. Private Haushalte bilden dann weniger Ersparnisse. Das hat zur Folge, dass den Unternehmen weniger Kredite zur Verfügung stehen, mit denen sie Investitionen finanzieren können. Wenn die Kaufkraft der Einkommen der privaten Haushalte inflationsbedingt sinkt, wird es für einkommensschwache Haushalte schwierig, die für sie notwendigen Konsumgüter zu erwerben. Kaufkraftverluste können daher zu **sozialen Spannungen** führen. Schließlich drohen bei zu hohen Inflationsraten Arbeitsplatzverluste, Kapitalflucht und damit ein Wirtschaftseinbruch. Diese Fragen werden im vierten Kapitel erörtert.

Wichtig ist in diesem Kontext der Hinweis, dass eine Preisniveaustabilität nicht bedeutet, dass alle Preise in einer Volkswirtschaft konstant bleiben sollen. Damit Preise in einer Marktwirtschaft ihre Funktionen erfüllen können, müssen die Preise der einzelnen Güter nach oben und unten flexibel sein. Bei den Gütern, die von den Verbrauchern nicht mehr gewünscht werden, müssen die Preise sinken. Nur dann schränken die Unternehmen ihre Produktion ein und reagieren auf die Konsumentenwünsche. Bei Gütern, die von den Konsumenten verstärkt gewünscht werden, soll es zu kräftigen Preissteigerungen kommen, damit die Unternehmen ihr Angebot ausweiten. Einzelne Preise dürfen bzw. müssen sogar in einer funktionierenden Marktwirtschaft schwanken. Nur in der Summe sollen sie – und damit das gesamtwirtschaftliche **Preisniveau** – nicht zu stark steigen oder sinken.

2 Messung der Inflation

Die Inflationsmessung erfolgt mit Hilfe des gesamtwirtschaftlichen Preisniveaus, das wiederum mit Hilfe eines Warenkorbs berechnet wird. Nach einigen theoretischen Überlegungen werden die Grundzüge der Inflationsberechnung in der Praxis skizziert.

2.1 Theoretische Grundlagen der Inflationsmessung

Ausgangspunkt der Inflationsmessung ist die Berechnung des gesamtwirtschaftlichen **Preisniveaus**. Dafür werden Informationen über die Preise sämtlicher Waren und Dienstleistungen, die in einer Volkswirtschaft nachgefragt werden, benötigt sowie Informationen über die nachgefragten Mengen. Mit Hilfe eines einfachen Zahlenbeispiels lässt sich das grundlegende Konzept der Preisniveaumessung verdeutlichen (→ Tabelle 2.1).

	Preis in Euro	Menge	Wert in Euro	Anteil an Gesamtmenge
Rotwein	10,-	800	8.000	26,67 %
Schuhe	100,-	400	40.000	13,33 %
Kühlschrank	350,-	100	35.000	3,33 %
Smartphone	500,-	200	100.000	6,67 %
Haarschnitt	25,-	1.200	30.000	40,00 %
Urlaubsreise	850,-	300	255.000	10,00 %
Summe		3.000	468.000	100 %

Tabelle 2.1: Zahlenbeispiel zur Berechnung des gesamtwirtschaftlichen Preisniveaus

Der Wert aller in diesem Beispiel nachgefragten Güter beträgt 468.000,- Euro. Die Anzahl der in der Volkswirtschaft nachgefragten Produkte beträgt 3.000. Daraus ergibt sich ein durchschnittlicher Güterpreis von 156,- Euro. Anders formuliert: die 3.000 Produkteinheiten bilden einen **Warenkorb**, bei dem jede Einheit im Durchschnitt 156,- Euro kostet.

Alternativ lässt sich das gesamtwirtschaftliche Preisniveau berechnen, indem die sechs einzelnen Preise jeweils mit ihrem Mengenanteil an allen 3.000 Gütereinheiten gewichtet werden und dann die Summe dieser Einzelbeträge berechnet wird:

10,- · 0,2667 + 100,- · 0,1333 + 350,- · 0,0333 + 500,- · 0,0667 + 25,- · 0,4 + 850,- · 0,1 = 2,667 + 13,333 + 11,667 + 33,333 + 10 + 85 = 156

Nun wird angenommen, dass sich die Preise aller sechs Produkte verändern. Bei fünf Produkten kommt es zu Preissteigerungen im Ausmaß von zwei bis zehn Prozent. Lediglich beim Smartphone sinkt der Preis um zehn Prozent von 500,- auf 450,- Euro (→ Tabelle 2.2). Grund dafür sind technologische Fortschritte, die die Herstellungskosten verringern und damit auch den Preis, den die Endverbraucher zahlen. Alle nachgefragten Mengen bleiben dabei annahmegemäß unverändert, d. h. die Verbraucher reagieren kurzfristig nicht auf die Preisänderungen.

	Preisänderung	Preis in Euro	Menge	Wert in Euro	Anteil an Gesamtmenge
Rotwein	+ 10 %	11,-	800	8.800	26,67 %
Schuhe	+ 2 %	102,-	400	40.800	13,33 %
Kühlschrank	+ 3 %	360,5	100	36.050	3,33 %
Smartphone	- 10 %	450,-	200	90.000	6,67 %
Haarschnitt	+ 8 %	27,-	1.200	32.400	40,00 %
Urlaubsreise	+ 5 %	892,5	300	267.750	10,00 %
Summe			3.000	475.800	100 %

Tabelle 2.2: Berechnung des gesamtwirtschaftlichen Preisniveaus bei veränderten Preisen

Der Wert aller nachgefragten Güter ist in der Summe gestiegen, während die einzelnen Produktmengen annahmegemäß konstant geblieben sind. Die Folge ist ein Anstieg des gesamtwirtschaftlichen Preisniveaus von 156,- auf 158,60 Euro.

Zur Berechnung der Inflationsrate bieten sich unterschiedliche Wege an. Zum einen kann die Differenz zwischen dem neuen und dem ursprünglichen Preisniveau in Relation zum ursprünglichen Preisniveau gesetzt werden. Diese Differenz beträgt 2,60 Euro. Das sind 1,667 Prozent von 156,- Euro.

Das gesamtwirtschaftliche Preisniveau ist also um 1,667 Prozent gestiegen, sodass die **Inflationsrate** bei 1,667 Prozent liegt.

Ein zweiter Berechnungsweg besteht darin, mit dem Wert des Warenkorbs zu rechnen, der aus den 3.000 Produkteinheiten besteht. Die Differenz zwischen dem Wert des ursprünglichen und des neuen Warenkorbs beträgt 475.800,- Euro anzüglich 468.000,- Euro, also 7.800,- Euro. Das sind wiederum 1,667 Prozent von 468.000,- Euro.

Schließlich lässt sich die Inflationsrate auch mit Hilfe der einzelnen Veränderungsraten der sechs Güterpreise berechnen. Hierbei reicht es jedoch nicht aus, den Durchschnitt der sechs prozentualen Preisänderungen zu berechnen. Der einfache Durchschnitt dieser Preisänderungen ergibt (10 % + 2 % + 3 % – 10 % + 8 % + 5 %) · 1/6 = 3 %, also eine Inflationsrate von drei Prozent. Das ist fast doppelt so hoch wie die über das Preisniveau berechnete Inflationsrate.

Um die Inflationsrate korrekt zu berechnen, müssen die unterschiedlichen Preisänderungen gewichtet werden. Anders als bei der Berechnung des gesamtwirtschaftlichen Preisniveaus helfen die mengenmäßigen Anteile der einzelnen Produkte an den insgesamt 3.000 nachgefragten Gütereinheiten hier nicht weiter. Dieser gewichtete Durchschnitt ergibt folgende Inflationsrate: 10 % · 0,2667 + 2 % · 0,1333 + 3 % · 0,0333 – 10 % · 0,0667 + 8 % · 0,4 + 5 % · 0,1 = 6,0667 %. Der so berechnete Preisniveauanstieg ist mehr als dreimal so hoch wie die tatsächliche Inflationsrate von 1,667 Prozent.

Die Abweichung lässt sich wie folgt erklären: Entscheidend für den Gesamtwert des hier verwendeten Warenkorbs – und damit auch für den durchschnittlichen Preis einer Einheit dieses Korbs – ist neben den mengenmäßigen Anteilen der einzelnen sechs Produkte auch ihr jeweiliger Preis. Die Preisänderungsrate eines einzelnen Produkts muss daher mit dem Anteil des Produkts am Gesamtwert des Warenkorbs gewichtet werden. Dies zeigt sich exemplarisch am Vergleich der Produkte Rotwein und Urlaubsreise (→ Tabelle 2.3):

- Die im Warenkorb enthaltenen 800 Flaschen Rotwein machen 26,667 Prozent aller 3.000 Produkte aus. Ihr wertmäßiger Anteil liegt wegen des relativ geringen Preises jedoch nur bei 1,71 Prozent.
- Der Anteil der getätigten Urlaubsreisen entspricht nur zehn Prozent aller nachgefragten Güter. Der wertmäßige Anteil beträgt hingegen knapp 54,5 Prozent.

- Die fünfprozentige Preiserhöhung bei Urlaubsreisen hat daher für die Berechnung der Inflationsrate eine wesentlich größere Bedeutung als die zehnprozentige Preissteigerung beim Rotwein.

	Preis in Euro	Preisänderung	Anteil an Gesamtmenge	Anteil an Gesamtwert	Preisänderung mal Anteil am Gesamtwert
Rotwein	10,-	+ 10 %	26,67 %	1,71 %	0,171
Schuhe	100,-	+ 2 %	13,33 %	8,55 %	0,171
Kühlschrank	350,-	+ 3 %	3,33 %	7,48 %	0,224
Smartphone	500,-	- 10 %	6,67 %	21,37 %	- 2,137
Haarschnitt	25,-	+ 8 %	40,00 %	6,41 %	0,513
Urlaubsreise	850,-	+ 5 %	10,00 %	54,49 %	2,724
Summe			100 %	100 %	1,667

Tabelle 2.3: Berechnung der Inflationsrate mit Hilfe der einzelnen Preisveränderungen

Um die Höhe der Inflationsrate zu berechnen, werden die prozentualen Preisänderungen der einzelnen Produkte mit ihren wertmäßigen Anteilen am Wert des Warenkorbs gewichtet und anschließend addiert. Das Ergebnis ist eine Inflationsrate von 1,667 Prozent (→ Tabelle 2.3, Summe der rechten Spalte).

Zu beachten ist auch, dass sich das gesamtwirtschaftliche Preisniveau selbst dann verändert, wenn alle Güterpreise konstant bleiben, die Zusammensetzung des Warenkorbs jedoch eine andere ist (→ Tabelle 2.4).

	Preis in Euro	Menge	Wert in Euro	Anteil an Gesamtmenge
Rotwein	10,-	650	6.500	1,39 %
Schuhe	100,-	600	60.000	12,82 %
Kühlschrank	350,-	80	28.000	5,98 %
Smartphone	500,-	250	125.000	26,71 %
Haarschnitt	25,-	1.440	36.000	7,69 %
Urlaubsreise	850,-	250	212.500	45,41 %
Summe		3.270	468.000	100 %

Tabelle 2.4: Berechnung des gesamtwirtschaftlichen Preisniveaus bei einem veränderten Warenkorb mit konstanten Preisen

Der Gesamtwert des in → Tabelle 2.4 dargestellten Warenkorbs ist mit 468.000 Euro genauso hoch wie in dem ersten Zahlenbeispiel (→ Tabelle 2.1). Nun werden jedoch verstärkt Güter mit unterdurchschnittlich niedrigen Preisen (Rotwein, Schuhe und Haarschnitte) nachgefragt. Die Menge an Kühlschränken und Urlaubsreisen geht hingegen zurück. Das hat zur Folge, dass der Warenkorb nun mehr Gütereinheiten enthält als im ersten Beispiel (3.270 statt 3.000). Damit sinkt der durchschnittliche Preis eines Produkts aus dem Warenkorb von 156,- Euro auf 143,12 Euro. Das gesamtwirtschaftliche Preisniveau ist also gesunken, obwohl die Preise der sechs Güter und der Gesamtwert des Warenkorbs unverändert geblieben sind.

Der veränderte Warenkorb hat auch zur Folge, dass sich die Höhe der Inflationsrate ändert, selbst wenn die Preisänderungen der sechs einzelnen Produkte so sind wie in dem ursprünglichen Beispiel. Die Differenz zwischen dem Wert des neuen und dem des ursprünglichen Warenkorbs beträgt nun nur noch 471.695,- Euro abzüglich 468.000,- Euro, also 3.695,- Euro (→ Tabelle 2.5). Das sind 0,79 Prozent von 468.000,- Euro. Die Inflationsrate ist also nur noch halb so hoch wie im Fall mit dem ersten Warenkorb und das, obwohl die Preisänderungsraten der einzelnen Güter in beiden Fällen identisch sind.

	Preisänderung	Preis in Euro	Menge	Wert in Euro
Rotwein	+10 %	11,-	650	7.150
Schuhe	+2 %	102,-	600	61.200
Kühlschrank	+3 %	360,5	80	28.840
Smartphone	−10 %	450,-	250	112.500
Haarschnitt	+8 %	27,-	1.440	38.880
Urlaubsreise	+5 %	892,5	250	223.125
Summe			3.270	471.695

Tabelle 2.5: Berechnung des gesamtwirtschaftlichen Preisniveaus bei veränderten Preisen und verändertem Warenkorb

Um derartige Effekte bei der Berechnung der Inflationsrate zu berücksichtigen, werden **Mengenänderungen** ausgeschlossen. Dies geschieht dadurch, dass bei der Inflationsberechnung mit einem konstanten, unveränderlichen Warenkorb gerechnet wird – selbst wenn die Verbraucher auf Preisänderungen reagieren und ihre nachgefragten Konsumgütermengen an die neuen Preise anpassen.

Eine weitere implizite Annahme bei den hier durchgeführten Berechnungen zur Inflationsrate betrifft die Qualität der sechs Güter. **Qualitätsänderungen** werden ausgeschlossen. Eine Preiserhöhung ist also nicht auf eine verbesserte Produktqualität zurückzuführen. In der Realität kann es jedoch zu Qualitätsänderungen kommen. Bei der fünfprozentigen Preissteigerung einer Urlaubsreise ist z. B. denkbar, dass der Reiseanbieter zusätzliche Leistungen erbringt. Wenn die Preiserhöhung von 850,- um 42,50 auf 892,50 Euro nun eine Taxifahrt vom Flughafen zum Hotel und zurück im Wert von 50,- Euro enthält, ist die ursprüngliche Urlaubsreise gar nicht teurer, sondern billiger geworden. Eine **Qualitätsverbesserung** wirkt also für sich inflationsdämpfend.

Gleiches gilt im Fall einer **Qualitätsverschlechterung** (vgl. Schnabl 2022, S. 30). Dazu ein einfaches Beispiel: Angenommen, zu einem bestimmten Zeitpunkt werden in einer Volkswirtschaft Kleiderschränke aus massivem Eichenholz von den meisten privaten Haushalten genutzt. Ihr Preis beträgt 1.000,- Euro, ihre Nutzungsdauer 50 Jahre. Dann ändert sich der

Geschmack. Nun werden qualitativ weniger gute Kleiderschränke nachgefragt. Sie bestehen weitgehend aus Sperrholz und Plastik, kosten 250,- Euro und haben eine Lebensdauer von zehn Jahren. Auf den ersten Blick erscheint diese Entwicklung einen preisniveausenkenden Effekt zu haben, weil der Preis für einen Kleiderschrank von 1.000,- auf 250,- Euro gesunken ist. Dies entspricht einer 75-prozentigen Preisreduzierung. Allerdings ist auch die niedrigere Nutzungsdauer des Schranks zu berücksichtigen. Wird ein Zeitraum von 50 Jahren betrachtet, müssen die Konsumenten nun fünf Schränke erwerben und dafür 1.250,- Euro bezahlen. Das bedeutet eine 25-prozentige Preissteigerung. Eine Qualitätsverschlechterung wirkt so gesehen inflationserhöhend.

Bei der praktischen Inflationsberechnung müssen derartige Qualitätsänderungen also angemessen berücksichtigt werden. Gelingt dies nicht, so überschätzt die offizielle Inflationsrate den tatsächlichen Preisniveauanstieg im Fall einer Qualitätsverbesserung, während sie den Preisniveauanstieg im Fall einer Qualitätsverschlechterung unterschätzt.

2.2 Inflationsmessung in der Praxis

Zentrales Element der Inflationsmessung in einer Volkswirtschaft ist der **nationale Verbraucherpreisindex** (vgl. zu den Ausführungen dieses Abschnitts Statistisches Bundesamt 2022a, S. 3 und Statistisches Bundesamt 2021, S. 5–8). Dabei handelt es sich um einen Index, der grundsätzlich alle Waren und Dienstleistungen umfasst, die die privaten Haushalte einer Volkswirtschaft erwerben. Der Verbraucherpreisindex wird nach dem sogenannten Inlandprinzip erstellt. Das bedeutet, es werden die in einem Land erworbenen Güter betrachtet – unabhängig davon, ob sie von im Inland lebenden Personen gekauft werden oder von Touristen aus dem Ausland. Die Preise umfassen auch die Verbrauchsteuern, die in den Güterpreisen enthalten sind, also beispielsweise die Mehrwert- bzw. Umsatzsteuer.

Berechnet wird der Index mit einem **Warenkorb**. In Deutschland enthält dieser Konsumgüterwarenkorb rund 650 Güterarten. Diese werden weiter aufgefächert, sodass gegenwärtig mehr als 300.000 Einzelpreise erfasst werden. Für die Preiserfassung wird mit repräsentativen Städten und Gemeinden sowie repräsentativen Geschäften gearbeitet. Die Anteile der einzelnen Waren an dem Korb entsprechen dem repräsentativen Kaufverhalten der privaten Haushalte.

In Deutschland weist das Statistische Bundesamt nicht nur einen Verbraucherpreisindex für die gesamte Volkswirtschaft aus, sondern auch eine Reihe von zusätzlichen Preisindizes. Zu den wichtigsten zählen die folgenden (vgl. Statistisches Bundesamt 2022d):

- Es werden zahlreiche Indizes für einzelne **Konsumgütergruppen** ausgewiesen, z. B. für Nahrungsmittel und alkoholfreie Getränke, Bekleidung und Schuhe, Gesundheit, Verkehr, Post und Telekommunikation, Bildungswesen und so weiter.
- Für jede dieser Konsumgütergruppen gibt es weitere **Untergruppen**. Bei der Gütergruppe „Nahrungsmittel und alkoholfreie Getränke" sind das z. B. Nahrungsmittel, Brot und Getreideerzeugnisse, Fleisch und Fleischwaren, Molkereiprodukte und Eier und so weiter.
- Ausgewiesen werden zudem Verbraucherpreisindizes für die sechzehn **Bundesländer**.
- Bis 1999 wurden auch Preisindizes für verschiedene **Haushaltstypen** berechnet, z. B. für 4-Personen-Haushalte von Beamten und Angestellten mit höherem Einkommen, 4-Personen-Haushalte von Beamten und Angestellten mit mittlerem Einkommen und 2-Personen-Rentner-Haushalte mit geringem Einkommen. Diese Indizes werden nun nicht mehr veröffentlicht, weil die ursprünglich ausgewählten Haushaltstypen nicht mehr den tatsächlichen Bevölkerungsstrukturen entsprachen. Außerdem gab es bei langfristigen Vergleichen kaum noch Unterschiede.

Ziel des gesamtwirtschaftlichen nationalen Verbraucherpreisindexes ist es, die Veränderungen von Güterpreisen im Zeitablauf zu messen. Um dies zu erreichen, werden die **Gütermengen** bzw. die Anteile der Waren und Dienstleistungen an dem Warenkorb konstant gehalten. Das bedeutet jedoch nicht, dass die Zusammensetzung des Warenkorbs dauerhaft unverändert bleibt. Da der Verbraucherpreisindex das tatsächliche Kaufverhalten der privaten Haushalte abbilden soll, sind Anpassungen an ein verändertes Konsumverhalten und an neue Produkte erforderlich. In Deutschland kommt es alle fünf Jahre zu einer Anpassung des Warenkorbs.

Neben dem **nationalen Verbraucherpreisindex** gibt es in der Europäischen Union (EU) auch noch einen „**Harmonisierten Verbraucherpreisindex**" (HVPI). Er wird erstellt, um die Gesamtinflationsrate für die Eurozone sowie für die EU zu berechnen. Die so berechnete Inflationsrate ist der Indikator, den die Europäische Zentralbank für ihre Geldpolitik und ihr Inflationsziel von zwei Prozent Inflation verwendet (vgl. Statistisches Bundesamt 2021, S. 3).

Bei dem für europäische Zwecke berechneten Verbraucherpreisindex gibt es eine jährliche Anpassung der Gütergewichte (vgl. Statistisches Bundesamt 2022c, S. 1). Die Gewichtung ausgewählter Güterbereiche für die Jahre 2020 bis 2022 ist → Tabelle 2.6 zu entnehmen. Die relativ großen Veränderungen sind der Coronapandemie geschuldet: Wegen der zum Teil sehr starken Einschränkungen des öffentlichen Lebens hat sich das Konsumverhalten der Bürger ebenfalls spürbar verändert. Das erfordert eine Anpassung der verschiedenen Gütergewichtungen.

	Gewicht 2020	Gewicht 2021	Gewicht 2022
Nahrungsmittel und alkoholfreie Getränke	113,42	127,92	126,57
alkoholische Getränke und Tabakwaren	42,06	46,12	44,96
Bekleidung und Schuhe	51,39	43,83	43,16
Wohnung, Wasser, Strom, Gas u. a. Brennstoffe	233,06	253,00	252,20
Hausrat und laufende Instandhaltung des Hauses	56,93	63,21	60,90
Verkehr	152,19	141,39	149,44
Freizeit, Unterhaltung und Kultur	114,19	96,82	97,20
Gaststätten- und Beherbergungsdienstleistungen	57,67	40,70	39,42

Tabelle 2.6: Harmonisierter Verbraucherpreisindex für Deutschland, Gewichte für ausgewählte Güterbereiche, Angaben in Promille, Quelle: Statistisches Bundesamt 2022c, S. 3

Da bei der Entwicklung der Verbraucherpreise im Zeitablauf stets mit den gleichen Gütern gerechnet werden soll, müssen auch **Qualitätsveränderungen** herausgerechnet werden. Wenn sich also beispielsweise bei einem elektronischen Gerät im Laufe der Zeit wegen technologischer Neuerungen die Qualität dieses Geräts verbessert, werden die Preisänderungen, die einer höheren Qualität geschuldet sind, bei der Berechnung der Gesamtpreisänderung herausgerechnet. Dafür gibt es verschiedenen Verfahren (vgl. Statistisches Bundesamt 2021, S. 8 sowie Hagenkort und Sewald 2021, S. 21–

23). Ziel der Qualitätsbereinigungsverfahren ist es, „dass trotz Produktänderungen bei der Preismessung »Gleiches mit Gleichem« verglichen wird und somit Preisänderungen als »reine« Preisentwicklung interpretiert werden können“ (Hagenkort und Sewald 2021, S. 22). Dieser Aspekt spielt vor allem bei digitalen Produkten, die immer noch spürbare qualitative Änderungen in relativ kurzer Zeit aufweisen, eine Rolle (vgl. dazu die Ausführungen im siebten Kapitel).

Auf Basis einer monatlichen Erhebung wird ein entsprechender Verbraucherpreisindex berechnet. Die monatliche Veränderungsrate dieses Indexes gibt die monatliche **Inflationsrate** an. Entsprechend wird die jährliche Inflationsrate berechnet.

Neben der mit Hilfe des nationalen oder des Harmonisierten Verbraucherpreisindexes berechneten Inflationsrate gibt es auch noch die **Kerninflationsrate**. Dabei handelt es sich um eine Inflationsrate, bei der kurzfristige Schwankungen der Inflationsrate herausgerechnet werden. Güter, deren Preise innerhalb eines Jahres erfahrungsgemäß stark schwanken, bleiben deshalb bei der Berechnung der Kerninflationsrate unberücksichtigt. Produkte, die sich durch kurzfristige Schwankungen ihrer Preise auszeichnen, sind Energieträger (hier ist vor allem an die häufigen Ölpreisänderungen zu denken) und unverarbeitete Nahrungsmittel wie Obst, Gemüse etc. Hinzu kommen weitere Produkte mit spürbaren saisonalen Preisschwankungen, also Dienstleistungen im Reiseverkehr (Flüge, Pauschalreisen, Hotelübernachtungen und ähnliches) und saisonal bedingte Preisschwankungen bei Schuhen und Bekleidungsgegenständen. Schließlich können auch alkoholische Getränke und Tabakwaren herausgenommen werden, weil die Preise dieser Produkte sehr stark von den Steuern beeinflusst werden (vgl. OeNB 2019, S. 1 f.).

Für die Entscheidung, welche Güterarten bei der Berechnung der Kerninflationsrate herausgenommen werden, gibt es keine einheitlichen Regeln. Das Statistische Amt der Europäischen Union (kurz: Eurostat) weist beispielsweise drei Kerninflationsraten aus: den harmonisierten Verbraucherpreisindex ohne Energie, zweitens ohne Energie und unverarbeitete Lebensmittel und drittens ohne Energie, unverarbeitete Lebensmittel und alkoholische Getränke sowie Tabakwaren (vgl. Eurostat 2022a, S. 1). In den meisten Fällen wird als Kerninflationsrate die Inflationsrate ohne Energie und ohne unverarbeitete Lebensmittel gewählt (vgl. Weichenrieder und Gürer 2020, S. 837 sowie Hüther und Obst 2022, S. 2).

Die Entwicklung von **Vermögenspreisen** spielt bei der Inflationsmessung keine Rolle, d. h. Preisanstiege bei Aktien, Immobilien, Edelmetallen und anderen Vermögensgegenständen werden nicht bei der Inflationsmessung berücksichtigt. Grund ist, dass es bei den skizzierten Verbraucherpreisindizes darum geht, die Kaufkraft des Geldes aus Sicht der Konsumenten zu messen.

Die so begründete Nichtbetrachtung von Vermögenspreisen bei der Berechnung der Inflationsrate ist jedoch nicht unproblematisch: Weil die Zentralbank die konsumbasierte Inflationsrate auch für ihre geldpolitischen Entscheidungen nutzt, kann die Nichtberücksichtigung der Vermögenspreise zu einer Fehleinschätzung der tatsächlichen Inflationsgefahren führen (vgl. Herborn und Schnabl 2022). Grundsätzlich wäre zu erwarten, dass eine spürbare Ausweitung der Geldmenge durch eine Zentralbank zu einer höheren Inflationsrate führt. Wenn beispielweise die Geldmenge einer Volkswirtschaft in kurzer Zeit verdoppelt wird, sollte dieses Überangebot an Geld zu steigenden Güterpreisen führen. Ein entsprechender Anstieg der Inflationsrate signalisiert der Zentralbank, dass sie zu viel Geld in die Wirtschaft pumpt und ihre Geldmengenausweitung stoppen sollte. Wenn das zusätzliche Geld jedoch nicht für den Kauf von Waren und Dienstleistungen verwendet wird, sondern zum Erwerb von Aktien und Staatsanleihen, steigen deren Preise wegen der erhöhten Nachfrage. Da die Zentralbank die Entwicklung der Aktien- und Wertpapierkurse ebenso wenig in die für die Geldpolitik relevante Inflationsrate einfließen lässt wie die Immobilienpreise, kann es an den Märkten für diese Vermögenswerte zu einer **Spekulationsblase** kommen. Sie könnte ein Indiz dafür sein, dass die von der Zentralbank in Umlauf gebrachte Geldmenge zu groß ist. Trotz dieser Gefahr halten die Zentralbanken daran fest, bei ihrer Geldpolitik nach wie vor das Ziel der Preisniveaustabilität im Sinne einer **konsumbasierten Inflationsrate** – also der Entwicklung des Verbraucherpreisindexes im Zeitablauf – zu verfolgen.

Bei der Berechnung der Inflationsrate werden also lediglich Konsumgüter berücksichtigt. Nicht erfasst werden folglich Investitionsgüter und die Güter, die der Staat erwirbt bzw. selber herstellt und anschließend seinen Bürgern kostenlos zur Verfügung stellt. Beispiele sind die staatlichen Bildungsangebote, die Dienstleistungen von Polizei und Verwaltung, um nur einige zu nennen. Da die Bürger für diese Leistungen nicht direkt bezahlen müssen, gibt es auch keine Marktpreise. Falls nun die Personalkosten in diesem Bereich überdurchschnittlich stark steigen, hat das für sich genommen einen preisniveauerhöhenden Effekt. Dieser wird jedoch in der Inflationsrate nicht berücksichtigt.

Das bedeutet jedoch nicht, dass derartige Preisänderungen in den offiziellen Statistiken vollkommen ignoriert werden. Wenn nicht nur die Preisentwicklung der Konsumgüter berechnet werden soll, sondern auch die Veränderungen der Preise für staatlich angebotene Güter und für Investitionsgüter, können dafür angepasste **Deflatoren** verwendet werden. Entsprechende Deflatoren können für das gesamte Bruttoinlandsprodukt berechnet werden oder für einzelne Komponenten des Bruttoinlandsprodukts, also neben den privaten Konsumausgaben auch für die Investitionen und die staatlichen Konsumausgaben sowie für die Exporte und die Importe eines Landes. Ziel dieser Deflatoren ist es, die nominalen Werte für das Bruttoinlandsprodukt und dessen Komponenten in reale Werte umzurechnen. Der Deflator rechnet also inflationsbedingte Steigerungen des Bruttoinlandsprodukts, der Investitionen, der Exporte etc. heraus.

Der grundsätzliche Unterschied der beiden skizzierten Indikatoren zur Messung der Veränderungen von Preisen im Zeitablauf besteht also darin, dass die durch die Verbraucherpreise gemessene Inflation ein **konsumbasiertes** Messinstrument ist, während der Deflator des Bruttoinlandsprodukts ein **produktionsbasierter** Indikator ist. Empirisch zeigt sich, dass sich Unterschiede der Inflationsmessung durch diese beiden Ansätze langfristig ausgleichen (vgl. Weichenrieder und Gürer 2020, S. 836). Kurzfristig können die so gemessenen gesamtwirtschaftlichen Preisniveauänderungen jedoch voneinander abweichen. Wenn beispielsweise die aus dem Ausland importierten Konsumgüter teurer werden, bedeutet das einen Anstieg des Verbraucherpreisindexes und damit eine Inflation. Die Produktionskosten der inländischen Unternehmen bleiben davon jedoch – zumindest kurzfristig – unberührt. Der Deflator des Bruttoinlandsprodukts weist folglich eine Preisstabilität aus.

Die unterschiedliche Zielsetzung der Inflationsrate und des Deflators des Bruttoinlandsprodukts (kurz: BIP-Deflator) zeigt, dass die Wahl eines geeigneten Indikators zur Messung von Preisniveauänderungen davon abhängt, welchem Ziel dieser Indikator dienen soll.

- Wenn es darum geht, die Entwicklung der **Kaufkraft** von Einkommen im Zeitablauf zu messen und damit eine Aussage über die **Geldwertstabilität** zu treffen, ist mit einem Verbraucherpreisindex zu arbeiten, der den durchschnittlichen Warenkorb in einer Volkswirtschaft abbildet.

- Wenn es das Ziel ist, Aussagen über die Entwicklung der **Realwirtschaft** zu treffen – also z. B. über die Entwicklung des realen Bruttoinlandsprodukts – ist ein Preisindikator erforderlich, der die nominalen Werte von makroökonomischen Indikatoren in reale Werte eines bestimmten Basisjahres umrechnet. Ziel des BIP-Deflators ist es also, nominale makroökonomische Indikatoren um den Einfluss der Inflation zu bereinigen.
- Denkbar ist auch, dass Aussagen über die Veränderung von Preisen benötigt werden, um die Angemessenheit der Höhe von **Sozialleistungen** zu beurteilen, also z. B. die Höhe des so genannten Hartz-IV-Regelsatzes. In diesem Fall bietet sich ein spezieller Warenkorb an, der die für einkommensschwache Haushalte typischen Konsumgüter enthält bzw. die existenznotwendigen Güter. In Deutschland wird für diesen Zweck vom Statistischen Bundesamt ein **regelbedarfsrelevanter Preisindex** berechnet (vgl. Hagenkort-Rieger und Sewald 2021, S. 21).

2.3 Empirie zur Inflation

Die Höhe der Inflationsraten ist gerade in der deutschen Wirtschaftsgeschichte sehr unterschiedlich. Eine für viele Generationen prägende Entwicklung war die **Hyperinflation** im Jahr 1923. Die Ursachen für sie begannen mit dem Ersten Weltkrieg: Zur Finanzierung der Kriegskosten wurde die Reichsbank angewiesen, der Regierung Kredite in unbegrenzter Höhe zu gewähren. Diese Form der Staatsfinanzierung führte zu einer erheblichen Ausweitung der Geldmenge: Die Menge der Reichsbanknoten, die so in Umlauf gebracht wurden, stieg von 2,6 Milliarden Mark im Jahr 1914 auf 22,2 Milliarden Mark im Jahr 1918. Die deutsche Regierung setzte die Kreditfinanzierung ihrer Ausgaben auch nach dem Ende des Krieges fort. Die Geldmenge stieg immer weiter an und mit ihr die Preise für Waren und Dienstleistungen. So kostete beispielsweise ein Brot im November 1923 mehr als 230 Milliarden Mark. Die Reichbank konnte die erforderlichen zusätzlichen Geldscheine gar nicht mehr schnell genug drucken. Um den immer schneller wachsenden Geldbedarf befriedigen zu können, druckten viele Städte und Gemeinden sogenanntes Notgeld. Am Ende und auf dem Höhepunkt der Inflation im November 1923 befanden sich rund 498 Trillionen Mark in Form von Reichbanknoten im Umlauf sowie 727 Trillionen Mark in Form von Notgeldscheinen. Die Regierung musste schließlich zu einer **Währungsreform** greifen und die wertlose Mark durch eine neue Rentenmark ersetzen (vgl. Deutsche Bundesbank 2022, S. 139 f.).

Dieser Schritt war erforderlich, weil eine Währung bei einer derart starken Inflation mit einem entsprechenden Kaufkraftverlust ihre Geldfunktionen nicht mehr erfüllen kann. Die **Wertaufbewahrungsfunktion** geht verloren, weil das Geld seinen Wert verliert. Auch als **Recheneinheit** kann die Währung nicht mehr genutzt werden, weil sich die Preise täglich – und bei extrem hohen Inflationsraten sogar stündlich – ändern. Damit verliert diese Währung schließlich auch ihre **Tauschmittelfunktion**, d. h. der Verkäufer einer Ware akzeptiert eine Bezahlung seiner Produkte mit der vorhandenen Währung nicht mehr, weil der erhaltene Geldbetrag bereits nach kurzer Zeit wertlos ist. Die Wirtschaftsakteure weichen stattdessen auf andere Tauschmittel aus. Das können ausländische Währungen sein, also beispielsweise der Dollar, Edelmetalle wie Gold und Silber oder auch Naturalien wie beispielsweise Zigaretten. Wenn die existierende Währung nicht mehr ihre Geldfunktionen erfüllen kann, muss der Staat die bestehende Währung abschaffen und durch eine neue ersetzen. So entstand auch die Deutsche Mark nach dem Zweiten Weltkrieg. Im Juni 1948 löste sie die Reichsmark ab.

Hyperinflationen gibt es hin und wieder immer noch, allerdings nicht mehr in hoch entwickelten Industrienationen. Beispiele für Hyperinflationen in den 1980er- und 1990er-Jahren sind unter anderem Brasilien (jährliche Inflationsrate von 2.100 Prozent im Jahr 1993), Argentinien (3.100 Prozent im Jahr 1989), Peru (7.500 Prozent im Jahr 1990) und Bolivien mit mehr als 10.000 Prozent im Jahr 1985 (vgl. EZB 2009, S. 3). In Simbabwe verdoppelten sich die Preise im November 2008 alle 24,7 Stunden. Und in Venezuela lag die Inflationsrate 2018 bei rund 130.000 Prozent (vgl. Deutsche Bundesbank 2022, S. 140).

Eine der Lehren aus der Kreditfinanzierung von Kriegen durch die Zentralbank auf Anweisung ihrer Regierung ist, dass Zentralbanken zumindest in entwickelten Volkswirtschaften unabhängig sind. Sie sind weisungsungebunden und nur dem Ziel der Preisniveaustabilität verpflichtet.

Ein Blick auf die Preisniveauentwicklung der sieben großen Industrienationen – also der **G7-Staaten** – in den letzten vier Jahrzehnten zeigt, dass sie die anvisierten Inflationsziele von zwei Prozent Inflation (oder weniger) zunehmend besser in den Griff bekommen (→ Tabelle 2.7). Während die Inflationsraten der G7-Staaten in den 1980er-Jahren im Durchschnitt dieses Zeitraums noch über zwei Prozent lagen – und in Italien mit über elf Prozent sogar deutlich darüber –, haben sich die Inflationsraten seitdem deutlich verringert.

Japan nimmt dabei eine Sonderrolle ein: das Land hat seit dem Beginn der 1990er-Jahre sehr niedrige Inflationsraten, die phasenweise sogar in eine **Deflation** umschlugen. Grund dafür war das Platzen einer Immobilien- und Aktienblase Anfang der 1990er-Jahre. Die damit verbundenen Vermögensverluste führten zu einer Konsumzurückhaltung der privaten Konsumenten. Für die Unternehmen bedeutete dies geringe Renditeaussichten, was zu einer Einschränkung der Investitionsausgaben führte. Die Folge war eine langanhaltende Konjunkturschwäche. Wegen der geringen gesamtwirtschaftlichen Güternachfrage kam es zu geringen Inflationsraten bis hin zu deflationären Phasen (vgl. Hilpert 2002, S. 7).

	1980–1989	1990–1999	2000–2009	2010–2019
Kanada	6,5	2,2	2,1	1,7
Frankreich	7,6	1,6	1,9	1,3
Deutschland	2,9	2,4	1,6	1,4
Italien	11,4	4,1	2,3	1,3
Japan	2,5	1,2	−0,2	0,5
Vereinigtes Königreich	7,0	3,3	1,8	2,2
USA	5,6	3,0	2,6	1,8

Tabelle 2.7: Entwicklung der durchschnittlichen Verbraucherpreise in den G7-Staaten, Angaben in Prozent, Quelle: IMF 2022a und eigene Berechnungen

Vor allem die Zeit zwischen 1990 und 2019 war geprägt von weltweiten wirtschaftlichen Rahmenbedingungen, die zu einer Preisniveaustabilität beigetragen haben. Die Ausführungen der Kapitel fünf bis acht greifen diese Rahmenbedingungen auf.

Seit 2021/22 steigen die monatlichen – und mit ihnen die jährlichen – Inflationsraten stark an (→ Tabelle 2.8). Treiber der Veränderungsraten des Preisniveaus in den G7-Staaten waren 2020 und 2021 die Coronapandemie und 2022 der Ukrainekrieg:

- Mit dem Ausbruch der **Coronapandemie** im Frühjahr 2020 kam es in vielen Ländern zu flächendeckenden Lockdowns. Die Konsumenten reduzierten ihre Nachfrage nach Konsumgütern. Zwar gab es auch Angebotsverknappungen, unter anderem wegen krankheitsbedingter Arbeitsausfälle und ausbleibender Vorleistungen aus China bzw. Asien. Es überwog jedoch der nachfragereduzierende Effekt. Die Verbraucherpreise stiegen nur schwach, d. h. die Inflationsraten gingen zurück. In Europa waren die monatlichen Inflationsraten des Jahres 2020 teilweise nahe null oder sogar negativ. Dies war eine Phase der **Disinflation**.

- Mit dem steigenden Einsatz von Impfungen und dem Rückgang der Infektionszahlen setzte eine wirtschaftliche Erholung ein. Die Verbraucher fragten mehr Konsumgüter nach. Die steigende Nachfrage ließ die Verbraucherpreise seit 2021 wieder stärker steigen. Dies war die Phase einer primär **nachfragegetriebenen Inflation**. Allerdings traf die Nachfragesteigerung auch auf Angebotsverknappungen, die sich aus weiterhin auftretenden Lieferkettenunterbrechungen ergaben. Dazu gehörte neben ausbleibenden Importen aus Asien wegen coronabedingter Lockdowns auch die zeitweise Blockade des Suezkanals im März 2021 durch ein Containerschiff.
- Mit dem Ausbruch des **Ukrainekrieges** kam es in Europa zu Angebotsverknappungen, vor allem bei landwirtschaftlichen Produkten und bei fossilen Energieträgern wie Erdgas, Erdöl und Kohle. Die Preise für diese Produkte stiegen stark an. Höhere Energiekosten bedeuten gleichzeitig höhere Produktionskosten. Die damit verbundenen Preissteigerungen stellen eine **angebotsgetriebene Inflation** dar.

	2019	2020	2021	2022
Kanada	1,9	0,7	3,4	6,9
Frankreich	1,3	0,5	2,1	5,8
Deutschland	1,4	0,4	3,2	8,5
Italien	0,6	−0,1	1,9	8,7
Japan	0,5	0,0	-0,2	2,0
Vereinigtes Königreich	1,8	0,9	2,6	9,1
USA	1,8	1,2	4,7	8,1

Tabelle 2.8: Entwicklung der jährlichen Verbraucherpreise in den G7-Staaten, Angaben in Prozent, Quelle: IMF 2022b, Wert für das Jahr 2022: Prognosewert

Die Zentralbanken reagierten darauf mit einer Erhöhung ihrer Leitzinsen. Mit dem Ausbruch der Coronapandemie hatten die Zentralbanken der USA und des Vereinigten Königreichs ihre Leitzinsen gesenkt – in den USA auf 0,25 Prozent und im Vereinigten Königreich auf 0,1 Prozent. In Europa lag der Leitzins bereits vor dem Ausbruch der Coronapandemie bei null Prozent. Die britische Zentralbank begann als erstes mit einer Erhöhung ihres Leitzinses. Zwischen Anfang Februar 2022 und Mitte Juni 2022 erhöhte sie diesen Zins viermal bis auf 1,25 Prozent. In den USA stieg der Leitzins bis Mitte Juli 2022 sogar auf 2,25 Prozent. Die Europäische Zentralbank beschloss in ihrer Juli-Sitzung des Jahres 2022 ihre erste Leitzinserhöhung auf 0,5 Prozent. Im September und im Oktober wurde der Leitzins jeweils um weitere 0,75 Prozentpunkte angehoben (vgl. EZB 2022) – das war bis dahin die höchste Leitzinserhöhung in der Geschichte der Europäische Zentralbank. Wie sich durch einen höheren Leitzins der Zentralbank die Inflation in einem Land bekämpfen lässt, wird im neunten Kapitel erläutert.

3 Ursachen einer Inflation

Inflation bedeutet, dass die Preise für Konsumgüter auf breiter Front steigen und das gesamtwirtschaftliche Preisniveau zunimmt. Steigende Preise ergeben sich in einer Marktwirtschaft, wenn die gesamtwirtschaftliche Güternachfrage größer ist als das gesamtwirtschaftliche Güterangebot, was zu einem **Nachfrageüberhang** führt. Wenn Nachfrager erkennen, dass die von ihnen gewünschten Produkte knapp werden, sind einige von ihnen bereit, einen höheren Preis zu zahlen. Die Anbieter erkennen die höhere Zahlungsbereitschaft und fordern daher höhere Preise. Das Ergebnis ist ein Preisanstieg.

Die gesamtwirtschaftliche **Güternachfrage** (Y^d mit d für demand) setzt sich zusammen aus der Konsumgüternachfrage der privaten Haushalte (C für consumption), der Investitionsgüternachfrage der Unternehmen (I) und der Güternachfrage des Staates (G für government). In einer offenen Volkswirtschaft, die Handel mit dem Ausland betreibt, gibt es eine zusätzliche Nachfrage durch das Ausland. Aus Sicht des Inlands handelt es sich dabei um Exporte (EX).

Das **Güterangebot** (Y^s mit s für supply) einer Volkwirtschaft entspricht dem Wert aller Waren und Dienstleistungen, die in einem Jahr in einem Land hergestellt werden. Diese Größe ist das Bruttoinlandsprodukt (BIP). In einer offenen Volkswirtschaft wird das inländische Güterangebot noch um die aus dem Ausland bezogenen Güter, also die Importe (IM), erweitert.

Der gesamtwirtschaftliche Gütermarkt lässt sich somit durch zwei Gleichungen beschreiben:

$$(3.1)\ \text{Güternachfrage} = Y^d = C + I + G + EX$$

$$(3.2)\ \text{Güterangebot} = Y^s = BIP + IM$$

Für einen preiserhöhenden Nachfrageüberhang gibt es letztendlich zwei Ursachen: einen Anstieg der gesamtwirtschaftlichen Güternachfrage oder einen Rückgang des Güterangebots. Dabei führen folgende Kombinationen von Nachfrage- und Angebotsentwicklungen zu einem Nachfrageüberhang:

- Die gesamtwirtschaftliche Güternachfrage steigt und das Güterangebot schrumpft, bleibt konstant oder es wächst schwächer als die Güternachfrage.

- Das gesamtwirtschaftliche Güterangebot schrumpft und die Güternachfrage wächst, bleibt konstant oder sie schrumpft schwächer als das Güterangebot.

Wenn eine höhere gesamtwirtschaftliche Güternachfrage Ursache eines Anstiegs des gesamtwirtschaftlichen Preisniveaus ist, liegt eine **nachfragegetriebene Inflation** vor. Wenn der gesamtwirtschaftliche Nachfrageüberhang aus einer Angebotsreduktion resultiert oder aus einem zu gering wachsenden Güterangebot, handelt es sich um eine **angebotsgetriebene Inflation**.

3.1 Nachfragegetriebene Inflation

Sowohl die gesamtwirtschaftliche Güternachfrage als auch das Güterangebot hängen vom gesamtwirtschaftlichen Preisniveau ab. Bezüglich des Nachfrageverhaltens wird, wie in den Wirtschaftswissenschaften üblich, davon ausgegangen, dass ein steigender Güterpreis die Nachfrage verringert.

Darüber hinaus hängt die gesamtwirtschaftlich nachgefragte Gütermenge von weiteren Einflussfaktoren ab, z. B. dem verfügbaren Einkommen der privaten Haushalte. Ein Einkommensanstieg hat eine höhere Güternachfrage zur Folge.

Wenn die Konsumgüternachfrage wegen höherer verfügbarer Einkommen bei den privaten Haushalten zunimmt, bedeutet dies in einem Preisniveau-Mengen-Diagramm eine Verschiebung der gesamtwirtschaftlichen Güternachfragegeraden nach rechts. Die gesamtwirtschaftliche Güterangebotsgerade bleibt hingegen unverändert (⟶ Abbildung 3.1). Bei einem gleichbleibenden gesamtwirtschaftlichen Preisniveau (P_0) bewirkt die Zunahme der Güternachfrage ($Y^d \uparrow$) einen **Nachfrageüberhang**. Dieser bewirkt einen Anstieg des Preisniveaus ($P_1 > P_0$) und führt somit zu einem neuen Marktgleichgewicht. Der Output der Volkswirtschaft nimmt zu, d. h. die Unternehmen reagieren auf die höheren Güterpreise und steigern ihre Produktion – sofern die höhere Güternachfrage nicht vollständig durch Importe gedeckt wird. Im Normalfall bedeutet die gestiegene Produktion auch ein höheres Beschäftigungsniveau im Inland.

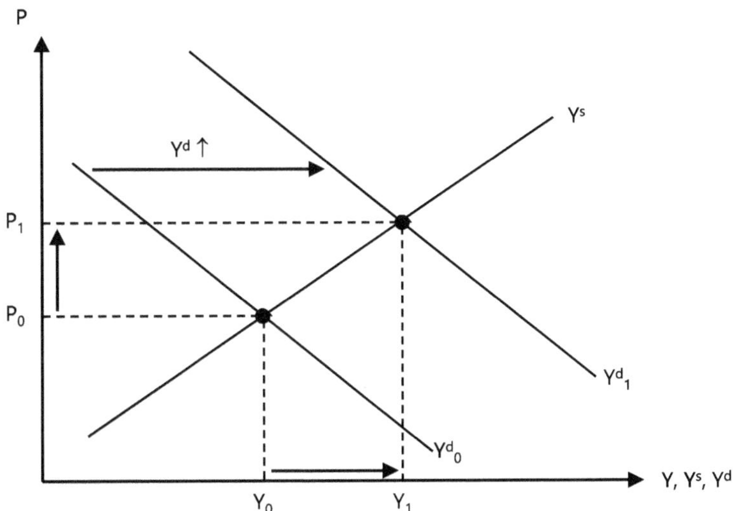

Abbildung 3.1: Nachfragegetriebene Preisniveauerhöhung

Neben einer Steigerung der verfügbaren Einkommen bei den privaten Haushalten und dem daraus resultierenden Anstieg der Konsumgüternachfrage gibt es weitere Ursachen für einen Anstieg der gesamtwirtschaftlichen Güternachfrage.

Ein Grund für eine höhere gesamtwirtschaftliche Güternachfrage ist eine **expansive Geldpolitik** der Zentralbank eines Landes. Mit ihrer Geldpolitik verändert die Zentralbank den im Inland herrschenden **Zinssatz**. Das hat wiederum Auswirkungen auf die Höhe der kreditfinanzierten Konsumgüterkäufe sowie die Investitionen der Unternehmen.

Die Zentralbank ist eine staatliche Institution. Sie ist in einer Volkswirtschaft die einzige Institution, die gesetzliche Zahlungsmittel ausgeben darf, d. h. sie versorgt die gesamte Volkswirtschaft mit Bargeld (Banknoten und Münzen). Darüber hinaus gewährt sie den Geschäftsbanken Kredite. So stellt sie den Geschäftsbanken einer Volkswirtschaft Geld zur Verfügung, das sogenannte **Zentralbankgeld**. Das Zentralbankgeld setzt sich zusammen aus dem Bargeld und den Guthaben, die die Geschäftsbanken bei der Zentralbank haben. Dieses Zentralbankgeld ist die **Geldbasis** der Volkswirtschaft (vgl. Deutsche Bundesbank 2022, S. 51, 77).

Mit diesem Geld können die Geschäftsbanken ihrerseits Kredite an Unternehmen und private Haushalte vergeben. Die Geschäftsbanken erhalten das Zentralbankgeld über zwei Wege: sie können einen Kredit bei der Zentralbank aufnehmen oder sie verkaufen der Zentralbank Wertpapiere, die diese mit Zentralbankgeld bezahlt.

Eine Zentralbank verfügt daher über zwei grundlegende geldpolitische Instrumente: die Veränderung des Leitzinses und den Kauf (oder Verkauf) von Unternehmens- und Staatsanleihen auf dem Wertpapiermarkt. Im Fall einer **expansiven Geldpolitik** bedeutet dies, dass die Zentralbank ihren Leitzins reduziert und/oder den Kauf von Anleihen erhöht. Beides erhöht die Geldmenge der Volkswirtschaft und bewirkt eine gesamtwirtschaftliche **Zinssenkung**.

- Mit einer Leitzinssenkung verringert die Zentralbank die Refinanzierungskosten der Geschäftsbanken. Diese geben die Zinssenkung an ihre Kunden weiter, d. h. sie vergeben nun Kredite zu niedrigeren Zinsen. Dadurch kommt es zu einer generellen Zinssenkung in der Volkswirtschaft. Alternativ lässt sich der Rückgang des Zinsniveaus dadurch erklären, dass die Geschäftsbanken bei einem geringeren Leitzins mehr Kredite von der Zentralbank nachfragen und damit ihrerseits über mehr Geld verfügen, das sie als Kredit weitergeben können. So kommt es zu einer Steigerung des gesamtwirtschaftlichen Kreditangebots, was zinssenkend wirkt.
- Wenn die Zentralbank Staatsanleihen kauft, bewirkt diese zusätzliche Nachfrage nach Anleihen einen Anstieg der Kurse für diese Anleihen. Ein höherer Staatsanleihen- bzw. Wertpapierkurs bedeutet einen Rückgang der effektiven Verzinsung. Dazu ein einfaches Beispiel: Wenn der Staat eine Anleihe im Wert von 100 Euro mit einem Zinssatz von fünf Prozent ausgibt, werden jedes Jahr Zinsen in Höhe von fünf Euro ausgezahlt. Sofern der Wertpapierkurs bei 100 Euro liegt, beträgt die effektive Verzinsung fünf Prozent. Sollte der Wertpapierkurs wegen der höheren Nachfrage seitens der Zentralbank auf 200 Euro steigen, beträgt die Zinszahlung nach wie vor fünf Euro. Die effektive Verzinsung des staatlichen Wertpapiers sinkt jedoch auf 2,5 Prozent, denn ein Anleger erhält nach wie vor fünf Euro an Zinseinnahmen, die er nun jedoch auf einen Wertpapierkurs von 200 Euro beziehen muss. Sofern ein Sparer seine Ersparnisse zinsbringend anlegen will und deshalb ein Wertpapier erwirbt, muss er 200 Euro bezahlen, sodass dieser Anlagebetrag ebenfalls nur noch eine Rendite in Höhe von 2,5 Prozent abwirft. Wenn die Zentralbank das Volumen ihrer Anleihenkäufe ausweitet, bewirkt dieser

Nachfrageanstieg einen höheren Kurs für die gehandelten Anleihen. Daraus resultiert ein Rückgang der effektiven Verzinsung, also auch eine Zinssenkung in der gesamten Volkswirtschaft.

Ein geringeres gesamtwirtschaftliches Zinsniveau zieht eine höhere Güternachfrage nach sich. Das betrifft vor allem die Investitionstätigkeiten der Unternehmen, aber auch die Konsumnachfrage der privaten Haushalte.

- Wenn die Zentralbank durch eine expansive Geldpolitik die Zinsen im Inland reduziert, erhöht dies das gesamtwirtschaftliche Investitionsniveau. Wenn beispielsweise eine betriebliche Investition eine Rendite von fünf Prozent abwirft und der Zinssatz in der Volkswirtschaft bei 7,5 Prozent liegt, lohnt sich diese Investition nicht. Sofern das Unternehmen diese Investition durch Eigenkapital finanzieren kann, ist eine Geldmarktanlage sinnvoller, weil dadurch höhere Zinseinnahmen generiert werden können. Auch eine Kreditfinanzierung dieser Investition ist betriebswirtschaftlich nicht sinnvoll, weil die damit verbundenen Zusatzkosten höher sind als der erwartete Gewinn. Bei einer Senkung der Zinsen auf nur noch 3,5 Prozent lohnt sich diese Investition jedoch. Die Folge: In der Volkswirtschaft werden mehr Investitionsgüter nachgefragt. Die **Investitionsgüternachfrage** (I) in Gleichung (3.1) wird größer und mit ihr die gesamtwirtschaftliche Güternachfrage.
- Niedrigere Zinsen machen es für private Haushalte attraktiver, kreditfinanzierte Konsumgüterkäufe zu tätigen. Dabei ist vor allem an den Erwerb von langlebigen Konsumgütern zu denken (Möbel, Autos, elektronische Geräte bis hin zum Immobilienerwerb). Dies bewirkt einen Anstieg der privaten **Konsumausgaben** (C) in Gleichung (3.1).

Eine weitere Ursache für eine Steigerung der gesamtwirtschaftlichen Güternachfrage ist eine **expansive Fiskalpolitik**. Sie wird primär in wirtschaftlichen Schwächephase angewendet, um Produktion und Beschäftigung zu stabilisieren. In der Regel handelt es sich dann um eine **kreditfinanzierte** expansive Fiskalpolitik. Das bedeutet, dass der Staat seine Ausgaben erhöht, ohne diese Ausgabenerhöhung durch eine entsprechend hohe Einnahmensteigerung zu finanzieren. Eine kreditfinanzierte Staatsausgabenerhöhung hat das Ziel, die gesamtwirtschaftliche Güternachfrage zu erhöhen und damit die Beschäftigung zu steigern. Würde der Staat seine höheren Ausgaben für den Erwerb von Gütern durch eine Steuererhöhung finanzieren, käme es zu einer Verringerung der verfügbaren Einkommen der privaten Haushalte. Daher müssten sie ihre Konsumausgaben reduzieren. Das würde dem Ziel der Staatsausgabenerhöhung – einer Steigerung der gesamtwirtschaftlichen Güternachfrage – widersprechen.

Eine kreditfinanzierte expansive Fiskalpolitik liegt auch vor, wenn der Staat die Steuern reduziert und so die Staatseinnahmen verringert, ohne seine Ausgaben im gleichen Ausmaß zu senken. Ziel dieser Maßnahme ist es, die verfügbaren Einkommen der privaten Haushalte zu erhöhen und so die private Konsumnachfrage zu steigern. Die erhoffte Folge ist wiederum, dass die Unternehmen der Konsumgüterindustrie ihre Produktion an die höhere Nachfrage anpassen und mehr Beschäftigte einstellen.

Eine kreditfinanzierte Erhöhung der staatlichen Ausgaben wirkt sich unmittelbar auf die gesamtwirtschaftliche Güternachfrage aus. Wenn der Staat seine Ausgaben für den Straßenbau oder die Digitalisierung der Schulen und der Verwaltung steigert, erhöht er die Nachfrage nach den damit verbundenen Waren und Dienstleistungen. In Gleichung (3.1) bewirkt das einen Anstieg der **staatlichen Ausgaben** (G). Auch eine Steuersenkung ohne eine Reduzierung der staatlichen Ausgaben wirkt nachfrageerhöhend, wenn die privaten Haushalte das daraus resultierende höhere verfügbare Einkommen für Konsumausgaben verwenden. Es kommt zu einem Anstieg der privaten **Konsumausgaben** (C) in Gleichung (3.1). Einschränkend ist jedoch darauf hinzuweisen, dass eine kreditfinanzierte Staatsausgabenerhöhung über steigende Zinsen als unerwünschten Nebeneffekt die Investitionsgüternachfrage der Unternehmen einschränken kann (→ Box 2).

Box 2 | Crowding out

Eine Ausweitung der staatlichen Kredite bedeutet eine höhere gesamtwirtschaftliche Kreditnachfrage. Unter sonst gleichen Bedingungen bedeutet das einen Nachfrageüberhang auf dem Kreditmarkt. Der Kreditmarktzins steigt daher. Ein steigender Zins reduziert die Investitionsgüternachfrage der Unternehmen. Die höhere kreditfinanzierte staatliche Güternachfrage verdrängt also teilweise die Investitionsgüternachfrage der Unternehmen. Dies wird als Crowding out bzw. Verdrängungseffekt bezeichnet (vgl. Petersen 2022a, S. 72–74).

Eine höhere Konsumnachfrage der privaten Haushalte ergibt sich auch, wenn diese weniger Ersparnisse bilden. Der Anteil der Ersparnisse an den verfügbaren Einkommen ist die **Sparquote**. Ein Grund für einer Reduzierung der gesamtwirtschaftlichen Sparquote ist die gesellschaftliche Alterung. Rentner verfügen über geringere Einkommen als Erwerbstätige. Deshalb können sie weniger sparen. Wenn ein großer Anteil der Bevölkerung altersbedingt aus dem Erwerbsleben ausscheidet und eine Rente bezieht, geht die Sparquote der Gesellschaft zurück. Damit steigt die **Konsumquote**, also der Anteil der Konsumnachfrage am gesamtwirtschaftlichen Einkommen. Das wirkt inflationserhöhend. Dieser Aspekt wird im sechsten Kapitel ausführlicher diskutiert.

Während sich die bisher genannten Ursachen auf eine Erhöhung der Binnennachfrage bezogen, kann sich ein Anstieg der gesamtwirtschaftlichen Güternachfrage auch daraus ergeben, dass das Ausland vermehrt Produkte des Inlands nachfragt. Grund dafür kann beispielsweise ein Wirtschaftsboom im Ausland sein. Die steigende Exportgüternachfrage bedeutet wiederum einen Anstieg der **Exporte** in Gleichung (3.1).

3.2 Angebotsgetriebene Inflation

Auch das Güterangebot der Unternehmen hängt nicht nur vom Preis ab, den sie für ihre Produkte erhalten. Wenn z. B. die **Produktionskosten** der Unternehmen steigen, wird es für sie weniger attraktiv, bei einem unveränderten Marktpreis ihre Produkte anzubieten. Sie reduzieren daher ihr Güterangebot. In einem Preisniveau-Mengen-Diagramm wird die gesamtwirtschaftliche Güterangebotsgerade nach links verschoben (→ Abbildung 3.2). Alternativ bedeuten höhere Produktionskosten, dass die Unternehmen eine bestimmte Gütermenge nur zu einem höheren Preis anbieten. In diesem Fall wird die Güterangebotsgerade nach oben verschoben. In beiden Fällen kommt es – so wie bei einer nachfragegetriebenen Inflation – zu einem Anstieg des gesamtwirtschaftlichen Preisniveaus. Angebotene und nachgefragte Gütermenge gehen jedoch zurück. Das bedeutet einen Rückgang des gesamtwirtschaftlichen Produktionsniveaus und der Beschäftigung.

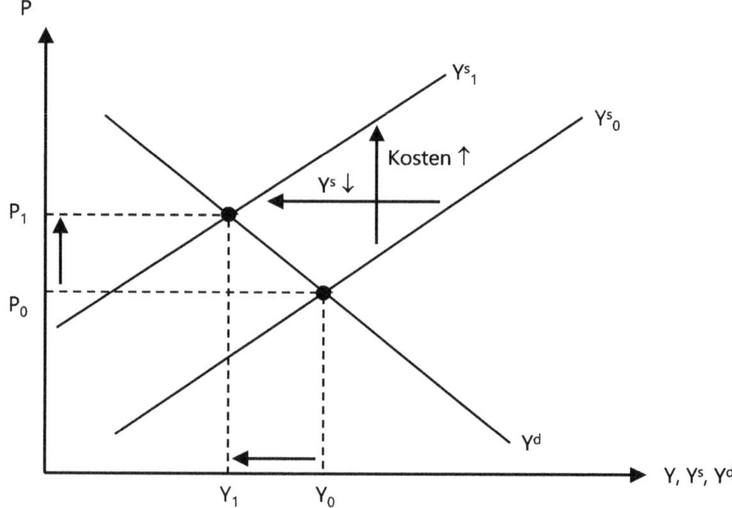

Abbildung 3.2: Angebotsgetriebene Preisniveauerhöhung

Wenn die angebotsgetriebene Inflation auf höhere Produktionskosten zurückzuführen ist, handelt es sich um eine **Kosteninflation**. Ursache können sämtliche Produktionskosten sein: höhere Löhne, höhere Kapitalkosten wegen gestiegener Zinsen, höhere Energiepreise infolge eines staatlichen Preises für den Ausstoß von Treibhausgasen (also ein CO_2-Preis) oder auch höhere Preise für Rohstoffe und Vorleistungen, die aus dem Ausland importiert werden. Eine Kosteninflation bedeutet, dass die ursprüngliche Güterangebotsgerade (Y^s_0) nach oben verschoben wird.

Eine Linksverschiebung der gesamtwirtschaftlichen Angebotsgeraden ergibt sich darüber hinaus auch, wenn die angebotene Gütermenge zurückgeht, ohne dass dafür höhere Produktionskosten verantwortlich sein müssen. Die Gründe für eine Angebotseinschränkung können vielfältig sein.

- Ein temporärer Produktionseinbruch findet statt, wenn Produktionsanlagen in großem Umfang zerstört werden, z. B. durch ein Erdbeben oder eine Überschwemmung. Auch pandemiebedingter Produktionsausfälle führen zu einer Produktionsunterbrechung. Nach der Wiederherstellung der Produktionsanlagen bzw. dem Ende der Pandemie kann das gesamtwirtschaftliche Güterangebot wieder auf das ursprüngliche Niveau ausgeweitet werden. Der Angebotsrückgang ist also nur vorübergehend. Die Folge ist eine **vorübergehende Inflation**.

- Ein dauerhafter Produktionsrückgang ergibt sich, wenn die Produktionskapazitäten einer Volkswirtschaft dauerhaft auf einem geringeren Niveau bleiben oder im Zeitablauf sogar immer kleiner werden. Ein Grund dafür kann ein demografisch bedingter Arbeitskräftemangel sein. In diesem Fall liegt eine **chronische Inflation** vor. Ein weiterer Grund für einen permanenten Preisniveauanstieg sind klimabedingte Erntereduzierungen, also geringere Erträge bei landwirtschaftlichen Produkten infolge von Wassermangel, Stürmen, Starkregen und anderen Folgen der globalen Erwärmung. Diese Thematik wird im achten Kapitel vertieft.
- Im Inland kommt es zu einer Angebotsverringerung, wenn notwendige Rohstoffe, Vorleistungen und Endprodukte aus dem Ausland ausbleiben. Falls dieser Importausfall nur temporär ist oder das Inland Substitute für die fehlenden Importe findet, kommt es zu einer **vorübergehenden Inflation**. Wenn die Importe jedoch dauerhaft ausbleiben und es für diese Importe keine Substitute gibt, kann das zu einer **chronischen Inflation** führen.

Ein weiterer Grund für höhere Preise ist die Ausnutzung von **Marktmacht**, die es im idealtypischen Modell der vollständigen Konkurrenz gar nicht gibt. Bei der **vollständigen Konkurrenz** handelt es sich um einen Markt, auf dem ein homogenes Gut gehandelt wird (alle Einheiten des Gutes werden von den Verbrauchern als absolut gleichwertig angesehen) und auf dem Markttransparenz herrscht. Vollständige Konkurrenz verlangt zudem, dass es eine Vielzahl von Anbietern und Nachfragern gibt. Der Markteintritt und der Marktaustritt sind frei. Der Preis für das Gut ist nach oben und unten vollkommen flexibel.

Unter diesen Modellannahmen stellt sich ein Marktgleichgewicht mit einem bestimmten Gleichgewichtspreis ein, z. B. P_0 in den Abbildungen 3.1 und 3.2. Kein Anbieter kann einen höheren Preis als P_0 fordern. Sollte er dies versuchen, würde sein Umsatz auf null sinken, denn kein Konsument ist bereit, einen höheren Preis als P_0 zu bezahlen. Die Kunden weichen stattdessen auf einen der zahlreichen anderen Anbieter aus. Damit gilt das Gesetz von der Unterschiedslosigkeit des Preises. D. h., dass es zu jedem Zeitpunkt nur einen Preis für das auf dem Markt gehandelte Gut gibt. Der am Markt geltende Preis ist also für alle Anbieter eine vorgegebene Größe, die sie durch ihr Verhalten nicht verändern können. Die Anbieter agieren daher als **Preisnehmer** und als Mengenanpasser – sie akzeptieren den Marktpreis als eine gegebene Größe und passen ihr mengenmäßiges Güterangebot so an, dass sie ihren Gewinn maximieren.

Wenn es jedoch für ein bestimmtes Gut nur einen oder sehr wenige Anbieter gibt, verfügen diese über Marktmacht. Im Fall von nur einem Anbieter handelt es sich um ein **Monopol** bzw. einen Monopolisten. Da die Verbraucher nicht auf andere Anbieter ausweichen können, müssen sie den vom Monopolisten verlangten Preis zahlen oder auf den Erwerb des betreffenden Produkts verzichten. Monopolisten maximieren ihren Gewinn, indem sie im Vergleich zum Marktgleichgewicht bei vollständiger Konkurrenz eine geringere Gütermenge anbieten und einen höheren Marktpreis verlangen (vgl. Petersen 2021a, S. 112–114 sowie Anhang 1). Höhere Preise ergeben sich auch, wenn es einen Markt mit nur wenigen Anbietern gibt (Oligopol) oder wenn sich mehrere Anbieter zu einem **Kartell** zusammenschließen und sich wie ein Monopolist verhalten.

Wichtig ist in diesem Kontext der Hinweis, dass sich eine monopolistische oder oligopolistische Preissetzung nur dann auf das gesamtwirtschaftliche Preisniveau überträgt, wenn es in einer Volkswirtschaft viele Märkte gibt, die lediglich einen oder wenige Anbieter haben. Einige wenige Monopole erhöhen nicht notwendigerweise das gesamtwirtschaftliche Preisniveau. Wenn jedoch der Wettbewerb in einem Land weitgehend ausgesetzt ist, kann es in vielen Bereichen zu einer Marktmacht kommen, die das gesamtwirtschaftliche Preisniveau erhöht.

Eine auf Marktmacht basierende Steigerung des gesamtwirtschaftlichen Preisniveaus ist letztendlich darauf zurückzuführen, dass die Anbieter einen Preis- bzw. Gewinnaufschlag erheben, um so ihren Gewinn zu steigern. Daher wird diese Form der Inflation als **Gewinninflation** bezeichnet.

Schließlich kann das inländische Preisniveau steigen, wenn das Land Produkte aus dem Ausland importiert und die Preise dieser Produkte steigen. In diesem Fall handelt es sich um eine **importierte Inflation**. Diese Inflationsursache wird im → Abschnitt 5.4 ausführlicher behandelt.

3.3 Reale und monetäre Inflationsursachen

Neben der Unterscheidung zwischen einer nachfrage- und einer angebotsgetriebenen Inflation gibt es die Unterscheidung zwischen realen und monetären Inflationsursachen.

Reale Ursachen eines Anstiegs des gesamtwirtschaftlichen Preisniveaus führen dazu, dass die angebotene **Gütermenge** sinkt oder die nachgefragte Gütermenge steigt. Für den daraus resultierenden gesamtwirtschaftlichen Nachfrageüberhang gibt es unterschiedliche Ursachen: eine Produktionseinschränkung infolge eines Arbeitskräftemangels oder wegen fehlender Rohstoffe und Vorleistungen, eine höhere Nachfrage nach einheimischen Produkten aus dem Ausland oder die Zerstörung von Produktionsanlagen durch eine Naturkatastrophe, um nur einige zu nennen.

Neben den realen gibt es auch **monetäre Ursachen** für eine Inflation. Dabei geht es weniger um die bereits skizzierten Zusammenhänge zwischen einer Geldmengenausweitung, einer Zinssenkung und einer daraus resultierenden höheren Nachfrage nach Investitionsgütern, sondern vielmehr darum, dass ein anhaltender Preisanstieg nur stattfindet, wenn es zu einer Ausweitung der gesamtwirtschaftlichen **Geldmenge** kommt. Die für eine Inflation erforderliche Geldmengenerhöhung lässt sich mit Hilfe der Quantitätsgleichung verdeutlichen.

Die **Quantitätsgleichung** stellt den definitorischen Zusammenhang zwischen vier volkswirtschaftlichen Größen dar: der nominalen Geldmenge (M für money), dem gesamtwirtschaftlichen Preisniveau (P), dem realen Inlandsprodukt (Y) als Indikator für das Handelsvolumen der Volkswirtschaft und der Umlaufgeschwindigkeit des Geldes (U). Letztere gibt an, wie oft eine Geldeinheit in der Volkswirtschaft im Durchschnitt für die Bezahlung von Gütern verwendet wird. Die Quantitätsgleichung besagt, dass das Angebot an Geld ausreichen muss, um alle ökonomischen Transaktionen einer bestimmten Periode zu finanzieren. Wenn die nominale Geldmenge beispielsweise 10 Milliarden Geldeinheiten umfasst und jede Geldeinheit pro Jahr fünfmal für ökonomische Transaktionen verwendet wird, können damit Transaktionen im Wert von 50 Milliarden Geldeinheiten durchgeführt werden. Die zentrale Gleichung der Quantitätstheorie lautet daher wie folgt: $M \cdot U = Y \cdot P$. Werden die Umlaufgeschwindigkeit des Geldes und das reale Inlandsprodukt als konstant angesehen, kann das Preisniveau nur steigen, wenn die Geldmenge erhöht wird. Inflation ist der Quantitätstheorie zufolge somit in letzter Instanz immer ein monetäres Phänomen.

Eine höhere Geldmenge ist demnach nicht in der Lage, Produktion und Beschäftigung im Inland zu erhöhen. Dies passt auf den ersten Blick nicht zu den bisherigen Ausführungen zu einer **nachfragegetriebenen Inflation** und → Abbildung 3.1. Im Kontext dieser Aussagen wurde erläutert, dass eine Geldmengenausweitung zu einer Zinssenkung führt, die wiederum eine höhere Nachfrage nach Investitionsgütern nach sich zieht. Unternehmen passen sich an diese höhere Güternachfrage an und weiten ihre Produktion aus. Wenn die nachgefragte und angebotene Gütermenge steigen, steigt auch das Bruttoinlandsprodukt bzw. kürzer das Inlandsprodukt (Y).

Dieser Widerspruch lässt sich wie folgt auflösen: Den beiden unterschiedlichen Folgen einer Geldmengenausweitung liegen unterschiedliche ökonomische Argumentationen zugrunde. In der Makroökonomie gibt es zwei große Denkschulen, die die theoretischen Grundlagen für wirtschaftspolitische Maßnahmen bilden: den Monetarismus und den Keynesianismus. Die Modelle beider Schulen basieren auf unterschiedlichen Annahmen und Überlegungen zu theoretischen Zusammenhängen (vgl. ausführlicher Petersen 2022a, S. 157–166). Deren Ergebnis sind unterschiedliche Verläufe der gesamtwirtschaftlichen Güterangebotsgeraden in einem Preisniveau-Mengen-Diagramm.

- **Monetaristen** gehen davon aus, dass das Angebot und die Nachfrage auf jedem Markt vom Preis des gehandelten Gutes abhängen. Sofern der Preis vollkommen flexibel ist, kommt es stets zu einem Ausgleich von Angebot und Nachfrage. Sämtliche Märkte befinden sich daher in den Modellen des Monetarismus im Gleichgewicht, d. h. sie sind preisgeräumt. Das bedeutet z. B., dass auf dem Arbeitsmarkt stets Vollbeschäftigung herrscht. Das hat wiederum zur Folge, dass zu jedem Zeitpunkt das Vollbeschäftigungsniveau der gesamtwirtschaftlichen Produktion erreicht wird. Da alle verfügbaren Produktionsfaktoren genutzt werden, ist eine Ausweitung der Produktion über dieses Vollbeschäftigungsniveau nicht möglich. In einem Preisniveau-Mengen-Diagramm verläuft die gesamtwirtschaftliche Güterangebotsgerade daher parallel zur Preisniveauachse.
- **Keynesianer** sind hingegen der Ansicht, dass die Preise für Güter und für Produktionsfaktoren, also z. B. der nominale Lohnsatz, zumindest kurzfristig konstant bzw. nach unten hin starr sind. Dies hat zur Folge, dass es zu dauerhaften Angebotsüberschüssen kommen kann. Auf dem Arbeitsmarkt äußert sich der Umstand eines nicht hinreichend flexiblen Preises für den Faktor Arbeit in einer Arbeitslosigkeit. Wenn das vorhandene Arbeitskräfteangebot nicht vollkommen genutzt wird, wird auch nicht das Vollbeschäftigungsniveau der Produktion erreicht. Die gesamtwirtschaftliche Güterangebotsgerade hat daher in einem

Preisniveau-Mengen-Diagramm einen steigenden Verlauf wie in → Abbildung 3.1 und → Abbildung 3.2.

Bei der Gültigkeit der Quantitätsgleichung, die auf die Monetaristen zurückgeht, ergibt sich somit eine parallel zur Preisniveauachse verlaufende Güterangebotsgerade (→ Abbildung 3.3). Eine Geldmengenausweitung reduziert zwar die Zinsen und erhöht damit die Güternachfrage, aber da die Volkswirtschaft bereits ihr Vollbeschäftigungsniveau erreicht hat, hat die Geldmengenausweitung ausschließlich einen preisniveauerhöhenden Effekt – die daraus resultierende Inflation hat folglich rein monetäre Ursachen. Hier gilt die Quantitätsgleichung mit der Konsequenz, dass eine Ausweitung der Geldmenge (M) um 2,5 Prozent zu einem Anstieg des gesamtwirtschaftlichen Preisniveaus (P) um ebenfalls 2,5 Prozent führt.

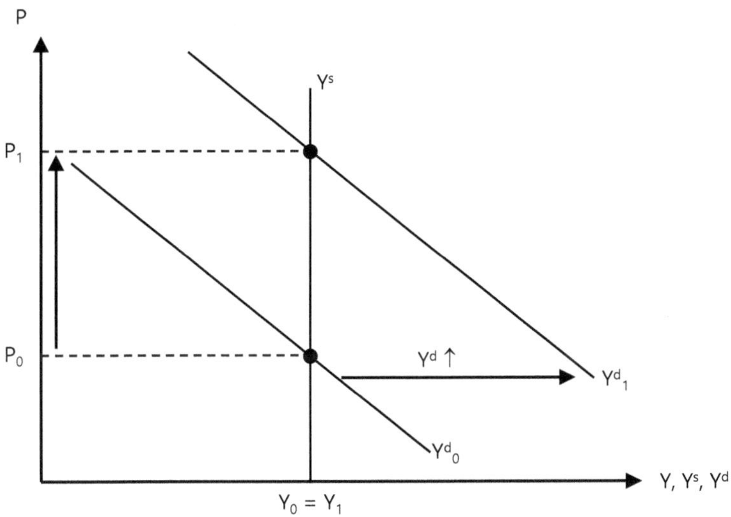

Abbildung 3.3: Folgen einer Geldmengenausweitung in der monetaristischen Theorie

Der Zusammenhang zwischen der Geldmenge (M) und dem Inlandsprodukt (Y) lässt sich mit Hilfe der **Quantitätsgleichung** ($M \cdot U = Y \cdot P$) genauer analysieren. Dazu ein Zahlenbeispiel: In der Ausgangssituation beträgt die nominale Geldmenge 2.500 Euro, die Umlaufgeschwindigkeit des Geldes (U) ist 4 und das Inlandsprodukt besteht aus 1.000 Gütereinheiten. In dieser Situation ergibt sich ein gesamtwirtschaftliches Preisniveau (P) in Höhe von 10 Euro. Die Umlaufgeschwindigkeit des Geldes wird in den nachfolgenden

Beispielen konstant gehalten, aber Geldmenge und Inlandsprodukt werden variiert. Daraus können sich unterschiedliche Kombinationen der drei variablen Größen ergeben (→ Tabelle 3.1).

- Wird die nominale Geldmenge um 10 Prozent erhöht und die Gütermenge konstant gehalten, so ergibt sich nach der Quantitätsgleichung ein Anstieg des gesamtwirtschaftlichen Preisniveaus um ebenfalls 10 Prozent (von 10 auf 11 Euro). Dies lässt sich dadurch erklären, dass die in Geldeinheiten ausgedrückte Güternachfrage nun eine Höhe von 11.000 Euro erreicht. Auf dem Gütermarkt bewirkt das bei einem unveränderten Angebot von 1.000 Gütereinheiten einen **Nachfrageüberhang**, der einen Preisniveauanstieg hervorruft.
- Im zweiten Beispiel halbiert sich die Gütermenge von 1.000 auf 500 Einheiten. Die Geldmenge bleibt unverändert. Daraus ergibt sich gemäß der Quantitätsgleichung eine Verdoppelung des Preisniveaus (von 10 auf 20 Euro). Der Preisniveauanstieg resultiert daraus, dass das für die Güternachfrage zur Verfügung stehende monetäre Transaktionsvolumen unverändert ist, aber das reale Güterangebot gesunken ist. Die Folge ist ein **Nachfrageüberhang**, der zu höheren Güterpreisen führt.
- Im dritten Beispiel steigen sowohl die nominale Geldmenge als auch die Gütermenge um jeweils zehn Prozent. Dem zehnprozentigen Anstieg der Güternachfrage steht somit ein zehnprozentiger Angebotsanstieg gegenüber. Es gibt daher weder einen Nachfrageüberhang noch einen Angebotsüberschuss. Folglich bleibt das Preisniveau unverändert.

Einschränkend ist darauf hinzuweisen, dass eine Geldmengenausweitung diese Preisniveaueffekte nur hat, wenn das von der Zentralbank zusätzlich zur Verfügung gestellte Geld in die Realwirtschaft fließt und für den Kauf von Gütern verwendet wird. Denkbar ist auch, dass dieses Geld für den Erwerb von Vermögensgegenständen genutzt wird, also z. B. für den Kauf von Aktien. In diesem Fall kommt es auf dem Aktienmarkt zu einem Nachfrageüberhang, der die Aktienkurse steigen lässt. Wie jedoch im zweiten Kapitel gezeigt wurde, fließen die Preise für Vermögenswerte nicht in Inflationsmessung ein, die mit einem Verbraucherpreisindex arbeitet.

M	M · U	Y	P
2.500	10.000	1.000	10
2.750 (+10 %)	11.000	1.000	11 (+10 %)
2.500	10.000	500 (−50 %)	20 (+100 %)
2.750 (+10 %)	11.000	1.100 (+10 %)	10 (+/−0 %)

Tabelle 3.1: Zahlenbeispiel zur Quantitätsgleichung mit U = 4

Wenn das Preisniveau in dem Beispiel mit der Halbierung der verfügbaren Gütermenge konstant gehalten werden soll, müsste die Geldmenge ebenfalls halbiert werden. Und das letzte Beispiel zeigt, dass sich bei einer Steigerung der verfügbaren Gütermenge eine Preisniveaustabilität erreichen lässt, wenn die nominale Geldmenge mit der gleichen Rate wächst wie die Gütermenge. So gesehen verlangt eine Preisniveaustabilität also, dass sich die Geldmenge an die Gütermenge anpasst. Das bedeutet:

- Wenn die verfügbare Gütermenge sinkt, muss die Geldmenge mit der gleichen prozentualen Veränderungsrate sinken, um das Preisniveau konstant zu halten.
- Wenn die Geldmenge mit einer geringeren Veränderungsrate schrumpft als die Gütermenge, steigt das gesamtwirtschaftliche Preisniveau.
- Wenn die Geldmenge mit einer größeren Veränderungsrate wächst als die Gütermenge, steigt das gesamtwirtschaftliche Preisniveau ebenfalls.

So gesehen ist die Aussage vertretbar, dass eine Inflation in letzter Instanz immer ein **monetäres Phänomen** ist, weil die Geldmenge nicht an die Gütermenge angepasst wird. Ein Anstieg des gesamtwirtschaftlichen Preisniveaus signalisiert dann, dass die vorhandene Geldmenge für die Menge an Waren und Dienstleistungen zu groß ist und daher reduziert werden sollte. Allerdings ist auch zu berücksichtigen, dass die dafür erforderliche **restriktive Geldpolitik** wiederum Rückwirkungen auf realwirtschaftliche Größen haben kann, unter anderem auf das Beschäftigungsniveau und auf die Höhe der gesamtwirtschaftlichen Produktion. Diese Zusammenhänge werden im neunten Kapitel ausführlicher beschrieben.

3.4 Inflationserwartungen

Eine weitere mögliche Ursache für einen Anstieg des gesamtwirtschaftlichen Preisniveaus sind entsprechend hohe **Inflationserwartungen**. Wenn sehr viele Marktteilnehmer erwarten, dass die Preise in einer Volkswirtschaft in den kommenden Monaten auf breiter Front steigen, kann es lohnend sein, den geplanten Kauf von Gütern vorzuziehen. Wenn beispielsweise im Frühjahr 2022 erwartet wird, dass die Preise in einem Jahr – also im Frühjahr 2023 – 7,5 Prozent höher sind als im Moment, bietet es sich an, haltbare bzw. langlebige Güter sofort zu kaufen. Bei niedrigen Zinsen lohnt es sich sogar, dafür einen Kredit aufzunehmen. Solange der Zinssatz für den Kredit unter 7,5 Prozent liegt, spart der Käufer damit Geld.

- Angenommen, eine Person plant für 2023 den Kauf einer Waschmaschine, deren Preis im Frühjahr 2022 bei 1.000,- Euro liegt. Wird erwartet, dass der Preis aller Güter im Frühjahr 2023 im Durchschnitt 7,5 Prozent höher ist, dann kostet die Waschmaschine 1.075,- Euro. Der sofortige Kauf bedeutet eine Ersparnis von 75,- Euro.
- Sollte der Käufer nicht über das für den vorgezogenen Kauf erforderliche Geld verfügen und der Zinssatz für einen Konsumentenkredit bei 3,5 Prozent liegen, kostet der Kauf der Waschmaschine im Frühjahr 2022 inklusive der zu zahlenden Kreditzinsen 1.035,- Euro. Damit spart der Käufer immer noch 40,- Euro durch den vorgezogenen Erwerb.

Falls viele Verbraucher diesem Beispiel folgen, kommt es bei zahlreichen Gütern zu vorgezogenen Güterkäufen. Das hat zur Folge, dass es bereits im Frühjahr 2022 zu einer erhöhten Güternachfrage kommt. Wenn die Unternehmen ihre Produktion nicht schnell genug anpassen können, kommt es also bereits im Frühjahr 2022 zu einem gesamtwirtschaftlichen **Nachfrageüberhang**. Er lässt das gesamtwirtschaftliche Preisniveau steigen. Die Inflationsrate steigt – und sie erreicht möglicherweise schon im Sommer 2022 die monatlichen Inflationsraten, die eigentlich erst für das Frühjahr 2023 prognostiziert wurden. In einem Preisniveau-Mengen-Diagramm führt die Erwartung, dass die Preise in einer Volkswirtschaft in der Zukunft spürbar über den gegenwärtigen Preisen liegen, zu einer Verschiebung der gesamtwirtschaftlichen Nachfragegeraden nach rechts (→ Abbildung 3.4.). Das Ergebnis entspricht dem einer nachfragegetriebenen Inflation.

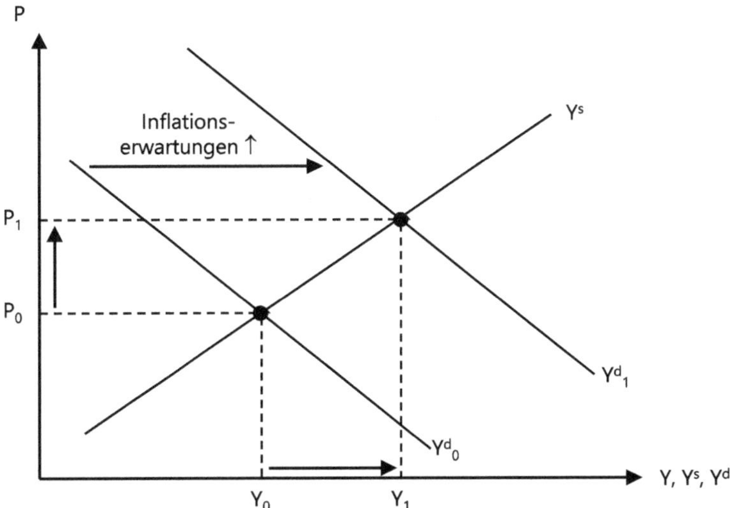

Abbildung 3.4: Preisniveauerhöhung infolge steigender Inflationserwartungen

Allein die Erwartung, dass es in der Zukunft zu spürbar höheren Preisen kommt, kann also in der Gegenwart zu Kaufentscheidungen führen, die bereits in der Gegenwart zur Inflation führen. Dies kann als eine sich **selbsterfüllende Prophezeiung** bezeichnet werden.

Damit es nicht zu einer Entwicklung kommt, bei der übertriebene Inflationserwartungen wirtschaftliche Entscheidungen hervorrufen, die die Inflationsrate tatsächlich steigen lassen, ist ein Vertrauen in die geldpolitischen Entscheidungen der **Zentralbank** wichtig. Sie muss ein klares **Inflationsziel** vorgeben und dieses erfolgreich verfolgen. Wenn eine Zentralbank z. B. glaubhaft dafür einsteht, dass die jährliche Inflationsrate einen Wert von zwei Prozent nicht übersteigt und die Wirtschaftsakteure darauf vertrauen, dass ihre Zentralbank dieses Ziel erreicht, werden sie auch nicht erwarten, dass es zu spürbar höheren Preissteigerungsraten kommt. Selbst wenn es in einigen Monaten des Jahres höhere Inflationsraten geben sollte, wird das die Inflationserwartungen der Verbraucher und der Unternehmen nicht weit über zwei Prozent ansteigen lassen. Damit kommt es auch nicht zu vorgezogenen Güterkäufen, die eine nachfragegetriebene Inflation auslösen.

Im Kontext der Inflationserwartungen ist noch kurz auf die im ersten Kapitel erwähnte **gefühlte Inflation** einzugehen. Umfrageergebnisse zeigen, dass die gefühlte Inflation häufig spürbar über den Inflationsraten liegt, die die offiziellen Statistiken ausweisen. Die individuell gefühlte Inflation hat dann auch Auswirkungen auf die Inflationserwartungen der Menschen: Wenn die Bürger auf Basis ihrer individuellen Erfahrungen die tatsächliche Preisniveauentwicklung überschätzen, kann das auch dazu führen, dass ihre Inflationserwartungen über einer objektiv gerechtfertigten erwartbaren Inflationsrate liegen. Das hat zur Folge, dass sie ihre wirtschaftlichen Entscheidungen an dieser Erwartungshaltung ausrichten. Die Konsequenz können vorgezogene Konsumkäufe sein. So hat eine gefühlte Inflation realwirtschaftliche Konsequenzen (vgl. Weichenrieder und Gürer 2020, S. 837).

3.5 Staatliche Preiseingriffe

Der Staat hat nicht nur über seine Ausgabenpolitik einen Einfluss auf die Höhe des gesamtwirtschaftlichen Preisniveaus, sondern auch durch Eingriffe in das Preissystem. Hier ist vor allem an vier Instrumente zu denken: Steuern und Subventionen sowie Höchst- und Mindestpreise.

Steuern dienen primär dem Ziel, staatliche Einnahmen zu generieren. Wenn der Staat dafür eine Verbrauchsteuer erhebt, also z. B. eine Umsatz- bzw. Mehrwertsteuer in Höhe von 19 Prozent auf Konsumgüter, erhöht das direkt die Verbraucherpreise. Verbrauchsteuern haben daher einen preisniveauerhöhenden Effekt.

Subventionen sind finanzielle Leistungen, die der Staat Wirtschaftsakteuren gewährt, ohne dass er dafür eine direkte Gegenleistung erhält. Wenn diese staatlichen Leistungen an Unternehmen fließen, wirkt das für die Unternehmen wie eine zusätzliche Einnahme. Das bedeutet wiederum, dass die Unternehmen ihre Produkte zu einem geringeren Preis anbieten können. Angenommen, die Produktionskosten eines bestimmten Konsumguts betragen 15,- Euro. Um kostendeckend zu arbeiten, muss das Unternehmen mindestens 15,- Euro für dieses Produkt verlangen. Falls das Unternehmen jedoch 2,50 Euro pro Konsumgütereinheit als Subvention vom Staat erhält, kann dieses Produkt für 12,50 Euro verkauft werden. Subventionen haben daher einen preisniveaureduzierenden Effekt.

Ein **Höchstpreis** ist ein staatlich festgelegter Preis, der unter dem Marktpreis liegt, der sich ohne einen staatlichen Eingriff einstellt. Er darf nicht überschritten werden. Ziel eines Höchstpreises ist es, die Käufer vor zu hohen Marktpreisen zu schützen. Ein Beispiel sind Höchstmieten. Höchstpreise wirken preisniveaureduzierend. Die Sinnhaftigkeit eines Einsatzes von Höchstpreisen zur Inflationsbekämpfung wird im → Abschnitt 10.1. diskutiert.

Ein **Mindestpreis** ist ein staatlich festgelegter Preis, der über dem Marktpreis liegt, der sich ohne einen staatlichen Eingriff einstellt. Er darf nicht unterschritten werden. Ziel eines Mindestpreises ist es, den Anbietern ein höheres Einkommen zu ermöglichen. Ein Beispiel für einen Mindestpreis ist ein Mindestlohn. Da Mindestpreise über dem Marktpreis liegen, wirken sich preisniveauerhöhend.

Neben den bereits genannten direkten Auswirkungen dieser vier Instrumente auf das gesamtwirtschaftliche Preisniveau haben sie auch **indirekte Wirkungen** auf die Inflation einer Volkswirtschaft.

- Wenn sich die Steuern bzw. Mindestpreise auf Produktionsfaktoren oder Vorleistungen beziehen, erhöht das die Produktionskosten. Damit steigen auch die Preise der von dieser Produktionskostenerhöhung betroffenen Güter.
- Wenn sich die Steuern bzw. Mindestpreise auf Konsumgüter beziehen, schmälern sie die Kaufkraft der privaten Haushalte. Um den Kaufkraftverlust zu kompensieren, werden die Beschäftigten und ihre Gewerkschaften höhere Nominallöhne fordern. Diese erhöhen die Produktionskosten der Unternehmen und höhere Produktionskosten führen zu höheren Güterpreisen.

Für Subventionen und Höchstpreise gelten analoge Überlegungen. Die indirekten Wirkungen verstärken somit die preisniveauerhöhenden Effekte von Steuern und Mindestpreisen bzw. die inflationsdämpfenden Wirkungen von Subventionen und Höchstpreisen.

Bei den Auswirkungen dieser staatlichen Eingriffe in das Preissystem sind darüber hinaus zwei weitere Wirkungskanäle zu berücksichtigen:

- Zum einen geht es um die **Finanzierung** dieser Maßnahmen. Dies gilt insbesondere für die inflationsdämpfende Wirkung von Subventionen. Wenn der Staat seine Ausgaben für Subventionen durch Steuereinnahmen finanziert, sind der inflationsdämpfenden Wirkung der Subvention die inflationserhöhenden Konsequenzen von Verbrauchsteuern gegenüberzustellen. Falls der Staat jedoch auf eine Gegenfinanzierung verzichtet und stattdessen die subventionsbedingten Mehrausgaben durch eine Kreditaufnahme finanziert, unterbleibt der inflationserhöhende Effekt einer Steuerfinanzierung.

- Zum anderen sind **Kaufkrafteffekte** zu berücksichtigen. Wenn der Staat eine Verbrauchsteuer erhebt, hat sie einen preisniveauerhöhenden Effekt. Gleichzeitig sinkt dadurch die Kaufkraft der Einkommen der privaten Haushalte. Sie müssen daher ihre Konsumausgaben einschränken. Daraus resultiert für sich genommen ein Rückgang der gesamtwirtschaftlichen Güternachfrage, der wiederum preisniveausenkend wirkt.

Schließlich ist noch darauf hinzuweisen, dass sich die direkten und indirekten preisniveauerhöhenden oder -dämpfenden Effekte nur einstellen, wenn viele Güter von diesen Instrumenten betroffen sind. Falls der Staat nur einige wenige Produkte subventioniert, hat das noch keine spürbaren Auswirkungen auf das gesamtwirtschaftliche Preisniveau. Wenn ein Staat jedoch in großem Umfang Subventionen einsetzt, kann das auf die Inflationsrate einer Volkswirtschaft durchschlagen. Ein Beispiel dafür ist **Japan**. Dort wird nicht nur die Landwirtschaft massiv subventioniert. Subventionen gibt es auch für die Bahn, für Schul- und Hochschulgebühren sowie für den Kauf von Autos. Hinzu kommen staatliche Preiskontrollen für Wasser und Strom sowie staatliche Zuzahlungen im Gesundheitswesen. Das alles dämpft die japanische Inflationsrate (vgl. Schnabl 2022, S. 31).

3.6 Zweitrundeneffekte

Die bisher beschriebenen Ursachen bewirken einen Anstieg des gesamtwirtschaftlichen Preisniveaus. Der Preisniveauanstieg hat für die Wirtschaftsakteure zahlreiche ökonomische Konsequenzen. Bei Lohnempfängern sinkt die Kaufkraft des nominalen Einkommens aus Erwerbsarbeit. Bei Eigentümern von Wohnungen, die diese vermieten, kommt es zu einem Kaufkraftverlust der Mieteinnahmen. Wenn möglich, werden die Wirtschaftsakteure versuchen, diese Kaufkraftverluste zu kompensieren.

Arbeitskräfte und ihre Gewerkschaften können den Kaufkraftverlust durch höhere Nominallöhne ausgleichen. Damit steigen in den Unternehmen die Produktionskosten. Die Unternehmen versuchen, die höheren Kosten auf die Konsumenten zu überwälzen und streben daher höhere Preise für ihre Produkte an. So kommt es zu einer zweiten Preisniveausteigerung.

Auch die Eigentümer von Immobilien erhöhen die nominalen Mieten, um ihren inflationsbedingten Kaufkraftverlust zu kompensieren. Wenn es sich dabei um gewerbliche Immobilien handelt, also z. B. um Büros und Geschäfte, erhöht das die Produktionskosten der Mieter. Die betroffenen Unternehmen werden auf diese Kostensteigerung ebenfalls mit einer Erhöhung der Preise für ihre Waren und Dienstleistungen reagieren. Handelt es sich um Wohnraum, der an private Haushalte vermietet wird, bedeutet eine Mieterhöhung einen Kaufkraftverlust des Haushaltseinkommens. Erwerbstätige werden ihre Nominallohnforderungen entsprechend anheben, was zu einem höheren Nominallohn führt. Dieser bedeutet höhere Produktionskosten, die zu höheren Güterpreisen führen.

Letztendlich werden alle wirtschaftlichen Akteure, die inflationsbedingt einen Kaufkraftverlust erleiden, versuchen, diesen zu kompensieren. Wenn ein Anstieg des gesamtwirtschaftlichen Preisniveaus die Wirtschaftsakteure einer Volkswirtschaft dazu bewegt, weitere inflationserhöhende Entscheidungen zu treffen, handelt es sich um **Zweitrundeneffekte** einer Inflation. Sie werden im vierten Kapitel aufgegriffen, unter anderem unter den Stichworten der **Lohn-Preis-Spirale** und der **Miet-Preis-Spirale**.

3.7 Die Bedeutung der Kapazitätsauslastung

Ob es in einer Volkswirtschaft zu einem Nachfrageüberhang kommt und wie lange dieser dauert, hängt maßgeblich davon ab, wie stark die zur Verfügung stehenden Produktionsfaktoren bzw. die gesamtwirtschaftlichen Produktionskapazitäten ausgelastet sind.

Wenn alle physischen Produktionsanlagen und Arbeitskräfte bereits in die gesamtwirtschaftlichen Produktionsprozesse eingebunden sind, kann das Güterangebot im Fall einer gestiegenen Nachfrage nicht oder bestenfalls geringfügig ausgedehnt werden. Arbeitskräfte können beispielsweise ihr Arbeitsangebot erhöhen, wenn sie bereit sind, Überstunden zu leisten. Das geschieht jedoch in der Regel nur, wenn die Beschäftigten zusätzliche finanzielle Anreize erhalten, also z. B. einen Überstundenzuschlag. Höhere Stundenlöhne fallen zudem an, wenn die Arbeit am Wochenende erfolgt. Bereits eine geringe Steigerung der Produktion – und damit des gesamtwirtschaftlichen Güterangebots – verursacht einen relativ großen Kostenanstieg. In einem Preisniveau-Mengen-Diagramm verläuft die gesamtwirtschaftliche Güterangebotsgerade bei einer **hohen Auslastung** der vorhandenen Produktionskapazitäten ($Y^s_{\text{hohe Ausl.}}$) daher relativ steil (→ Abbildung 3.5.).

Wenn hingegen viele Produktionsanlagen nicht oder nur teilweise genutzt werden und es zudem auch noch genügend Arbeitskräfte gibt, die eine Arbeitsstelle suchen, können die Unternehmen ihre Produktion mit einem relativ moderaten Kostenanstieg ausweiten. Überstunden- oder Wochenendzuschläge fallen bei den Beschäftigten nicht an, weil stattdessen arbeitssuchende Personen zum herrschenden Lohn eingestellt werden. Auch die Kapitalkosten steigen nur geringfügig, denn ein großer Teil der Kapitalkosten ist sowieso zu zahlen, selbst wenn die Produktion lahm liegt. Zu denken ist dabei unter anderem an Mieten für Büro- und Produktionsgebäude sowie an Zinsen für laufende Kredite. Bei einer **geringen Auslastung** der vorhandenen Produktionskapazitäten verläuft die gesamtwirtschaftliche Güterangebotsgerade ($Y^s_{\text{geringe Ausl.}}$) daher relativ flach (→ Abbildung 3.5).

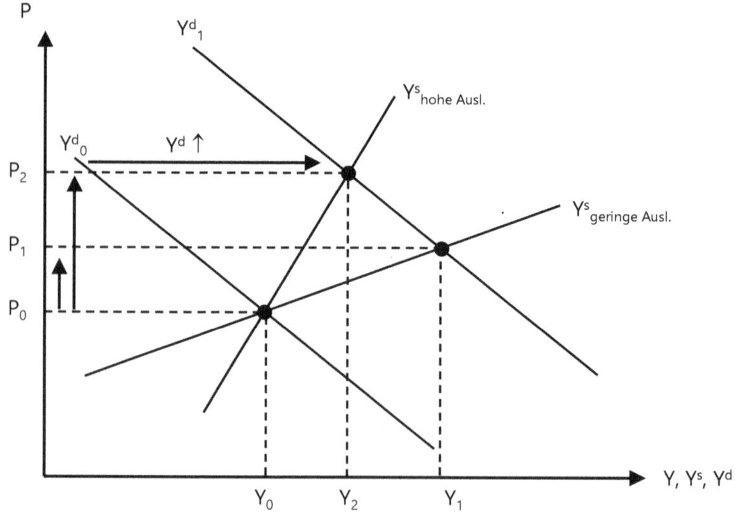

Abbildung 3.5: Bedeutung der Kapazitätsauslastung für die Höhe des Preisniveauanstiegs

Ein gesamtwirtschaftlicher Anstieg der Güternachfrage hat bei den unterschiedlichen Verläufen der Güterangebotsgeraden auch unterschiedlich hohe Anstiege des gesamtwirtschaftlichen Preisniveaus zur Folge. Dabei gilt: Je stärker die Produktionskapazitäten einer Volkswirtschaft bereits genutzt werden, desto größer fällt der preisniveauerhöhende Effekt einer gesamtwirtschaftlichen Nachfrageerhöhung aus. Der Extremfall, bei dem alle Produktionsfaktoren vollausgelastet sind und eine Produktionssteigerung unmöglich ist, wurde bereits in → Abbildung 3.3 dargestellt.

Der Verlauf der Güterangebotsgeraden hängt darüber hinaus auch von dem betrachteten **Zeithorizont** ab. Selbst wenn es kurzfristig bei einer Vollauslastung aller Produktionskapazitäten nicht mehr möglich sein sollte, das Güterangebot auszuweiten, können höhere Investitionen und technologisch bedingte Produktivitätssteigerungen das Güterangebot mittel- und langfristig erhöhen. Eine steil verlaufende Güterangebotsgerade kann daher auch als eine **kurzfristige Angebotsgerade** angesehen werden, während eine langfristige gesamtwirtschaftliche Angebotsgerade einen flacheren Verlauf hat.

Eine weitere inflationsdämpfende Angebotsausweitung ergibt sich, wenn zusätzliche Güter aus dem Ausland importiert werden. Diese Option wird im → Abschnitt 5.2 aufgegriffen und erläutert.

3.8 Fazit zu den Ursachen einer Inflation

Zu einem Anstieg des gesamtwirtschaftlichen Preisniveaus kommt es, wenn die gesamtwirtschaftliche Güternachfrage größer ist als das gesamtwirtschaftliche Güterangebot bzw. wenn diese Güternachfrage im Zeitablauf schneller wächst als das Güterangebot. Ein steigendes Preisniveau ist somit die Folge eines gesamtwirtschaftlichen **Nachfrageüberhangs** auf dem Gütermarkt. Verantwortlich für eine höhere **Güternachfrage** können die inländischen Nachfragekomponenten sein (die Konsumgüternachfrage der privaten Haushalte, die Investitionsgüternachfrage der Unternehmen und die staatliche Güternachfrage) und die Güternachfrage aus dem Rest der Welt (aus Sicht des Inlands sind das die Exporte). Komponenten des gesamtwirtschaftlichen **Güterangebots** sind die Mengen der im Inland produzierten Waren und Dienstleistungen (das Bruttoinlandsprodukt bzw. kürzer das Inlandsprodukt) und das aus dem Ausland stammende Güterangebot (aus Sicht des Inlands sind das die Importe).

Für den Anstieg der einzelnen Nachfragekomponenten gibt es wiederum zahlreiche Ursachen. Investitionen können z. B. zunehmen, wenn es im Inland zu einer Zinssenkung kommt oder wenn sich die Konjunkturaussichten der Unternehmen verbessern. Auch ein Rückgang des gesamtwirtschaftlichen Güterangebots hat viele Gründe, z. B. höhere Produktionskosten wegen steigender Löhne und Zinsen, fehlende Vorleistungen aus dem Ausland wegen einer Unterbrechung der Lieferketten oder fehlende Arbeitskräfte in Form eines Fachkräftemangels.

Die **Dauerhaftigkeit** der Inflation hängt von zwei zentraler Einflussfaktoren ab.

- Zum einen spielt die Schnelligkeit, mit der das Güterangebot und die Güternachfrage auf den Nachfrageüberhang reagieren können, eine Rolle. Für den Abbau dieses Überhangs ist vor allem eine Ausweitung des gesamtwirtschaftlichen Güterangebots erforderlich. Wenn es noch ungenutzte Produktionskapazitäten gibt, kann die inländische Produktion schnell gesteigert werden, was den Inflationsdruck abbaut. Bei einer Vollauslastung der vorhandenen Produktionskapazitäten ist dies nicht möglich. Wenn zudem auch keine Importe aus dem Ausland die Versorgungslücke im Inland schließen können, bleibt der Inflationsdruck längerfristig hoch. Bei den genannten Gründen für die Aufrechterhaltung des gesamtwirtschaftlichen Nachfrageüberhangs handelt es sich um die realwirtschaftlichen Rahmenbedingungen der Volkswirtschaft, also deren physische Produktionskapazitäten. Damit handelt es sich hier um **reale Inflationsursachen**.
- Zum anderen ist es gemäß der Quantitätsgleichung entscheidend, wie rasch die Zentralbank einer Volkswirtschaft die nominale Geldmenge an die reale Gütermenge anpasst. Nur wenn es dauerhaft eine Geldmenge gibt, die gemessen an den zur Verfügung stehenden Gütermengen zu groß ist, kommt es zu einem dauerhaften Anstieg des gesamtwirtschaftlichen Preisniveaus. Diese Preisniveauerhöhung ist also auf eine zu große Geldmenge zurückzuführen. Daher handelt es sich um eine **monetäre Inflationsursache**.

Dabei gilt: Je länger es dauert, den gesamtwirtschaftlichen Nachfrageüberhang auf dem Gütermarkt abzubauen, desto größer ist die Wahrscheinlichkeit, dass es zu **Zweitrundeneffekten** kommt, die die Inflationsrate weiter erhöhen. Wenn die Arbeitskräfte ihre nominalen Löhne an die steigenden Preise anpassen oder wenn die Immobilienbesitzer ihre Mieten entsprechend erhöhen, kommt es zu einer Lohn-Preis-Spirale und einer Miet-Preis-Spirale. Solche Spiralen haben zur Folge, dass das gesamtwirtschaftliche Preisniveau immer weiter – und auch schneller – steigt. Die Folge kann in letzter Instanz eine **Hyperinflation** sein, die zu einer schweren Wirtschaftskrise führt und daher unbedingt verhindert werden sollte. Die mittel- und langfristigen ökonomischen Konsequenzen von hohen Inflationsraten werden im anschließenden vierten Kapitel im → Abschnitt 4.3 erörtert.

4 Folgen einer Inflation

Ein höheres gesamtwirtschaftliches Preisniveau hat Auswirkungen auf zahlreiche andere makroökonomische Größen. Zu den wichtigsten gehören die Einkommens- und die Vermögensverteilung, die Höhe des Bruttoinlandprodukts und der Beschäftigung sowie die öffentlichen Finanzen. Dabei ist jeweils zwischen kurz- und langfristigen Effekten zu unterscheiden.

Wichtig für die nachfolgenden Ausführungen ist der Hinweis, dass es nun um die Frage geht, welche ökonomischen Konsequenzen sich ergeben, wenn es bereits einen Anstieg des gesamtwirtschaftlichen Preisniveaus gegeben hat. Die Bedeutung dieses Hinweises lässt sich mit Blick auf die → Abbildungen 3.1 und 3.2 aus dem dritten Kapitel erläutern:

- Bei einer **nachfragegetriebenen Inflation** kommt es zu einem Anstieg des Preisniveaus sowie zu einem höheren Produktionsniveau, also einem größeren Bruttoinlandsprodukt (→ Abbildung 3.1) und damit in der Regel auch zu einem Anstieg der Beschäftigung. Das höhere Bruttoinlandsprodukt ist jedoch keine Folge der Inflation, sondern eine Konsequenz der höheren Güternachfrage.
- Bei einer **angebotsgetriebenen Inflation** ergibt sich ebenfalls ein höheres Preisniveau, aber das Produktionsniveau und das reale Bruttoinlandsprodukt gehen zurück (→ Abbildung 3.2). Auch hier gilt, dass die Rückgänge dieser beiden realwirtschaftlichen Größen keine Folge der Inflation sind, sondern das Resultat eines geringeren Güterangebots.

Die Analyse der Folgen, die sich aus einem höheren Preisniveau ergeben, gehen also von dem neuen Gütermarktgleichgewicht mit einem höheren Preisniveau aus und untersuchen, welche Folgewirkungen sich aus diesem Preisniveauanstieg ergeben.

4.1 Verteilungswirkungen

Eine Erhöhung des gesamtwirtschaftlichen Preisniveaus hat zur Folge, dass die Kaufkraft einer gegebenen Geldsumme sinkt. Zu Umverteilungswirkungen kommt es, wenn einzelne Einkommens- oder Vermögensarten unterschiedlich schnell auf die Erhöhung des Preisniveaus reagieren (vgl. ausführlicher Petersen 2013).

Bei den **Einkommensarten** sind folgende grundsätzliche Entwicklungen zu erwarten:

- Zinsen auf Spareinlagen sind in der Regel über einen längeren Zeitraum fixiert, sodass eine Anpassung der nominalen Zinszahlungen an eine steigende Inflationsrate mit einer zeitlichen Verzögerung erfolgt. Das gilt auch für die Löhne, die häufig durch Tarifverträge festgelegt werden. Diese Verträge haben normalerweise eine Laufzeit von einem Jahr. So bleiben die Nominallöhne während der Laufzeit der Tarifverträge konstant. Gleiches gilt für Miet-, Pacht- und Kreditverträge, die sogar noch längere Laufzeiten als ein Jahr haben können. Auch die staatlichen Transferleistungen, also z. B. Renten- und Pensionszahlungen sowie soziale Transferzahlungen, sind durch gesetzliche Regelungen für längere Zeiträume festgelegt. Alle diese Einkommensarten reagieren zeitlich verzögert auf den inflationsbedingten **Kaufkraftverlust**. Die Bezieher dieser Einkommensarten werden von einem steigenden gesamtwirtschaftlichen Preisniveau benachteiligt.
- Die Kaufkraftverluste dieser Einkommensarten schlagen sich in **Kaufkraftgewinnen** anderer Einkommen nieder: Wenn infolge einer Preisniveauerhöhung die Preise aller Waren und Dienstleistungen steigen, erhöht dies die Umsatzerlöse der Unternehmen. Da zentrale Kostenelemente wie die nominalen Löhne, Zinsen, Mieten und Pachten jedoch erst zeitverzögert ansteigen, erhöht dies – zumindest kurzfristig – den Gewinn. Die Gewinneinkommen wachsen somit stärker als das gesamtwirtschaftliche Preisniveau, sodass nicht nur die nominalen, sondern auch die realen Gewinne zunehmen. Wichtig ist hier der Hinweis, dass dieser Gewinnanstieg von einer Gewinninflation zu unterscheiden ist: Bei der in → Abschnitt 3.2 beschriebenen **Gewinninflation** ist die Marktmacht der Unternehmen die Ursache für einen Gewinnaufschlag, der zu höheren Güterpreisen führt. Die damit verbundenen höheren Gewinneinkommen sind also die **Ursache** eines höheren gesamtwirtschaftlichen Preisniveaus. Die in diesem Abschnitt skizzierte Gewinnsteigerung ist hingegen die **Folge** eines höheren gesamtwirtschaftlichen Preisniveaus.

Diese Einkommenseffekte betreffen die kurze Frist. Mittel- und langfristig können diejenigen, die reale Einkommensverluste erleiden, ihre Kaufkraftverluste durch höhere nominale Faktorpreise kompensieren. So ist zu erwarten, dass Beschäftigte und ihre Gewerkschaften inflationsbedingte Kaufkraftverluste dadurch auffangen, dass sie entsprechend hohe Nominallohnforderungen stellen. Wenn also die aktuelle jährliche Inflationsrate bei 4,5 Prozent liegt, sind Lohnforderungen von mindestens bei 4,5 Prozent zu erwarten. Das führt zu höheren Produktionskosten, die die Gewinne reduzieren. Wenn alle weiteren Eigentümer von Produktionsfaktoren ihre nominalen Faktorpreise ebenfalls an das höhere Preisniveau anpassen und so Kaufkraftverluste ausgleichen, geht diese Kompensation zulasten der Gewinne. Mittel- bzw. langfristig gleichen sich die realen Einkommensunterschiede also wieder aus. In der Zwischenzeit kommt es jedoch zu den skizzierten Ungleichheiten bei den Realeinkommen.

Auch mit Blick auf die verschiedenen **Vermögensarten** produziert eine Inflation Gewinner und Verlierer:

- Spareinlagen und festverzinsliche Wertpapiere sind normalerweise nicht gegen Inflationsverluste gesichert: Wer heute 1.000 Euro für ein Jahr verleiht oder als Sparguthaben bei der Bank fest anlegt, erhält nach 12 Monaten 1.000 Euro zurück, unabhängig davon, wie hoch die Inflationsrate ist. Sparer erleiden daher reale Vermögensverluste, wenn das Preisniveau ansteigt.
- Gewinner einer Inflation sind die Schuldner, die ihren Gläubigern nach Ablauf des Kreditverhältnisses die geschuldete Kreditsumme mit entwertetem – oder im Fall einer **Hyperinflation** sogar mit nahezu wertlosem – Geld zurückzahlen.
- Relativ gut geschützt gegen inflationsbedingte Realvermögensverluste sind Immobilien, Grundstücke und Produktionsanlagen inklusive Aktien sowie Rohstoffe, allen voran Edelmetalle – wenn alle Preise steigen, steigen auch die Preise dieser Vermögensgegenstände. Die Eigentümer von Sachwerten sind daher relativ gut vor inflationsbedingten Vermögensverlusten geschützt.

Die Verteilungswirkungen einer Inflation auf die Vermögen lassen sich mit Hilfe eines einfachen Zahlenbeispiels verdeutlichen. Ausgangspunkt sind drei private Haushalte, die jeweils über 100.000 Euro verfügen. Der erste Haushalt legt sein Geld auf dem Sparbuch an, der zweite erwirbt eine Immobilie im Wert von 100.000 Euro. Der dritte Haushalt leiht sich zusätzlich 900.000 Euro, um damit eine Immobilie im Wert von einer Million Euro zu kaufen. Werden von den Vermögenswerten die Schulden abgezogen, verfügen alle drei Haushalte über ein Nettovermögen in Höhe von 100.000 Euro.

Nun wird angenommen, dass es zu einer kräftigen Inflation kommt, die die Kaufkraft eines Euros halbiert. Das hat Konsequenzen für die Höhe des realen Nettovermögens der drei Haushalte: Das reale Nettovermögen des ersten Haushalts halbiert sich wegen des inflationsbedingten Kaufkraftverlusts. Unter der Annahme, dass der Preis für Immobilien mit der gesamtwirtschaftlichen Inflationsrate steigt, steigt der Wert der Immobilie des zweiten Haushalts nominal auf 200.000 Euro. Real ist diese Immobilie daher nach wie vor 100.000 Euro wert. Auch die Immobilie des dritten Haushalts behält ihren Realwert in Höhe von einer Million Euro. Der reale Wert der Schulden halbiert sich jedoch auf 450.000 Euro. Während die nominalen und realen Nettovermögen der drei Haushalte vor der Inflation also identisch waren und bei 100.000 Euro lagen, ergibt sich wegen der Inflation eine Bandbreite der realen Nettovermögen von 50.000 bis 550.000 Euro (→ Tabelle 4.1)

	Nettorealvermögen ohne Inflation	Nettorealvermögen mit Inflation
Haushalt 1	100.000 Euro (Sparbuch)	50.000 Euro (Sparbuch)
Haushalt 2	100.000 Euro (Immobilie)	100.000 Euro (Immobilie)
Haushalt 3	1.000.000 Euro (Immobilie) minus 900.000 Euro (Kredit) 100.000 Euro (netto)	1.000.000 Euro (Immobilie) minus 450.000 Euro (Kredit) 550.000 Euro (netto)

Tabelle 4.1: Auswirkungen der Inflation auf die Höhe des Realvermögens verschiedener Vermögensarten

Eine Preisniveaustabilität verhindert die skizzierten realen Einkommens- und Vermögensumverteilungseffekte, die ihrerseits die Ursache von **sozialen Spannungen** sein können.

Außerdem können Realvermögensverluste zu einer Fehlallokation von produktiven Ressourcen führen: Wenn Geldsparer inflationsbedingte Kaufkraftverluste befürchten, lösen sie ihre Ersparnisse auf und fliehen in das sogenannte **Betongold** – sie bauen Immobilien, deren Preis in Zeiten mit hohen Inflationsraten steigt. Damit fehlen den Unternehmen finanzielle Mittel zur Finanzierung von Investitionen, denn die Sparer stellen ihnen diese Mittel nicht mehr zur Verfügung. Das wirkt sich negativ auf das langfristige Wirtschaftswachstum aus. Zudem ist zu berücksichtigen, dass der Bau von Immobilien Arbeitskräfte und Maschinen benötigt. Damit fehlen auch die physischen Produktionskapazitäten für die Durchführung von zusätzlichen Produktionsanlagen. Dieser Aspekt wird am Ende des → Abschnitts 4.3 detaillierter erläutert.

4.2 Kurzfristige Wachstums- und Beschäftigungswirkungen

Zu den wichtigsten Interdependenzen zwischen dem gesamtwirtschaftlichen Preisniveau und dem Wirtschaftswachstum einer Volkswirtschaft (→ Box 3) gehören die folgenden: Wenn das Preisniveau in einer Volkswirtschaft steigt, geht der **Reallohn** (dieser ergibt sich aus der Division des Nominallohns durch das Preisniveau) zurück. Für Unternehmen wird es dadurch attraktiver, zusätzliche Arbeitskräfte einzustellen und die Produktion auszuweiten. Mehr Beschäftigung bedeutet höhere Einkommen. Damit steigt die Konsumgüternachfrage. Die Unternehmen der Konsumgüterindustrie erhöhen ihre Produktion – und in der Regel auch ihr Beschäftigungsvolumen. Dieser Beschäftigungsanstieg bewirkt einen gesamtwirtschaftlichen Einkommensanstieg, weil nun mehr Menschen Lohneinkommen beziehen. Werden diese für den Kauf von Konsumgütern verwendet, passen sich die Unternehmen der Konsumgüterindustrie an diese höhere Nachfrage an. Das nominale Bruttoinlandsprodukt wächst somit.

Box 3 | Wirtschaftswachstum

Wirtschaftswachstum wird definiert als eine Steigerung des realen Bruttoinlandsprodukts. Dies gilt als erstrebenswert, weil es eine Reihe von positiven Effekten für die Bevölkerung hat (vgl. Petersen 2011): Ein zentraler Vorteil eines steigenden realen Bruttoinlandsprodukts besteht darin, dass die verfügbare Gütermenge für die Bevölkerung wächst und über den Anstieg des Pro-Kopf-Bruttoinlandsprodukt den materiellen Lebensstandard der Bürger verbessert. Die Bürger können mehr Güter konsumieren, was ihre Lebenszufriedenheit steigert. Wenn die Produktion in einer Gesellschaft zunimmt, steigt in der Regel auch die Beschäftigung. Die höhere Nachfrage nach Arbeitskräften wirkt tendenziell lohnerhöhend und verbessert die Lebensbedingungen der arbeitenden Bevölkerung. Damit verbunden ist ein Rückgang der Armut, was wiederum positiv auf die Lebensbedingungen der Menschen zurückwirkt und sich z. B. in einem gesünderen Lebensstil, vor allem in einer gesünderen Ernährung und gesünderen Wohnbedingungen, äußert – mit positiven Folgen für die Gesundheit und Lebenserwartung der Menschen. Schließlich erlaubt ein höheres Bruttoinlandsprodukt auch höhere Ausgaben für staatliche Infrastruktureinrichtungen, z. B. in den Bereichen Bildung, Gesundheit und Sicherheit. Auch dies verbessert die Lebensbedingungen der Menschen. Wichtig ist in diesem Kontext der Hinweis, dass eine Steigerung des realen Bruttoinlandsprodukts – also ein Wirtschaftswachstum – kein Ziel an sich ist. Die Steigerung des realen Bruttoinlandsprodukts ist lediglich ein Mittel für ein gutes Leben mit möglichst umfangreichen Chancen zur Teilhabe am gesellschaftlichen Leben (vgl. Pies 2020, S. 18).

Diese Argumentation gilt auch für die **Realzinsen** als Preis für den Produktionsfaktor Kapital. Bei einem sinkenden Realzins werden Investitionen attraktiver. Es kommt somit zu einem Anstieg der gesamtwirtschaftlichen Investitionsgüternachfrage. Die Unternehmen passen ihre Produktion an diese höhere Nachfrage an, sodass das nominale Bruttoinlandsprodukt steigt.

Wenn die Verbraucherpreise steigen, steigen zudem die nominalen Umsatzerlöse der Unternehmen. Kurzfristig sind die nominalen Preise für die meisten Produktionsfaktoren – wie in → Abschnitt 4.1 erläutert – fix, d. h. sie passen sich nicht sofort an die höheren Güterpreise an. Zumindest kurzfristig bedeutet ein höheres gesamtwirtschaftliches Preisniveau daher höhere Gewinne für die Unternehmen. Das erhöht die Rendite von Investitionsprojekten. Die Folge ist erneut ein Anstieg der gesamtwirtschaftlichen Investitionen mit den bereits skizzierten positiven Auswirkungen auf das Wirtschaftswachstum.

Höhere Güterpreise verschlechtern aber auch die preisliche Wettbewerbsfähigkeit der inländischen Unternehmen im Rest der Welt. Das wirkt sich negativ auf die **Exporte** des Inlands aus. Wenn die einheimischen Unternehmen weniger exportieren können, passen sie ihre Produktion an. Im Inland kommt es zu einem Rückgang von Produktion und Beschäftigung – das Wirtschaftswachstum lässt nach.

Allerdings bewirken höhere Preise im Inland im Fall flexibler Wechselkurse eine **Abwertung** der einheimischen Währung. Sie verbessert die preisliche Wettbewerbsfähigkeit der Unternehmen im Inland. Im modelltheoretischen Idealfall gleicht die Abwertung der heimischen Währung den

Nachteil der höheren Preise aus, sodass die Exporte unverändert bleiben (vgl. ausführlicher Petersen 2012):

- Wenn die Preise europäischer Güter wegen einer hohen Inflation steigen, müssen amerikanische Käufer einen höheren Preis dafür bezahlen. Im Normalfall schränken die USA daher ihre Nachfrage nach europäischen Produkten ein.
- Änderungen der Exporte und Importe eines Landes verändern die Nachfrage nach Devisen und damit den Wechselkurs. Die europäischen Exporte müssen letztendlich immer in Euro bezahlt werden, weil die exportierenden Unternehmen ihre Löhne, Mieten, Steuern und anderen Kosten in der heimischen Währung bezahlen.
- Ein inflationsbedingter Rückgang der europäischen Exporte in die USA hat daher eine geringere Nachfrage nach Euro zur Folge. Wenn die Nachfrage nach einer Devise sinkt, geht auch deren Kurs zurück – es kommt zu einer Abwertung des Euros.
- Die Euro-Abwertung verbilligt europäische Produkte in den USA, sodass die Nachfrage der Amerikaner nach europäischen Waren und Dienstleistungen wieder zunimmt.

Diese Zusammenhänge lassen sich an einem einfachen Zahlenbeispiel verdeutlichen. Angenommen, ein deutscher Pkw kostet 10.000,- Euro. Bei einem Wechselkurs von einem US-Dollar je Euro kostet dieser Pkw in den USA also 10.000,- Dollar. Bei einer kräftigen Inflation in Deutschland und Europa von 25 Prozent hat der Pkw bei einem unveränderten Wechselkurs einen Preis von 12.500,- Dollar, was zu einem Nachfragerückgang auf dem amerikanischen Absatzmarkt führt. Die daraus resultierende Abwertung des Euro könnte dazu führen, dass ein Euro nun nur noch 0,80 Dollar wert ist. Bei diesem Wechselkurs kostet ein Pkw in den USA weniger. Dort sinkt sein Preis auf 12.500 Euro · 0,8 Dollar je Euro = 10.000 Dollar. Das deutsche Produkt ist wegen der Euro-Abwertung also wieder genauso teuer wie vor dem inflationsbedingten Preisanstieg. Folglich steigt auch die Nachfrage der Amerikaner nach deutschen Automobilen wieder auf ihre ursprüngliche Höhe.

In der Realität gibt es jedoch Rigiditäten, sodass sich der Wechselkurs nicht so flexibel anpasst. Der inflationsbedingte Wettbewerbsnachteil wird nicht komplett durch die Abwertung der heimischen Währung kompensiert. Die Folge sind Exportrückgänge, die sich negativ auf die Höhe der Produktion und der Beschäftigung im Inland auswirken.

Dennoch ist ein moderater Anstieg der Güterpreise im Zeitablauf per saldo wachstumsförderlich, weil er im Inland – zumindest kurzfristig – die Produktion erhöht und weil die wachstumsfeindlichen Effekte einer verschlechterten internationalen preislichen Wettbewerbsfähigkeit durch die Abwertung der heimischen Währung zumindest teilweise abgemildert werden.

Allerdings darf der Preisniveauanstieg nicht zu stark ausfallen. Hohe Inflationsraten haben zur Folge, dass die Kaufkraft der **Einkommen** sinkt. Damit geht die mengenmäßige Nachfrage nach Konsumgütern zurück. Für die Unternehmen, die diese Produkte herstellen, bedeutet das Umsatzeinbußen, an die sie ihre Produktion anpassen. Wenn Produktion, Beschäftigung und Einkommen zurückgehen, geht auch das reale Bruttoinlandsprodukt zurück.

Ein höheres Preisniveau verringert darüber hinaus die Kaufkraft von **Ersparnissen**. Das kann aus zwei Gründen die Bildung von Ersparnissen steigern und sich damit negativ auf die Konsumgüternachfrage auswirken:

- Ersparnisse werden häufig getätigt, um für das **Rentenalter** eine Vorsorge zu betreiben. Wenn die privaten Haushalte erkennen, dass die Inflation die Kaufkraft ihrer Ersparnisse reduziert und sie dennoch eine Vorsorge für das Alter betreiben wollen, kann das ihre Sparbereitschaft erhöhen.
- Ersparnisse werden zudem gebildet, um für unsichere Zeiten eine Vorsorge zu betreiben. Eine höhere Ersparnisbildung ist sinnvoll, wenn die Wahrscheinlichkeit steigt, dass es wegen eines inflationsbedingten Wirtschaftsabschwungs in der Zukunft zu geringeren Lohneinkommen kommt. Diese Form der Ersparnisbildung wird auch als **Angstsparen** bezeichnet.

Wenn in einer Volkswirtschaft viele Menschen höhere Ersparnisse bilden, geht die Konsumgüternachfrage zurück. Es kommt zu einem Angebotsüberschuss, der die Güterpreise sinken lässt. Wenn die privaten Haushalte darauf jedoch nicht mit höheren Konsumausgaben reagieren, weil sie lieber Geld für die Zukunft sparen, müssen die Unternehmen im Inland ihre Produktion reduzieren und das Beschäftigungsniveau anpassen.

Noch stärker werden die Wachstumsrückgänge, wenn Sparer wegen der inflationsbedingten Vermögensverluste ihrer Ersparnisse das Geld aus dem eigenen Land abziehen und es stattdessen in Ländern mit einer größeren Geldwertstabilität anlegen. Im Fall einer **Kapitalflucht** fehlen im Inland die finanziellen Mittel, um Investitionen zu tätigen. Daher wird das Wirtschaftswachstum zusätzlich geschwächt. Wenn schließlich auch noch die finanziellen Mittel für Kredite an den Staat wegen der Kapitalflucht fehlen, kann es zu einem **Staatsbankrott** kommen – mit einer erheblichen Einschränkung der wirtschaftlichen Aktivitäten im Inland, also einer schweren Rezession.

Das Gegenteil einer Inflation – eine **Deflation**, also ein Rückgang der Verbraucherpreise im Zeitablauf – wirkt sich ebenfalls negativ auf das Wirtschaftswachstum aus, weil die Deflation die weiter oben skizzierten Effekte eines moderat steigenden Preisniveaus umkehrt: Die Reallöhne, die die Unternehmen zahlen, steigen, was in der Regel mit einem Rückgang der Beschäftigung einhergeht. Auch die Realzinsen steigen, was zu einer geringeren Investitionstätigkeit führt.

Mit einem negativen Beschäftigungseffekt ist insbesondere zu rechnen, wenn die Nominallöhne nach unten hin starr sind. Das bedeutet Folgendes: Obwohl es wegen des geringeren Preisniveaus und des damit verbundenen Anstiegs des Reallohns auf dem Arbeitsmarkt zu einem Angebotsüberschuss kommt, geht der Nominallohn nicht zurück. Der Angebotsüberschuss wird daher nicht abgebaut. Stattdessen kommt es zu einer **dauerhaften Arbeitslosigkeit**.

Hinzu kommt ein zweiter Effekt. Wenn die Preise für alle Produkte wegen der Deflation sinken, verschieben viele Verbraucher den Kauf von langlebigen Konsumgütern in die Zukunft: Falls ein hochwertiges Elektrogerät, das jetzt noch einen Preis von 1.000 Euro hat, im nächsten Jahr nur noch 950 Euro kostet, lassen sich durch einen späteren Kauf 50 Euro einsparen. Die Erwartung, dass es im kommenden Jahr zu einer Deflation kommt, führt dann bereits in der Gegenwart zu einem Rückgang der mengenmäßigen Nachfrage nach langlebigen Konsumgütern.

Grafisch bedeutet dies, dass die gesamtwirtschaftliche Güternachfragegerade in einem Preisniveau-Mengen-Diagramm nach links verschoben wird (→ Abbildung 4.1). Das Ergebnis ist ein geringeres Inlandsprodukt (Y), was in der Regel auch mit einem Rückgang der Beschäftigung verbunden ist. Und: Wenn die Verbraucher erkennen, dass die von ihnen erwartete Deflation nicht erst im kommenden Jahr stattfindet, sondern bereits im laufenden Jahr, kann das die **Deflationserwartungen** forcieren. Das würde zu einer weiteren Linksverschiebung der gesamtwirtschaftlichen Güternachfragegeraden führen, die das Preisniveau und das Inlandsprodukt zusätzlich sinken lassen.

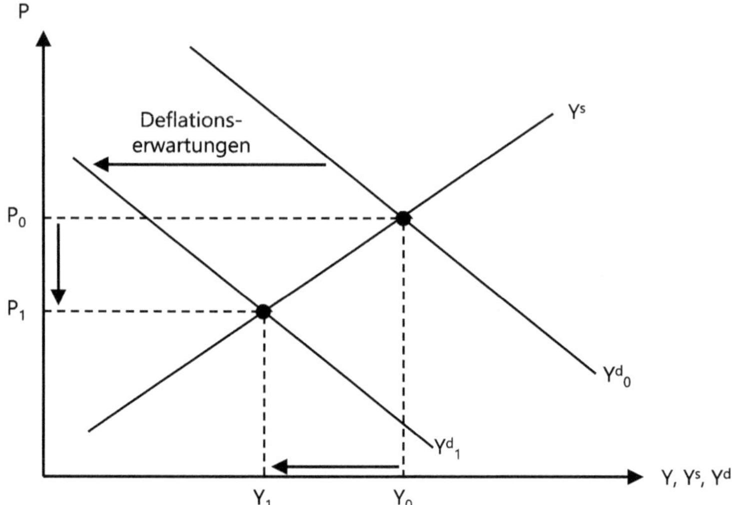

Abbildung 4.1: Auswirkungen einer Deflation auf das Inlandsprodukt

Diese Zusammenhänge erklären, warum z. B. die Europäische Zentralbank (EZB) keine vollständige Konstanz des gesamtwirtschaftlichen Preisniveaus anstrebt – das wäre eine Inflationsrate von null. In einer solchen Situation droht ein Abdriften in die Deflation mit den negativen Auswirkungen auf Produktion und Beschäftigung. Gleichzeitig gilt es, einen zu starken Anstieg der Inflationsrate zu verhindern. Die Grenze dafür liegt nach Auffassung der EZB bei den bereits genannten jährlichen zwei Prozent Inflation. Das bedeutet nicht, dass bei einer Inflationsrate von mehr als zwei Prozent bereits ein Szenario mit massiven Kaufkraftverlusten, Kapitalflucht und Staatsbankrott droht. Eine derartige Entwicklung ist erst zu erwarten, wenn die monatlichen Inflationsraten einen zweistelligen Wert annehmen und dabei von Monat zu Monat größer werden.

Die skizzierten positiven Auswirkungen eines höheren Preisniveaus auf das Produktions- und Beschäftigungsniveau einer Volkswirtschaft haben zur Folge, dass es einen wirtschaftspolitischen Zielkonflikt gibt: Ein steigendes gesamtwirtschaftliches Preisniveau erhöht – zumindest kurzfristig – die Produktion und damit auch die Beschäftigung in einer Volkswirtschaft. Das Ziel eines hohen Beschäftigungsniveaus bzw. einer geringen Arbeitslosigkeit wird somit durch den Verzicht auf das wirtschaftspolitische Ziel der Preisniveaustabilität erkauft.

Dieser **Zielkonflikt** lässt sich grafisch mit Hilfe einer Abbildung darstellen, an deren Achsen die Inflationsrate und die Arbeitslosenquote abgetragen werden (→ Abbildung 4.2). In dieser Abbildung werden verschiedene Kombinationsmöglichkeiten von Inflationsrate und Arbeitslosenquote eingetragen, die angesichts der dargestellten Zusammenhänge zwischen Preisniveau und Beschäftigungsniveau möglich sind:

- Im Fall eines steigenden Preisniveaus – bzw. einer hohen Inflationsrate (π_0) – kann ein hohes Beschäftigungsniveau erreicht werden, also eine geringe Arbeitslosenquote (ALQ_0).
- Bei einem sinkenden Preisniveau – bzw. einer negativen Inflationsrate (π_1) – führt der damit verbundene Anstieg des Reallohnsatzes zu einem Anstieg der Arbeitslosigkeit, also zu einer hohen Arbeitslosenquote (ALQ_1).

Werden die daraus resultierenden Kombinationen von Inflationsrate und Arbeitslosenquote miteinander verbunden, ergibt sich daraus die sogenannte **Phillips-Kurve**. Der Name dieser Kurve geht auf den Ökonomen Alban W. Phillips zurück, der bei seiner Analyse der britischen Arbeitslosenquoten und Inflationsraten der Jahre 1861 bis 1957 eine Punktwolke herausfand, die diesem stilisierten Verlauf entsprach (vgl. Phillips 1958).

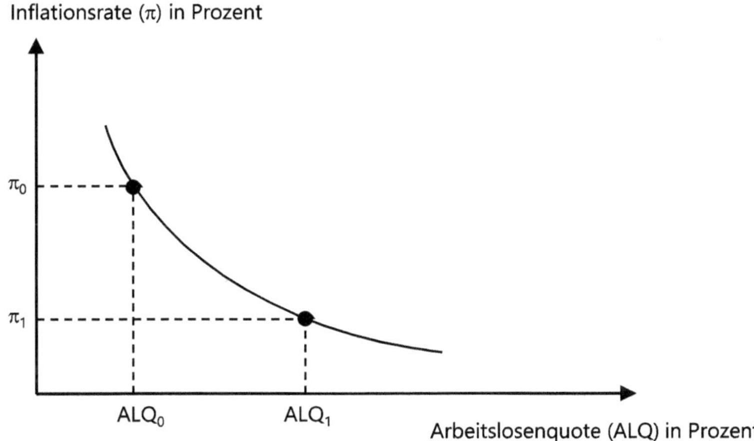

Abbildung 4.2: Die Phillips-Kurve

Die Phillips-Kurve steht seit ihrer Veröffentlichung in der Kritik. So gab es bereits kurz nach ihrer Publikation eine Reihe von Beiträgen und Analysen, die keinen systematischen Zusammenhang zwischen der Veränderung des Preisniveaus und der Beschäftigungshöhe feststellen konnten (vgl. Giersch 1977, S. 64–66 und die dort angegebene Literatur).

Auch mit Blick auf die aktuelle Situation entsprechen die Zusammenhänge zwischen Inflationsrate und Beschäftigungshöhe bzw. Arbeitslosigkeit nicht der Phillips-Kurve. So verlief beispielsweise in Deutschland der Zusammenhang zwischen der jährlichen Veränderungsrate des Verbraucherpreisindexes und der Arbeitslosenquote zwischen 1999 und 2019 flach. Zwischen 2020 und 2022 ist hingegen ein negativer Zusammenhang zwischen diesen beiden Indikatoren festzustellen, was für die Phillips-Kurve spricht (vgl. Hüther und Obst 2022).

Darüber hinaus ist auch die **Kausalität** der Zusammenhänge umstritten:

- Nach der weiter oben skizzierten Logik führt ein höheres Preisniveau über eine Reallohnsenkung zu einem höheren Beschäftigungsniveau. Die Folge ist ein höheres Produktionsniveau bzw. ein stärkeres Wirtschaftswachstum. Das bedeutet, dass das höhere Preisniveau die **Ursache** des stärkeren Wirtschaftswachstums ist.
- Denkbar ist aber auch, dass die Konjunktur einer Volkswirtschaft gut läuft und es deshalb zu einer höheren Beschäftigung kommt. Ein hoher Beschäftigungsgrad verbessert die Verhandlungspositionen der Arbeitnehmer und ihrer Gewerkschaften. Sie können höhere Nominallöhne durchsetzen, die die Produktionskosten der Unternehmen erhöhen. Die Unternehmen reichen die Kostensteigerung in Form höherer Güterpreise an die Verbraucher weiter (vgl. Deutsche Bundesbank 2016, S. 32). Das bedeutet, dass das höhere Preisniveau nicht die Ursache, sondern die **Folge** des stärkeren Wirtschaftswachstums ist.

Hinzu kommt, dass der in → Abbildung 4.2. skizzierte Zusammenhang in der Regel nur temporärer bzw. **kurzfristiger** Natur ist. Grund dafür ist, dass die beschriebenen wachstums- und beschäftigungserhöhenden Effekte einer moderaten Steigerung des gesamtwirtschaftlichen Preisniveaus im Zeitablauf mittel- und langfristig zu wirtschaftlichen Entscheidungen führen können, die wachstums- und beschäftigungsdämpfend wirken. Damit verliert das höhere Preisniveau seine beschäftigungserhöhende Wirkung.

4.3 Mittel- und langfristige Wachstums- und Beschäftigungswirkungen

Wie in → Abschnitt 4.1 beschrieben, reagieren die Eigentümer von Produktionsfaktoren auf einen Anstieg des gesamtwirtschaftlichen Preisniveaus, indem sie einen entsprechenden Anstieg der Nominallöhne, Nominalmieten etc. fordern. Die Reallöhne, Realmieten und andere reale Faktorpreise gehen dann zurück. Wird ein Preisniveauanstieg durch entsprechende Zunahmen der **nominalen Faktorpreise** ausgeglichen, erreichen die **realen Faktorpreise** wieder ihr ursprüngliches Niveau. Damit sinkt die Nachfrage nach den Produktionsfaktoren auf das Ausgangsniveau. Gleichzeitig verringern sich die realen Gewinne, wenn die Produktionskosten steigen. Ein sinkender Gewinn reduziert den Anreiz, Investitionen zu tätigen. Bei einem Rückgang der Investitionen lässt die gesamtwirtschaftliche Güternachfrage nach. Die Unternehmen passen sich daran an und verringern sowohl ihre Produktion als auch die Beschäftigung.

Die Auswirkungen eines steigenden Preisniveaus mit einem anschließenden Anstieg des nominalen Faktorpreises lassen sich am Beispiel des Arbeitsmarktes verdeutlichen:

- Ausgangspunkt ist ein Nominallohn in Höhe von 24,- Euro. Das gesamtwirtschaftliche Preisniveau hat eine Höhe von 2,- Euro je Produkteinheit. Der Reallohn beträgt somit 12,- Euro.
- Nun steigt das gesamtwirtschaftliche Preisniveau auf 3,- Euro je Produkteinheit. Die Unternehmen erkennen dies, weil sie für ihre Produkte einen höheren Erlös erzielen. Sie stellen also fest, dass der **Reallohn** auf 8,- Euro gesunken ist. Daher sind sie bereit, zusätzliche Arbeitskräfte einzustellen.
- Da die Tarifverträge eine längere Laufzeit haben, bleiben die Nominallöhne vorerst konstant. Die Unternehmen finden trotz des unveränderten Nominallohns die zusätzlich nachgefragten Arbeitskräfte, wenn es noch Arbeitssuchende gibt. Diese bieten ihre Arbeitskraft auch bei einem geringeren Reallohn an, wenn sie den inflationsbedingten Reallohnverlust nicht oder zumindest nicht vollständig erkennen. Dies wird als **Geldillusion** bezeichnet – die Wirtschaftsakteure glauben, ein bestimmter Geldbetrag hat einen unveränderten Wert bzw. eine unveränderte Kaufkraft, obwohl die Kaufkraft inflationsbedingt gesunken ist.

- Offizielle Statistiken und Medienberichte sorgen jedoch dafür, dass diese Wahrnehmung nicht dauerhaft ist. Die Arbeitnehmer erkennen den inflationsbedingten Kaufkraftverlust ihres Nominallohns. Eine Geldwertillusion ist deshalb nur ein temporäres Phänomen.
- Damit Unternehmen ihre Beschäftigten halten können bzw. zusätzliche Arbeitskräfte für sich gewinnen können, müssen sie mittelfristig einen höheren Nominallohn zahlen – entweder, weil die Gewerkschaften höhere Nominallöhne fordern oder weil sie individuell höhere Löhne zahlen müssen, um diese Beschäftigten einstellen zu können.
- Mittel- und langfristig fällt die Nominallohnerhöhung so stark aus, dass der inflationsbedingte Kaufkraftverlust kompensiert wird. Der Nominallohn steigt auf 36,- Euro.
- Bei einem gesamtwirtschaftlichen Preisniveau von 3,- Euro je Produkteinheit führt das zu einem Reallohn im Wert von 12,- Euro. Der Reallohn ist somit wieder auf seinem **Ausgangsniveau**. Daher reduzieren die Unternehmen ihr Beschäftigungsniveau auf das Ausgangsniveau. Und mit diesem Beschäftigungsniveau produzieren sie wiederum nur die ursprüngliche Gütermenge.

Der positive Wachstums- und Beschäftigungseffekt eines höheren gesamtwirtschaftlichen Preisniveaus ist folglich nur temporärer Natur.

Der Umstand, dass ein höheres Preisniveau lediglich einen kurzfristigen beschäftigungserhöhenden Effekt hat, lässt sich grafisch mit einem Lohn-Arbeitsmengen-Diagramm darstellen, das den **Arbeitsmarkt** abbildet. Dort bieten die privaten Haushalte ihre Arbeitskraft an. Ihr Arbeitsangebot L^s (L für labour und s für supply) hängt von der Höhe des Nominallohns W ab (W für wage). Die Bereitschaft, eine Arbeitsstelle anzunehmen, nimmt mit einem steigenden Nominallohn zu. Auch die Arbeitsnachfrage der Unternehmen L^d (d für demand) hängt von der Lohnhöhe ab. Wenn die Unternehmen mehr für eine Stunde Arbeit bezahlen müssen, geht ihre Nachfrage nach Arbeit zurück. Der Schnittpunkt der Arbeitsangebotsgeraden mit der entsprechenden Nachfragegeraden bestimmt das Arbeitsmarktgleichgewicht mit einem Gleichgewichtslohn und der dazugehörenden Beschäftigungsmenge (L).

Ausgangspunkt ist ein Arbeitsmarktgleichgewicht mit dem Gleichgewichtslohn W_0 und dem Beschäftigungsniveau L_0 (→ Abbildung 4.3). Ein Anstieg des gesamtwirtschaftlichen Preisniveaus verringert der Reallohn, den die Unternehmen zahlen. Daher fragen sie nun bei jedem beliebigen Nominallohn eine größere Menge an Arbeit nach. Die gesamtwirtschaftliche Arbeitsnachfragegerade wird nach rechts verschoben. Da der Arbeitsmarkt in diesem Beispiel in der Ausgangsituation im Gleichgewicht war – es herrschte also Vollbeschäftigung –, müssen die Unternehmen einen höheren Nominallohn zahlen ($W_1 > W_0$). Der Nominallohnanstieg ist jedoch geringer als der Anstieg des gesamtwirtschaftlichen Preisniveaus. Auch wenn das Lohnniveau mit einem Nominallohn in Höhe von W_1 gestiegen ist, ist der **Reallohn** immer noch geringer als in der Ausgangssituation mit W_0 und dem geringeren Preisniveau. Daher steigt das Beschäftigungsniveau ($L_1 > L_0$).

Die privaten Haushalte bemerken im Laufe der Zeit, dass die Kaufkraft ihres Arbeitseinkommens trotz des leicht gestiegenen Nominallohns sinkt. Sie fordern daher einen Inflationsausgleich in Form eines höheren Nominallohns. Wegen des gestiegenen gesamtwirtschaftlichen Preisniveaus bieten die privaten Haushalte eine bestimmte Arbeitsmenge nur noch an, wenn sie einen höheren Nominallohn erhalten. Grafisch bedeutet dies, dass die gesamtwirtschaftliche Arbeitsangebotsgerade nach oben verschoben wird. Das daraus resultierende Arbeitsmarktgleichgewicht zeichnet sich durch einen nochmals gestiegenen Nominallohn aus ($W_2 > W_1$). Die Unternehmen fragen annahmegemäß bei einem steigenden Nominallohn weniger Arbeit nach. Wegen der geringeren Arbeitsnachfrage sinkt das Beschäftigungsniveau wieder auf das Ausgangsniveau. Der Reallohn, der sich bei dem Nominallohn in Höhe von W_2 und dem gestiegenen Preisniveau ergibt, ist nun wieder genauso hoch wie in der Ausgangssituation mit W_0 und dem geringen ursprünglichen Preisniveau.

Der beschäftigungserhöhende Effekt eines höheren gesamtwirtschaftlichen Preisniveaus wirkt also nur kurzfristig. Mittel- und langfristig sorgt eine Anpassung des Nominallohns an das höhere Preisniveau und den damit verbundenen Kaufkraftverlust für einen Rückgang der Beschäftigung. Und wenn die Beschäftigung auf ihr ursprüngliches Niveau zurückfällt ($L_2 = L_0$ in ⟶ Abbildung 4.3), geht auch die gesamtwirtschaftliche Produktion zurück. Das Ergebnis ist eine **Stagflation**, also eine Situation, in der das gesamtwirtschaftliche Preisniveau steigt (**Inflation**), aber das reale Bruttoinlandsprodukt konstant bleibt (**Stagnation**).

In einem Preisniveau-Mengen-Diagramm lässt sich eine Stagflation wie folgt erklären (⟶ Abbildung 4.4). Zunächst bedeutet ein höheres Preisniveau einen Rückgang des Reallohns (W/P). Die Unternehmen fragen nun bei jedem Preisniveau eine größere Menge an Arbeit nach. Sie stellen

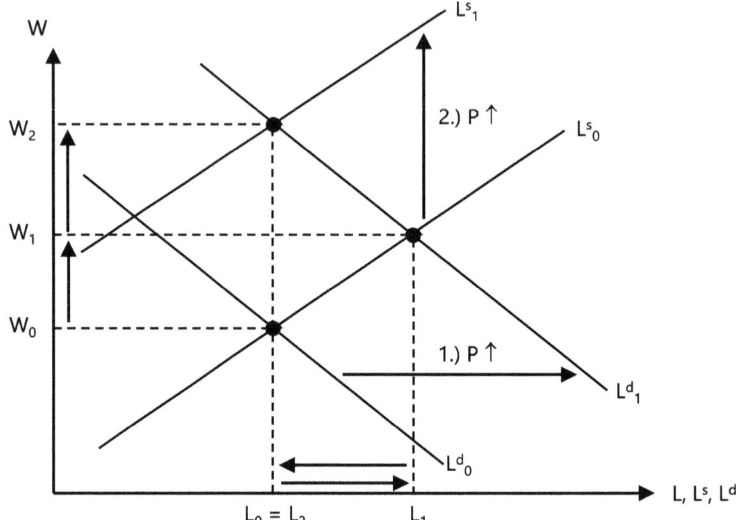

Abbildung 4.3: Kurz- und langfristige Arbeitsmarkteffekte eines höheren Preisniveaus

daraufhin mehr Arbeitskräfte ein, was ihnen die Herstellung einer größeren Menge an Waren und Dienstleistungen erlaubt. Ein Anstieg des gesamtwirtschaftlichen Preisniveaus, der den Reallohn reduziert und das Beschäftigungsniveau erhöht, hat also zur Folge, dass das Güterangebot steigt. Dies ist eine Bewegung auf der Güterangebotsgeraden (Y^s_0).

Eine Ausweitung des Güterangebots ist jedoch nur sinnvoll, wenn auch die gesamtwirtschaftliche Güternachfrage größer wird. Dies ist z. B. der Fall, wenn die verfügbaren Einkommen der privaten Haushalte steigen und sie sich daher mehr Konsumgüter leisten können. Wie bei der Beschreibung des Arbeitsmarkts in → Abbildung 4.3 gezeigt, bedeutet ein inflationsbedingter Rückgang des Reallohns eine höhere Arbeitsnachfrage seitens der Unternehmen. Die höhere Nachfrage ist verbunden mit einem Anstieg des Nominallohns ($W_1 > W_0$ in → Abbildung 4.3). Wenn sowohl das Beschäftigungsniveau als auch der Nominallohn größer werden, steigt das verfügbare Nominaleinkommen der privaten Haushalte. Deren Konsumgüternachfrage erhöht sich. Grafisch bedeutet dies, dass die gesamtwirtschaftliche Güternachfragegerade nach rechts verschoben wird. Der Grund für diese Verschiebung ist der erste Nominallohnanstieg in → Abbildung 4.3 von W_0 auf W_1.

Das Ergebnis einer höheren Güternachfrage seitens der privaten Haushalte und eines größeren Güterangebots der Unternehmen ist ein Anstieg des Bruttoinlandsprodukts bzw. kürzer des Inlandsprodukts (Y). Das kurzfristige Gütermarktgleichgewicht ist gekennzeichnet durch das Preisniveau P_1 und das Inlandsprodukt Y_1. Letzteres ist höher als in der Ausgangssituation ($Y_1 > Y_0$ in → Abbildung 4.4).

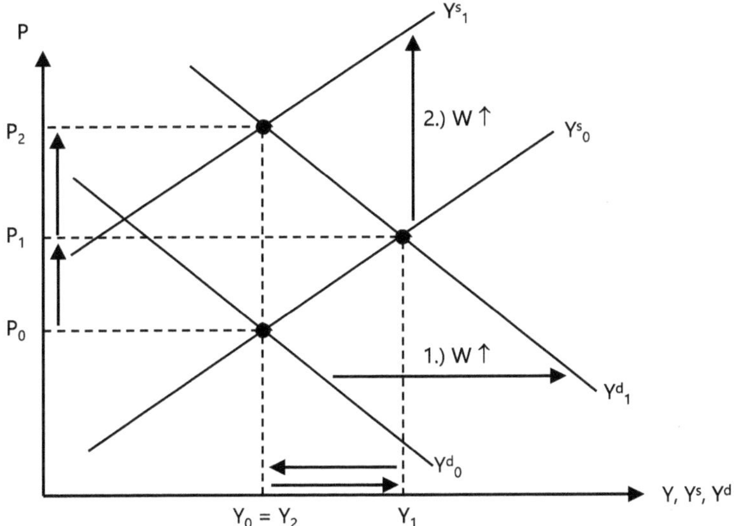

Abbildung 4.4: Langfristige Stagnation als Folge einer Lohn-Preis-Spirale

Die privaten Haushalte passen jedoch mit einer zeitlichen Verzögerung ihre nominalen Lohnforderungen an das gestiegene Preisniveau an. Die zweite Nominallohnsteigerung erhöht die Produktionskosten der Unternehmen. Sie können eine bestimmte Gütermenge nun nur zu höheren Preisen anbieten. Das bedeutet wiederum, dass die gesamtwirtschaftliche Güterangebotsgerade nach oben verschoben wird. Ursache für diese Verschiebung ist der zweite Nominallohnanstieg in → Abbildung 4.3 von W_1 auf W_2. Daraus ergibt sich ein neues – langfristiges – Gütermarktgleichgewicht. Bei ihm fällt das Inlandsprodukt zurück auf sein Ausgangsniveau ($Y_2 = Y_0$). Das gesamtwirtschaftliche Preisniveau ist hingegen erneut gestiegen ($P_2 > P_1$). Langfristig verpuffen die beschäftigungserhöhenden und wachstumssteigernden Effekte der Inflation.

Eine **Stagflation** wie in → Abbildung 4.4 ist noch nicht einmal das ungünstigste Resultat einer hohen Inflationsrate. Denkbar ist auch, dass sich die Steigerungen von Preisniveau und Nominallöhnen gegenseitig hochschaukeln. Angenommen, die Arbeitnehmer erwarten zu Beginn eines Jahres eine Inflationsrate von 1,5 Prozent für das laufende Jahr, weil auch in den beiden Jahren davor diese Inflationsrate galt. Um den damit verbundenen Kaufkraftverlust bereits in diesem Jahr kompensieren zu können, fordern sie eine Nominallohnerhöhung im Ausmaß von 1,5 Prozent. Eine Steigerung der Arbeitsproduktivität wird aus Gründen der einfacheren Analyse ausgeschlossen (→ Box 4). Sollte sich am Ende des Jahres jedoch herausstellen, dass die tatsächliche Inflationsrate 1,9 Prozent beträgt, haben die Beschäftigten in diesem Jahr einen inflationsbedingten Kaufkraftverlust erlitten.

Diese Erfahrung kann zur Folge haben, dass die Erwerbstätigen ihre **Inflationserwartungen** für das zweite Jahr anheben. Sie orientieren sich erneut an der Inflationsrate des vergangenen Jahres – also den 1,9 Prozent –, schlagen aber noch einen Sicherheitspuffer auf und erwarten 2,2 Prozent Inflation. Selbst wenn die Ursache für die höhere Inflation im abgelaufenen Jahr nur temporärer Natur war (z. B. eine Missernte, die die Preise für alle landwirtschaftlichen Produkte stärker als erwartet steigen ließ), bewirkt diese Nominallohnerhöhung einen Anstieg der Produktionskosten. Die Unternehmen erhöhen ihre Preise wegen der höheren Arbeitskosten stärker als erwartet, was zu einer Inflationsrate von 2,5 Prozent führen kann.

Box 4 | Produktivitätsorientierte Lohnpolitik

Produktivitätssteigerungen spielen bei der produktivitätsorientierten Lohnpolitik eine zentrale Rolle. Nach diesem lohnpolitischen Konzept soll die Nominallohnsteigerung eines Jahres dem Anstieg der Arbeitsproduktivität und des gesamtwirtschaftlichen Preisniveaus entsprechen. Wenn das geschieht, behalten die Unternehmen ihre preisliche Wettbewerbsfähigkeit. Dies lässt sich wie folgt erklären. Wenn die Produktivität der Beschäftigten in einem Jahr um 2,5 Prozent steigt und der Nominallohn um den gleichen Prozentsatz wächst, bedeutet das für sich genommen höhere Produktionskosten. Allerdings bedeutet diese Steigerung der Arbeitsproduktivität auch, dass ein Beschäftigter pro Stunde oder Tag 2,5 Prozent mehr Gütereinheiten herstellt. Der Wettbewerbsverlust, den das Unternehmen durch den höheren Nominallohn erleidet, wird durch die erhöhte Wettbewerbsfähigkeit, die sich aus der

Produktivitätssteigerung ergibt, ausgeglichen. Ähnliches gilt für einen Nominallohnanstieg in Höhe der jährlichen Inflationsrate. Wenn der Nominallohn bei einer Inflationsrate von 1,5 Prozent ebenfalls um 1,5 Prozent zunimmt, erhöht das die Produktionskosten der Unternehmen. Allerdings kann diese Kostensteigerung in Form höherer Preise auf die Verbraucher überwälzt werden – wenn alle Preise im Durchschnitt um 1,5 Prozent steigen, kann auch das von einer Lohnerhöhung betroffene Unternehmen seine Preise um 1,5 Prozent erhöhen. Und die Verbraucher schränken ihre mengenmäßige Nachfrage nicht ein, weil sie durch die Nominallohnerhöhung über die erforderliche Kaufkraft verfügen. Eine beschäftigungsneutrale Lohnpolitik hat in diesem Zahlenbeispiel zur Folge, dass der Nominallohn um vier Prozent steigen kann (2,5 Prozent wegen der höheren Arbeitsproduktivität und 1,5 Prozent als Inflationsausgleich). Bei einer höheren Lohnforderung kommt es hingegen zu einem Beschäftigungsrückgang, weil der daraus resultierende Anstieg der Güterpreise so hoch ist, dass die mengenmäßige Nachfrage zurückgeht. Die Unternehmen schränken ihr Produktionsvolumen ein, was dann auch die Entlassung von einigen Arbeitskräften nach sich zieht.

Das Ergebnis dieses Zusammenspiels aus steigenden Preisen und steigenden Nominallohnforderungen ist eine **Lohn-Preis-Spirale**. Grafisch kann dies bedeutet, dass die Nominallohnsteigerungen so stark ausfallen, dass die gesamtwirtschaftliche Güterangebotsgerade stärker nach oben verschoben wird als in → Abbildung 4.4. Das hat zur Folge, dass das Inlandsprodukt im langfristigen Gütermarktgleichgewicht geringer ist als in der Ausgangssituation ($Y_2 < Y_0$ in → Abbildung 4.5).

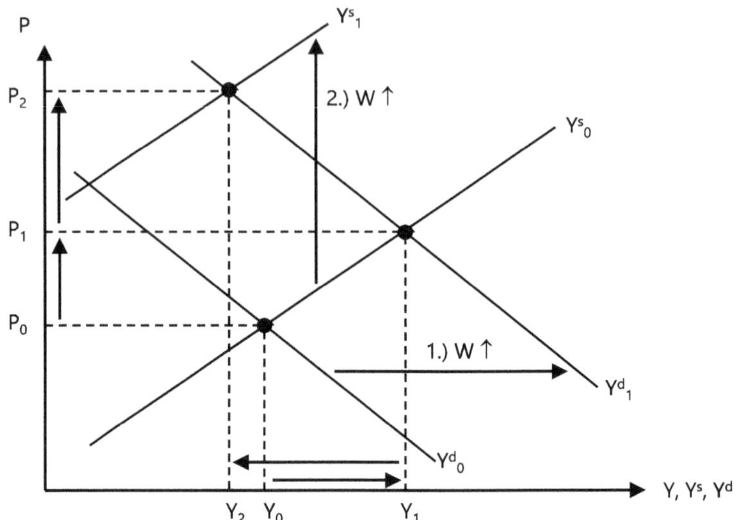

Abbildung 4.5: Schrumpfung der Wirtschaft als Ergebnis einer Lohn-Preis-Spirale

Diese Situation ist insbesondere zu befürchten, wenn es neben der Lohn-Preis-Spirale weitere Spiralen gibt. Zu denken ist beispielsweise an eine **Miet-Preis-Spirale**. Auch wenn Mieten traditionell zu den stabileren Elementen des gesamtwirtschaftlichen Preisniveaus gehören, können inflationäre Tendenzen die Mieten erhöhen. Zu denken ist an höhere Verwaltungskosten, an höhere Kosten für die Reparatur- und Instandhaltungsmaßnahmen, an höhere Kapitalkosten und mehr (vgl. Michelsen 2022).

Ob es jedoch tatsächlich zu starken Nominallohnsteigerungen kommt, die eine Lohn-Preis-Spirale auslösen, hängt maßgeblich von den **konjunkturellen Rahmenbedingungen** ab:

- Wenn die wirtschaftliche Situation durch eine hohe Arbeitslosigkeit geprägt ist, schwächt das die Verhandlungsposition der Arbeitnehmer und ihrer Gewerkschaften. Lohnsteigerungen, die den Reallohnverlust kompensieren, sind schwer durchsetzbar. Ein steigendes gesamtwirtschaftliches Preisniveau führt dann nicht zu entsprechend stark steigenden Nominallöhnen. Das verhindert eine Lohn-Preis-Spirale. Für die Beschäftigten bedeutet dies jedoch Kaufkraftverluste, die vor allem bei einkommensarmen Haushalten zu erheblichen Konsumeinschränkungen führen können. Dies kann wiederum **soziale Spannungen** zur Folge haben.

- Wenn die Produktionskapazitäten hingegen weitgehend genutzt werden und es keine verfügbaren Arbeitskräfte mehr gibt, haben die Arbeitnehmer eine starke Verhandlungsposition. Hier sind Nominallohnsteigerungen, die den Reallohnverlust ausgleichen, möglich. Und: Je stärker die Verhandlungsposition der Gewerkschaften ist, desto eher ist zu erwarten, dass die Nominallohnsteigerungen höher ausfallen als die aktuelle Inflationsrate. Die Arbeitnehmer verlangen dann in Antizipation weiterer Preisniveausteigerungen einen höheren Lohn, um erwartete (bzw. befürchtete) Preisniveausteigerungen während der Laufzeit des Tarifvertrags ausgleichen zu können. Das Ergebnis wäre eine Situation wie in → Abbildung 4.5.

Ein weiterer mittel- bzw. langfristig negativer Effekt der Inflation auf Wachstum und Beschäftigung ergibt sich aus der bereits angesprochenen Flucht in das sogenannte **Betongold**. Bei hohen Inflationsraten können Sparer den realen Wert ihres Vermögens sichern, wenn sie ihre Geldersparnisse auflösen und dafür Immobilien erwerben. Eine steigende Nachfrage nach Immobilien erhöht den Anreiz, zusätzliche Wohnhäuser zu bauen. Das wirkt sich negativ auf die Investitionen der Unternehmen aus:

- Wenn die privaten Haushalte ihre Ersparnisse auflösen bzw. gar keine Ersparnisse mehr bilden – weil sie das Geld für die Bezahlung von Baumaterial und Handwerkern ausgeben –, fehlen den Unternehmen die finanziellen Mittel zur Finanzierung von Investitionen.
- Neben diesem Finanzierungproblem ergibt sich ein realwirtschaftliches Problem. Wenn vermehrt Immobilien errichtet werden, bindet das Arbeitskräfte und Maschinen. Damit fehlen die erforderlichen Produktionskapazitäten, um Investitionen zu tätigen.

Wenn die Investitionen in einer Volkswirtschaft zurückgehen, wirkt sich das negativ auf das langfristige Wirtschaftswachstum aus: Investitionen bedeuten eine Steigerung der Produktionskapazitäten einer Volkswirtschaft. Wenn ein Land beispielsweise im Jahr 2022 zusätzliche Produktionskapazitäten im Bereich der Konsumgüterindustrie errichtet, die ab 2023 genutzt werden können, vergrößert das die Menge der 2023 hergestellten Güter – das reale Bruttoinlandsprodukt kann deshalb im Jahr 2023 wachsen. Werden hingegen anstelle neuer Produktionsanlagen Immobilien gebaut, bleibt der gesamtwirtschaftliche Produktionsapparat 2023 genauso groß wie 2022. Das reale Bruttoinlandsprodukt kann daher nicht wachsen.

4.4 Auswirkungen auf die öffentlichen Finanzen

Eine weitere zentrale makroökonomische Größe sind die Indikatoren der öffentlichen Finanzen. Diese Indikatoren werden primär genutzt, um Aussagen über die **langfristige Tragfähigkeit** der **öffentlichen Finanzen** treffen zu können. Die langfristige Tragfähigkeit der öffentlichen Finanzen bedeutet, dass der Staat seinen bestehenden finanziellen Verpflichtungen dauerhaft nachkommen kann (vgl. BMF 2019, S. 3). Der Sachverständigenrat zur Begutachtung der gesamtwirtschaftlichen Entwicklung definiert die Tragfähigkeit der öffentlichen Finanzen konkreter „als die Fähigkeit, gegeben die erwartete Zins- und Wachstumsentwicklung zukünftig hinreichende Primärsalden zu erzielen, sodass eine explosive Entwicklung der Staatsschuldenquote vermieden wird" (SVR 2021, S. 92). Der **Primärsaldo** ist dabei definiert als die Differenz zwischen den staatlichen Einnahmen und den staatlichen Ausgaben, wobei jedoch die Zinsausgaben unberücksichtigt bleiben. Dieser Saldo berücksichtigt also nur die Ausgaben, deren Höhe der Staat verändern kann – zu den Zinszahlungen ist er vertraglich verpflichtet und kann diese daher nicht reduzieren.

Der dauerhafte Erhalt der Zahlungsfähigkeit ist eine zentrale Voraussetzung für die Handlungsfähigkeit des Staates – nur dann kann er seine zahlreichen gesellschaftspolitisch wichtigen Aufgaben dauerhaft erfüllen, also z. B. die Bereitstellung öffentlicher Güter, den Ausgleich von gesellschaftlich nicht gewünschten Ungleichheiten bei der Einkommens- und Vermögensverteilung, die Stabilisierung von Produktion und Beschäftigung in wirtschaftlichen Krisenphasen und vieles mehr. Die Sicherstellung der staatlichen Zahlungsfähigkeit umfasst neben der Erhebung zusätzlicher Steuern auch die Möglichkeit, sich dauerhaft Geld leihen zu können. Dies setzt wiederum voraus, dass der Staat seine Kreditwürdigkeit nicht verliert. Letzteres kann geschehen, wenn die staatliche Verschuldung zu stark anwächst und die einheimischen Sparer sowie die internationalen Kapitalgeber nicht mehr daran glauben, dass sie ihr verliehenes Geld zurückerhalten.

Es gibt zahlreiche Indikatoren zur Messung und Bewertung der staatlichen Einnahmen- und Ausgabenpolitik und damit der Tragfähigkeit der öffentlichen Finanzen (vgl. Gerhards, Goerl und Thöne 2012). Zu den wichtigsten gehören der staatliche Schuldenstand und der jährliche staatliche Finanzierungssaldo:

- Der staatliche **Schuldenstand** gibt die Höhe der akkumulierten Schulden des Staates wieder, es handelt sich also um eine Bestandsgröße. Diese Größe ist für die langfristige Tragfähigkeit der öffentlichen Finanzen relevant, weil mit einem steigenden Schuldenstand die zukünftigen finanziellen Herausforderungen für den Staat wegen steigender Zins- und Tilgungszahlungen immer größer werden. In der Regel geht daher das Vertrauen der Kreditgeber in die Kreditwürdigkeit des Staates bei steigenden Staatsschulden zurück.
- Der **Finanzierungssaldo** des Staates ist die Differenz der staatlichen Einnahmen und Ausgaben eines Jahres. Der staatliche Primärsaldo ist, wie bereits erwähnt, der Finanzierungssaldo ohne die Berücksichtigung der staatlichen Zinsausgaben.

Von entscheidender Bedeutung für die langfristige Tragfähigkeit der öffentlichen Finanzen ist weniger der jährliche Finanzierungssaldo, denn er kann aufgrund von Sonderfaktoren schwanken. Aussagekräftiger ist die Höhe der gesamten Staatsschulden, denn diese Größe deckt die Entwicklung der öffentlichen Finanzen der Vergangenheit bis zur Gegenwart ab. Für internationale Vergleiche und für Vergleiche im Zeitablauf wird die Schuldenhöhe eines Jahres in Relation zum nominalen Bruttoinlandsprodukt gesetzt. Die daraus resultierende Größe ist die **Staatsschuldenquote**.

Die Inflationsrate kann die Staatsschuldenquote über verschiedene Wirkungskanäle beeinflussen.

Zunächst einmal bedeutet ein höheres gesamtwirtschaftliches Preisniveau höhere Staatseinnahmen. Wenn alle Preise steigen, wächst damit die **Steuerbasis**. Das führt unter anderem zu höheren staatlichen Einnahmen aus der Umsatzsteuer. Der reguläre Umsatzsteuersatz beträgt in Deutschland 19 Prozent. Wird ein Automobil im Wert von 10.000,- Euro an einen Endverbraucher verkauft, nimmt der Staat dabei 1.900,- Euro Umsatzsteuer ein. Bei einer zehnprozentigen Inflation kostet dieses Produkt netto 11.000,- Euro und die Umsatzsteuereinnahme steigt auf 2.090,- Euro. Auch die staatlichen Einnahmen wachsen so um zehn Prozent.

Höhere Staatseinnahmen ergeben sich zudem, wenn inflationsbedingt die Nominallöhne und andere Faktorpreise steigen. Dabei kann die staatliche Einnahmesteigerung sogar stärker ausfallen als der Anstieg des gesamtwirtschaftlichen Preisniveaus. Grund dafür ist der Umstand, dass das Steuersystem häufig **progressive Einkommensteuersätze** hat. Das bedeutet, dass mit einem steigenden zu versteuernden Einkommen auch der Einkommensteuersatz höher wird. Dazu ein fiktives Beispiel:

- Angenommen, eine Person verdient ein Jahresbruttogehalt von 50.000,- Euro, das einem Einkommensteuersatz von 25 Prozent unterliegt. Für den Staat ergeben sich daraus Einnahmen in Höhe von 12.500,- Euro.
- Bei einer zehnprozentigen Inflation und einer Lohnpolitik, die den daraus resultierenden Kaufkraftverlust ausgleicht, liegt das zu versteuernde Einkommen bei 55.000,- Euro. Damit rutscht die Person in diesem Beispiel in eine Einkommenshöhe, bei der der Einkommensteuersatz von 25 auf 27 Prozent ansteigt. Die Einkommensteuerzahlung erreicht dann eine Höhe von 14.850,- Euro.
- Für den Staat bedeutet das eine Einnahmenerhöhung um 2.350,- Euro. Bezogen auf die ursprüngliche Steuereinnahme in Höhe von 12.500,- Euro entspricht das einer Einnahmesteigerung um 18,8 Prozent.

Mit Blick auf die Auswirkungen der Inflation auf die öffentlichen Finanzen ist zudem noch zu berücksichtigen, ob es sich um eine nachfrage- oder eine angebotsgetriebene Inflation handelt:

- Bei einer **nachfragegetriebenen** Inflation ergibt sich auf dem Gütermarkt ein neues Marktgleichgewicht, bei dem sowohl das gesamtwirtschaftliche Preisniveau als auch die reale Gütermenge steigen (⟶ Abbildung 3.1 im dritten Kapitel). Damit wird das nominale Bruttoinlandsprodukt größer, und mit ihm die Steuerbasis des Staates.
- Bei einer **angebotsgetriebenen** Inflation zeichnet sich das neue Marktgleichgewicht ebenfalls durch höhere Güterpreise aus, aber durch eine geringere Gütermenge (⟶ Abbildung 3.2). Damit ist unklar, ob das nominale Bruttoinlandsprodukt steigt, konstant bleibt oder sinkt. Gleiches gilt für die steuerliche Einnahmebasis.

Neben einnahmesteigernden Effekten hat ein höheres Preisniveau auch ausgabenerhöhende Konsequenzen für den Staatshaushalt. Staatliche **Ausgabensteigerungen** ergeben sich aus steigenden Preisen für physische Produkte (z. B. Möbel und Computer für Schulen und Verwaltungsgebäude), für Dienstleistungen, die der Staat von privaten Anbietern bezieht, und wegen höherer Löhne für Staatsbedienstete. Höhere Personalausgaben treten jedoch erst mit einer zeitlichen Verzögerung auf, weil die Laufzeiten von Tarifverträgen in der Regel ein Jahr betragen und es erst nach Ablauf der Vertragslaufzeit zu Lohnsteigerungen kommt.

Zu einer weiteren Steigerung der staatlichen Ausgaben kommt es, wenn der Staat zur Eindämmung der **Einkommensungleichheit**, die sich aus einem steigenden Preisniveau ergeben kann, Transferzahlungen leistet. Wie im → Abschnitt 4.1 beschrieben, führt die Inflation bei zumindest kurzfristig unveränderten Nominallöhnen zu Kaufkraftverlusten bei den Erwerbstätigen. Vor allem bei Personen bzw. Haushalten mit nur geringen Arbeitseinkommen können die Kaufkraftverluste bei hohen Inflationsraten so groß werden, dass nicht mehr alle lebensnotwendigen Waren und Dienstleistungen bezahlt werden können. Zur Vermeidung von Armut kann eine **sozialpolitische Flankierung** der Inflation erforderlich werden. Wie diese Flankierung genau aussehen kann, wird im → Abschnitt 10.5 diskutiert. In jedem Fall aber bedeutet dieser wirtschaftspolitische Schritt höhere staatliche Ausgaben, die für sich genommen die Schulden des Staates steigen lassen.

Mit Blick auf die gesamten Staatsfinanzen kann somit folgende Einschätzung getroffen werden: Wenn das Steuersystem progressive Steuersätze hat, kann sich in der Summe eine Entlastung der Staatsfinanzen ergeben. Zwar ist mit Ausgabesteigerungen zu rechnen, die in etwa der Inflationsrate entsprechen, aber gleichzeitig auch mit überproportional hohen Einnahmesteigerungen. In der Summe verbessert das den jährlichen Finanzierungssaldo und entlastet so die öffentlichen Finanzen. Sollte es sogar zu einem Finanzierungsüberschuss kommen, kann dieser genutzt werden, um bestehende staatliche Schulden zu tilgen und damit die Höhe der staatlichen Schulden zu verringern.

Ein weiterer entlastender Effekt der Inflation betrifft die **Staatsschuldenquote**. Wenn sich ein höheres gesamtwirtschaftliches Preisniveau einstellt, wächst das nominale Bruttoinlandsprodukt. Die nominalen Staatsschulden bleiben jedoch unverändert. Damit sinkt die Staatsschuldenquote, selbst wenn sich die Gütermenge gar nicht verändert und die staatlichen Schulden ebenfalls konstant bleiben. Die Inflation senkt die Staatsschuldenquote ausschließlich über das höhere Preisniveau – der Staat wächst so gesehen inflationsbedingt aus seinen Schulden heraus.

Zusätzlich zu den inflationsbedingten Veränderungen der genannten staatlichen Einnahmen und Ausgaben sind jedoch auch die Wachstums- und Beschäftigungseffekte eines höheren Preisniveaus zu berücksichtigen.

- Wenn es **kurzfristig** zu positiven Wachstums- und Beschäftigungseffekten kommt, entlastet das die öffentlichen Haushalte sowohl auf der Einnahmenseite als auch auf der Ausgabenseite. Die Einnahmen des Staates wachsen, wenn die Produktion steigt und die Beschäftigung zunimmt, weil damit auch die Steuerbasis größer wird. Bei einer steigenden Beschäftigung muss der Staat weniger Ausgaben im Kontext der Arbeitsmarktpolitik und der Sozialhilfe zahlen. Wenn sinkende staatliche Ausgaben auf höhere Staatseinnahmen treffen, verbessert sich der staatliche Finanzierungssaldo. Sollte der Staat beispielsweise ein Finanzierungsdefizit aufweisen, wird dieses Defizit geringer. Ein Finanzierungsüberschuss wird größer.
- Wenn **mittelfristig** bei einer zu hohen Inflationsrate jedoch eine Stagnation eintritt oder es sogar zu einem Rückgang von Produktion und Beschäftigung kommt, wirkt sich dies negativ auf die öffentlichen Finanzen aus. Die Einnahmen des Staates gehen mit dem Produktions- und Beschäftigungsrückgang zurück, weil die Steuerbasis schrumpft. Bei einer steigenden Arbeitslosigkeit erhöhen sich zusätzlich die staatlichen Ausgaben zur Abmilderung der Folgen für die entlassenen Personen, also die Ausgaben im Rahmen der finanziellen Unterstützung von Arbeitslosen. In dieser Situation treffen steigende staatliche Ausgaben auf sinkende Steuereinnahmen. Die Folge ist eine Verschlechterung des staatlichen Finanzierungssaldos – ein Finanzierungsdefizit wird größer, ein entsprechender Überschuss schrumpft.

Eine weitere Herausforderung für die öffentlichen Finanzen ergibt sich aus eingeschränkten Finanzierungsmöglichkeiten bei hohen Inflationsraten. Hohe Inflationsraten bedeuten einen Kaufkraftverlust für Sparer. Es ist daher für einheimische Sparer sinnvoller, entweder in das bereits erwähnte Betongold zu investieren oder ihr Geld in Ländern anzulegen, in denen es keine oder nur eine geringe Inflation gibt. Im zweiten Fall kommt es zu einer **Kapitalflucht**. In beiden Fällen fehlen dem Staat finanzielle Mittel zur Aufnahme neuer Kredite.

Zusammenfassend gilt daher mit Blick auf die Auswirkungen eines höheren Preisniveaus auf die öffentlichen Finanzen die gleiche Einschätzung wie bei den Auswirkungen der Inflation auf Wachstum und Beschäftigung: Eine moderate Inflationsrate kann sich positiv auf die Tragfähigkeit der öffentlichen Finanzen auswirken. Bei zu hohen Preissteigerungsraten überwiegen jedoch die negativen Effekte, d. h. die staatlichen Finanzen werden belastet.

4.5 Fazit zu den ökonomischen Folgen der Inflation

Der im Kontext eines steigenden gesamtwirtschaftlichen Preisniveaus wichtigste ökonomische Aspekt betrifft die Frage, wie sich die Inflationsrate auf das Produktions- und Beschäftigungsniveau einer Volkswirtschaft auswirkt. **Kurzfristig** kann eine moderate Inflationsrate über höhere Realgewinne und geringere Reallöhne die Investitionsbereitschaft der Unternehmen und deren Bereitschaft zur Einstellung zusätzlicher Arbeitskräfte erhöhen. Das bewirkt ein stärkeres Wirtschaftswachstum.

Allerdings bemerken die Beschäftigten und Sparer früher oder später, dass die Inflation die Kaufkraft ihrer Arbeits- und Zinseinkommen schmälert. Es kommt daher zu Erhöhungen der nominalen Löhne und Zinsen, was die Reallöhne und realen Zinsen steigen lässt. Gleiches gilt für Mieten und Pachten. **Mittel**- und **langfristig** verpuffen die wachstumsförderlichen Effekte der Inflation. Das hat Konsequenzen für den Verlauf der langfristigen **Phillips-Kurve**: Wenn Preisniveausteigerungen langfristig keinen Einfluss auf die Höhe von Beschäftigung und Bruttoinlandsprodukt haben, ist die Phillips-Kurve eine Gerade, die parallel zur Achse der Inflationsrate verläuft (→ Abbildung 4.6).

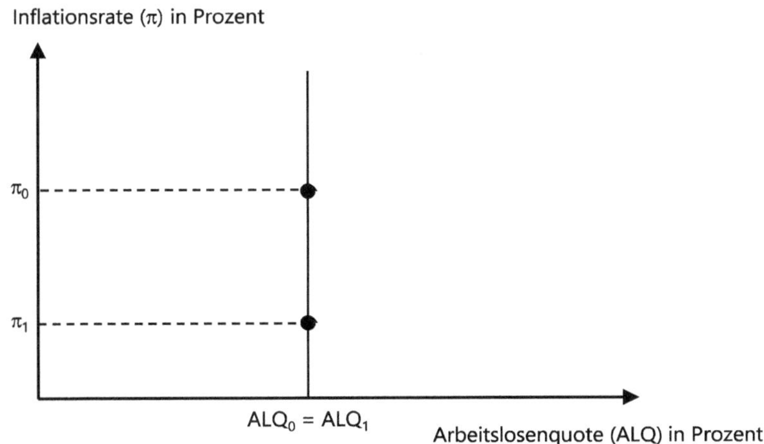

Abbildung 4.6: Langfristige Phillips-Kurve

Bekommt die Zentralbank die Inflationsrate und die Inflationserwartungen der Wirtschaftsakteure nicht in den Griff, schaukeln sich die Güterpreise und die Nominalpreise für Produktionsfaktoren immer weiter in die Höhe. Das Ergebnis ist eine hohe Inflationsrate und ein stagnierendes oder sogar schrumpfendes gesamtwirtschaftliches Produktions- und Beschäftigungsniveau. Eine Schrumpfung der Wirtschaft inklusive eines Anstiegs der Arbeitslosigkeit bringt dann auch die öffentlichen Finanzen durch sinkende Staatseinnahmen und steigende staatliche Ausgaben unter Druck. Im schlimmsten Fall droht eine schwere Wirtschaftskrise mit Kapitalflucht, Hyperinflation, Massenarbeitslosigkeit und einem Staatsbankrott.

5 Globalisierung und Inflation

Der Begriff der Globalisierung umfasst die weltweiten Verflechtungen von Ländern untereinander. Dabei geht es nicht nur um wirtschaftliche, sondern auch um soziale und politische Verflechtungen. Beispiele für die **soziale Globalisierung** sind der internationale Tourismus, der Grad der Verbreitung von Informationen und Ideen aus dem Ausland sowie der Anteil der ausländischen Bevölkerung an der Gesamtbevölkerung. Aspekte der **politischen Globalisierung** betreffen die politische Einbettung eines Landes in der Welt, also z. B. Mitgliedschaften in internationalen Organisationen, ausländische Botschaften im eigenen Land sowie die Unterzeichnung und Akzeptanz internationaler Verträge (vgl. Dreher 2006).

Für die Entwicklung des einheimischen gesamtwirtschaftlichen Preisniveaus spielt die **ökonomische Globalisierung** eine besonders wichtige Rolle. Sie bedeutet, dass die Volkswirtschaften wirtschaftlich miteinander verflochten sind. Die Verflechtungen beziehen sich sowohl auf den Austausch von Produktionsfaktoren (Arbeit und Kapital inklusive Technologien und Wissen) als auch auf den Austausch von Produkten (Waren und Dienstleistungen, Vor- und Endprodukte, Konsum- und Produktions- bzw. Investitionsgüter). Die damit verbundene internationale Arbeitsteilung hat eine Reihe von preisniveausenkenden Konsequenzen. Sie kann aber auch inflationserhöhende Folgen haben.

Bei den inflationsdämpfenden Wirkungen der Globalisierung ist zwischen statischen und dynamischen Globalisierungseffekten zu unterscheiden. Die **statischen Globalisierungseffekte** sind Konsequenzen der internationalen Arbeitsteilung, bei denen die Produktionstechnologien in den beteiligten Ländern unverändert bleiben. Es geht also um eine bessere Nutzung der vorhandenen Technologien und Produktionsfaktoren. Die **dynamischen Globalisierungseffekte** betreffen hingegen Steigerungen der Produktivität und eine Steigerung der zur Verfügung stehenden Produktionsfaktoren (quantitativ oder qualitativ) im Zeitablauf. Beispiele für die Erhöhung der Produktionsfaktoren sind Investitionen, die den Kapitalbestand erhöhen, oder Bildungsmaßnahmen, die die Qualität des Produktionsfaktors Arbeit steigern. Entsprechende Maßnahmen wirken erst mit einer gewissen zeitlichen Verzögerung, unter anderem auch deshalb, weil die Umsetzung der dafür erforderlichen Maßnahmen (der Aufbau einer neuen Produktionsanlage oder eine Weiterbildungsmaßnahme) Zeit kosten.

5.1 Inflationsdämpfung durch statische Globalisierungseffekte

Zu den statischen preisniveaudämpfenden Effekten der Globalisierung gehören vor allem der Abbau von Handelshemmnissen, die Nutzung von Kostenvorteilen einzelner Volkswirtschaften, die Verringerung der Gefahr einer Gewinninflation wegen der zusätzlichen Konkurrenz aus dem Ausland und eine Verbesserung der weltweiten Allokation von Produktionsfaktoren.

Eine Intensivierung der ökonomischen Globalisierung bedeutet zunächst einmal den Abbau von **Handelshemmnissen**, also von Zöllen und anderen Handelsbeschränkungen. Als direkte Folge dieses Abbaus sinken die Kosten des grenzüberschreitenden Handels und damit auch die Preise für die international gehandelten Güter. Wenn Deutschland auf den Import eines Pkw aus den USA ursprünglich einen fünfprozentigen Importzoll erhebt und dieser Importzoll nun abgeschafft wird, sinkt der Preis, den deutsche Konsumenten für den amerikanischen Pkw bezahlen müssen, um fünf Prozent. Auch nicht-tarifäre Handelshemmnisse führen zu höheren Kosten. Beispiele sind Kosten für Zulassungs- und Kontrollverfahren sowie Zertifizierungen, die notwendig sind, damit ein Unternehmen sein Produkt im Ausland verkaufen darf. Folglich bewirkt der Abbau dieser Handelshemmnisse ebenfalls eine **Preissenkung** in dem Land, das diese Produkte importiert.

Wenn die internationale Arbeitsteilung intensiviert wird, bedeutet dies außerdem, dass sich alle Volkswirtschaften auf die Herstellung der Waren und Dienstleistungen konzentrieren, bei denen sie einen **Kostenvorteil** haben. Kostenvorteile ergeben sich unter anderem aus der mengenmäßigen Ausstattung einzelner Volkswirtschaften mit Produktionsfaktoren. Die konkrete Ausgestaltung der internationalen Arbeitsteilung hängt deshalb maßgeblich vom **Faktorreichtum** der einzelnen Volkswirtschaften ab:

- Bevölkerungsreiche Länder wie China und Indien verfügen über eine große Menge an Arbeitskräften. Dinge, die in einer Volkswirtschaft reichlich vorhanden sind, haben in der Regel einen relativ niedrigen Preis. Das Lohnniveau ist daher im internationalen Vergleich niedrig. Das gilt insbesondere, wenn auch das durchschnittliche Einkommensniveau – im Vergleich zum Rest der Welt – gering ist. **Niedriglohnländer** wie China und Indien haben daher einen Kostenvorteil bei der Herstellung von arbeitsintensiv hergestellten Produkten.

- Hoch entwickelte Industrienationen wie Deutschland verfügen über viel Sachkapital und Technologien. Sie haben deshalb bei der Herstellung von Waren und Dienstleistungen, deren Produktionsprozesse viel Sachkapital und Technologie benötigen, einen internationalen Wettbewerbsvorteil.

Bei diesen Kostenkonstellationen importiert ein **Hochlohnland** wie Deutschland arbeitsintensiv hergestellte Produkte aus China und Indien – und zwar zu einem Preis, der unter dem Preis liegt, der für deutsche Konkurrenzprodukte gezahlt werden müsste.

Für Deutschland ergeben sich aus dem Import arbeitsintensiv hergestellter Produkte aus Niedriglohnländern zwei preisniveausenkende Effekte:

- Zum einen profitieren die **Konsumenten** direkt von den reduzierten Preisen für importierte Konsumgüter, weil das die Verbraucherpreise sinken lässt und damit das inländische Preisniveau. Dadurch steigt auch die Kaufkraft der zur Verfügung stehenden Einkommen.
- Zum anderen können die heimischen **Unternehmen** arbeitsintensiv hergestellte Vorleistungen aus dem Ausland zu einem geringeren Preis beziehen. Das senkt ihre Produktionskosten und im Normalfall auch den Preis. Von den sinkenden Preisen profitieren wiederum die heimischen Konsumenten. Auch dies senkt die Verbraucherpreise in dem importierenden Land.

Der preissenkende Effekt von Importen lässt sich grafisch wie folgt darstellen: Ausgangspunkt der nachfolgenden Überlegungen ist eine Volkswirtschaft, für die der **Weltmarktpreis** (p^W) eines Produkts eine gegebene bzw. exogene Größe ist. Dies bedeutet: Der Rest der Welt kann in dem betreffenden Land jede beliebige Menge des Produkts zu einem konstanten Preis anbieten. Das Importland verändert den Weltmarktpreis durch das eigene Nachfrageverhalten nicht. Grafisch bedeutet dies, dass die Angebotsgerade des Rests der Welt (X^s_{Welt}) in einem Preis-Mengen-Diagramm parallel zur Mengen-Achse verläuft (⟶ Abbildung 5.1). Der Weltmarktpreis steht dabei stellvertretend für den Preis, der in den Ländern herrscht, aus denen das Inland seine Importe bezieht. Hier ist zu beachten, dass es sich bei der Menge X um die angebotene bzw. nachgefragte Menge nach einem einzelnen Produkt handelt und nicht um das Inlandsprodukt (Y). Das bedeutet gleichzeitig, dass es nun um den Preis für ein einzelnes Produkt geht (p) und nicht um das gesamtwirtschaftliche Preisniveau (P).

Die Angebotskurve der heimischen Unternehmen (X^s_{Inland}) hat hingegen den üblichen steigenden Verlauf. Eine größere Menge wird nur zu steigenden Preisen angeboten. Das Nachfrageverhalten der heimischen Konsumenten entspricht der Annahme des Nachfragegesetzes, d. h. die Nachfragegerade (X^d_{Inland}) hat einen fallenden Verlauf.

Ein Land importiert Güter, wenn deren Preis im Rest der Welt geringer ist als der Preis, der sich im Inland ohne grenzüberschreitende Handelsbeziehungen ergibt. Wenn das Inland in dieser Situation seine Grenzen für ausländische Produkte öffnet, sinkt der Preis, den die heimischen Verbraucher zahlen müssen, auf das Weltmarktniveau. Für die Verbraucher ist dies eine positive Entwicklung: Sie können eine größere Gütermenge ($X^d_{Inland, 1} > X_0$) zu einem geringeren Preis erwerben ($p^W < p^{Inl.}$). Die inländischen Unternehmen reduzieren hingegen ihre Produktion, weil sie nun nur noch den geringeren Weltmarktpreis erhalten. Die von ihnen angebotene Gütermenge geht zurück (von X_0 auf $X^s_{Inland, 1}$). Die Differenz zwischen der gestiegenen Nachfrage und dem gesunkenen Güterangebot wird durch die aus dem Ausland importierten Produkte gedeckt.

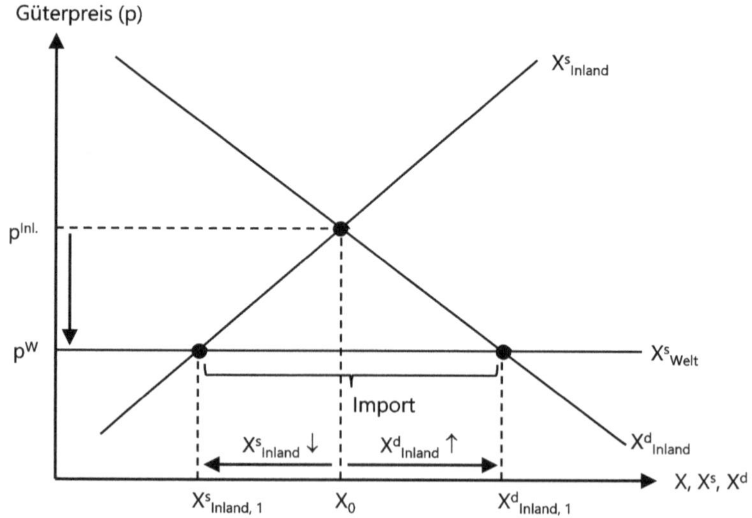

Abbildung 5.1: Marktgleichgewicht einer offenen Volkswirtschaft

Das konkrete **Ausmaß** der preisniveaudämpfenden Effekte von Importen hängt maßgeblich davon ab, aus welchen Ländern die Importe stammen und welchen Anteil diese Importe am gesamtwirtschaftlichen Warenkorb des Importlands haben.

- Wenn ein Hochlohnland wie Deutschland den größten Anteil seiner Importe aus anderen **Hochlohnländern** bezieht, ist der inflationsdämpfende Effekt geringer als wenn der größte Anteil der Importe aus Niedriglohnländern – also z. B. aus Asien – kommt. Die Globalisierung hat somit vor allem in Ländern mit einem hohen Einkommens- und damit auch Lohnniveau eine inflationsdämpfende Wirkung (vgl. Glatzer, Gnan und Valderrama 2006, S. 44). Das bedeutet auch: Wenn Deutschland Produkte aus China importiert, ist die Differenz zwischen dem Weltmarktpreis (p^{W}) und dem im Inland herrschenden Preis ($p^{Inl.}$) in → Abbildung 5.1 groß. Bei Importen aus Frankreich oder auch den USA sind hingegen nur geringe Preisunterschiede zu erwarten, was dann auch nur zu einem geringen inflationsdämpfenden Effekt führt.
- Selbst wenn ein Land einen großen Teil seiner Importe aus **Niedriglohnländern** bezieht, muss das noch keinen großen Effekt auf das einheimische Preisniveau haben. Wenn das Land den größten Teil seiner Produkte im eigenen Land herstellt und nur eine geringe Importquote hat (sie ist definiert als Anteil der Importe am Bruttoinlandsprodukt), haben preiswerte importierte Güter keinen oder bestenfalls einen geringen Einfluss auf das inländische Preisniveau.

Daneben spielen mindestens zwei weitere Faktoren eine Rolle für das Ausmaß der preisniveaudämpfenden Effekte, die sich aus dem Handel mit anderen Ländern ergeben:

- Grundsätzlich gilt, dass der Anteil von Importen an der inländischen Güternachfrage bzw. am Bruttoinlandsprodukt von der **Größe** der **Volkswirtschaft** abhängt. Kleine Volkswirtschaften wie beispielsweise Belgien, Irland und die Niederlande haben eine höhere Importquote als große Länder wie die USA und China. Grund ist, dass eine große Volkswirtschaft über einen großen Binnenmarkt verfügt und damit viele Vorleistungen und Endprodukte aus dem eigenen Land beziehen kann. Sie ist daher weniger stark auf Importe angewiesen. Folglich spielen preiswerte Importe hier nur eine geringe Rolle für das inländische Preisniveau.

- Ein zweiter Einflussfaktor ist die **Wirtschaftsstruktur** einer Volkswirtschaft. Konkret geht es um die Bedeutung des Dienstleistungssektors für ein Land. Personennahe Dienstleistungen wie z. B. ein Haarschnitt, die Pflege eines Gartens und ärztliche Behandlungen können nur in Anspruch genommen werden, wenn sich der Anbieter der Dienstleistung und der Nachfrager persönlich treffen. Das bedeutet wiederum, dass sich Dienstleistungen – anders als physische Produkte – nicht transportieren lassen. Wenn beispielsweise ein Haarschnitt in Polen billiger ist als in Norddeutschland, müsste ein potenzieller Kunde aus Hamburg nach Polen fahren, um diese Dienstleistung in Anspruch zu nehmen. Aus Sicht Deutschlands wäre das ein Dienstleistungsimport. Da die Kosten der Hin- und Rückreise jedoch wesentlich höher sind als der preisliche Vorteil, unterbleiben derartige Dienstleistungsimporte. Für Menschen, die an der deutsch-polnischen Grenze wohnen, gilt dies hingegen nicht. Für sie kann sich die Fahrt zu einem Friseur in Polen lohnen. Das bedeutet also, dass der preisniveaureduzierende Effekt von Importen in Ländern, in denen Dienstleistungen einen hohen Anteil der nachgefragten Güter ausmachen, geringer ist als in Ländern, die in größerem Ausmaß physische Produkte nachfragen.

Der Wettbewerb mit Anbietern aus **Niedriglohnländern** kann eine weitere inflationsdämpfende Reaktion auslösen: Wenn die Arbeitnehmer und deren Gewerkschaften in einem Hochlohnland den Import von Gütern aus Niedriglohnländern als eine Gefahr für einheimische Arbeitsplätze einstufen, können sie dies bei ihrer Lohnpolitik berücksichtigen. In diesem Fall können sie eine **Lohnzurückhaltung** verfolgen, um so die Wettbewerbsfähigkeit der einheimischen Unternehmen zu sichern bzw. sogar zu stärken und damit Arbeitsplätze sichern (vgl. Glatzer, Gnan und Valderrama 2006, S. 44). Eine Lohnzurückhaltung bedeutet, dass die Gewerkschaften nicht den lohnpolitischen Spielraum ausnutzen, den ihnen eine produktivitätsorientierte Lohnpolitik einräumt. Wie in → Box 4 erläutert, erhält eine Nominallohnsteigerung, die der Summe aus Arbeitsproduktivitätssteigerung und Inflationsrate entspricht, die preisliche Wettbewerbsfähigkeit der Unternehmen. Wenn jedoch bei einer Steigerung der Arbeitsproduktivität um 2,5 Prozent und einer Inflationsrate in Höhe von 1,5 Prozent nur eine Nominallohnsteigerung in Höhe von drei Prozent vereinbart wird, verbessert das die preisliche Wettbewerbsfähigkeit der einheimischen Unternehmen. Zudem wirkt diese Lohnzurückhaltung preisniveaudämpfend.

Der durch die internationale Konkurrenz erhöhte Wettbewerbsdruck kann darüber hinaus die Gefahr einer **Gewinninflation** reduzieren. Wenn es in einer Volkswirtschaft in wichtigen Branchen nur einen oder wenige Anbieter gibt, verfügen sie über eine gewisse Marktmacht. Diese können sie nutzen, um über höhere Preisaufschläge ihre Gewinne zu steigern. Die daraus resultierende Preiserhöhung wirkt inflationserhöhend. Werden dann Handelshemmnisse abgebaut, die den grenzüberschreitenden Handel intensivieren, kommen ausländische Anbieter auf den Markt. Diese zusätzliche Konkurrenz reduziert die Marktmacht der einheimischen Unternehmen. Daher müssen sie ihre Preisaufschläge verringern. Mit ihnen gehen auch die Gewinnmargen zurück, was die Preise senkt und die Inflationsrate verringert.

Bei einer weiterreichenden wirtschaftlichen Integration, die auch den freien grenzüberschreitenden Austausch von **Produktionsfaktoren** erlaubt, ergeben sich weitere Produktivitätssteigerungen: Eine höhere **grenzüberschreitende Mobilität** von Arbeitskräften und Kapital führt dazu, dass die zur Verfügung stehenden Produktionsfaktoren weltweit dort eingesetzt werden können, wo sie die größte Wertschöpfung erzeugen. Dieser zielgenauere Einsatz der Produktionsfaktoren verbessert die Produktivität und bewirkt sinkende Preise. Gleichzeitig erhöht sich dadurch die weltweit zur Verfügung stehende Gütermenge. Die globale Angebotsausweitung wirkt inflationsdämpfend. Dies lässt sich anhand eines einfachen Zahlenbeispiels verdeutlichen.

Angenommen wird, dass es weltweit fünf Kapitaleinheiten gibt. Die Welt besteht aus lediglich zwei Ländern. Je mehr Kapitaleinheiten in einem Land eingesetzt werden, desto größer ist der damit produzierbare Output. Die Outputzuwächse werden jedoch mit jeder zusätzlich eingesetzten Kapitaleinheit immer geringer. Es liegen also positive, aber abnehmende Grenzerträge vor. Der **Grenzertrag** gibt an, wie groß der Zuwachs der produzierten Gütermenge ist, wenn der Kapitaleinsatz um eine Einheit erhöht wird. Die Annahmen über die Grenzerträge des Kapitaleinsatzes sind in → Tabelle 5.1 dargestellt.

Anzahl der eingesetzten Kapitaleinheiten	Grenzertrag der jeweiligen Kapitaleinheit in Land 1	Grenzertrag der jeweiligen Kapitaleinheit in Land 2
1	10	9
2	8	8
3	7	6
4	6	5
5	5	3

Tabelle 5.1: Zahlenbeispiel zur optimalen weltweiten Faktorallokation

Wird der gesamte der Weltwirtschaft zur Verfügung stehende Bestand an Kapital ausschließlich in Land 1 eingesetzt, resultiert daraus eine Gütermenge von 10 + 8 + 7 + 6 + 5 = 36 Gütereinheiten. Wenn jedoch die fünfte Kapitaleinheit im zweiten Land eingesetzt wird, wächst die weltweit produzierte Gütermenge: In Land 1 sinkt der Output um den Grenzertrag der fünften Kapitaleinheit, also um fünf Gütereinheiten. Die erste Kapitaleinheit hat in Land 2 jedoch einen Grenzertrag in Höhe von neun Gütereinheiten. Die globale Produktionsmenge steigt um vier Einheiten auf 40 Gütereinheiten. Auch der Transfer der vierten Kapitaleinheit von Land 1 nach Land 2 hat einen outputerhöhenden Effekt für die Weltwirtschaft. Die Produktion in Land 1 sinkt um sechs Gütereinheiten, aber in Land 2 werden acht zusätzliche Einheiten hergestellt. Die weltweite Güterproduktion steigt um zwei Einheiten und liegt bei 42. Eine weitere Produktionssteigerung ist nun nicht mehr möglich. Wird die dritte Kapitaleinheit aus Land 1 abgezogen werden, sinkt die Güterproduktion dort um sieben Einheiten. Dieser Produktionseinbuße stehen jedoch nur sechs zusätzliche Gütereinheiten in Land 2 gegenüber. Die Aufteilung des weltweiten Kapitalbestands, bei der Land 1 drei Einheiten erhält und Land 2 zwei, ist die **optimale Kapitalallokation**, weil sie für die Weltwirtschaft die größtmögliche Menge an Gütern erbringt.

5.2 Inflationsdämpfung durch dynamische Globalisierungseffekte

Darüber hinaus führt die internationale Arbeitsteilung auch zu einer Steigerung von Innovation und Produktivität, was ebenfalls die Produktionskosten und die Preise der betroffenen Güter reduziert. Produktivitätssteigernde Maßnahmen nehmen jedoch Zeit in Anspruch. Sie entfalten also erst im weiteren Zeitverlauf ihre ökonomischen Wirkungen und werden daher als dynamische Effekte bezeichnet.

Aus dem Abbau von Handelshemmnissen und der Intensivierung der internationalen Arbeitsteilung ergeben sich zwei zentrale Effekte, die zu dieser **Produktivitätssteigerung** führen und damit die Verbraucherpreise reduzieren:

- Der Abbau von Handelshemmnissen im internationalen Handel hat zur Folge, dass die Unternehmen für einen größeren Markt produzieren können. Die damit einhergehende Ausnutzung von Vorteilen der Massenproduktion bedeutet geringere Stückkosten und geringere Güterpreise. Das betrifft vor allem die **Fixkosten**, also die Kosten, die unabhängig davon anfallen, wie groß die Produktionsmenge ist. Ein Beispiel sind Forschungs- und Entwicklungsausgaben, die zur Entwicklung neuer Produkte erforderlich sind. Je größer der Markt ist, auf dem das innovative Unternehmen sein neues Produkt verkaufen kann, desto geringer sind die Fixkosten je verkaufter Gütereinheit. Das wirkt sich preissenkend aus.
- Die Intensivierung des Handels zwischen den Ländern erhöht den **Wettbewerbsdruck**. Unternehmen müssen darauf reagieren, indem sie durch Innovationen und technischen Fortschritt ihre Produktionskosten senken, um international wettbewerbsfähig zu bleiben. Eine Kostenreduzierung durch technischen Fortschritt bedeutet eine Erhöhung der Produktivität. Dies impliziert, dass die mit einer gegebenen Menge an Produktionsfaktoren herstellbare Gütermenge steigt, die Wirtschaft also wächst. Gleichzeitig sinken die Preise infolge des technischen Fortschritts, was wiederum das inländische Preisniveau senkt.

Grafisch bedeutet ein technischer Fortschritt in einem Preis-Mengen-Diagramm, dass nun jede Gütereinheit zu einem geringeren Preis angeboten werden kann. Die Angebotsgerade (X^S) wird nach unten verschoben (→ Abbildung 5.2). Aus dem Schnittpunkt mit der Nachfragegeraden (X^d)

ergibt sich ein neues Marktgleichgewicht mit einem niedrigeren Preis ($p_1 < p_0$). Wenn es bei vielen Gütern in einer Volkswirtschaft technologische Fortschritte gibt, sinken auch bei vielen Produkten die Preise. Das wirkt sich preisniveaureduzierend aus.

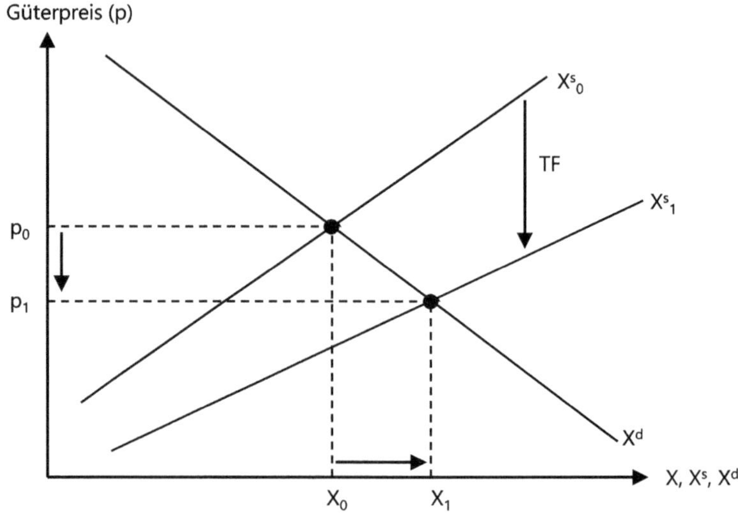

Abbildung 5.2: Auswirkungen des technologischen Fortschritts (TF) auf das Gütermarktgleichgewicht

Ein weiterer produktivitätssteigernder Effekt der Globalisierung kann sich aus der weltweiten Verbreitung von **technologischen Innovationen** ergeben (vgl. Glatzer, Gnan und Valderrama 2006, S. 45). Wenn entwickelte Volkswirtschaften durch einen technologischen Fortschritt ihre Produktionskosten reduzieren, wirkt das für sich genommen bereits preisniveaudämpfend. Falls die entwickelten Volkswirtschaften diese Technologien zudem weniger entwickelten Volkswirtschaften zur Verfügung stellen, ergeben sich auch dort Produktionskostenreduzierungen. Von ihnen profitieren die entwickelten Volkswirtschaften, sofern sie Vorleistungen oder Endprodukte importieren, die mit diesen neuen Technologien im Ausland hergestellt werden.

Zu berücksichtigen ist jedoch, dass die Verbreitung von neuen Technologien in der Regel durch den Patentschutz verhindert wird. Doch auch dann können moderne Technologien in Schwellen- und Entwicklungsländern eingesetzt werden. Dafür müssen die Unternehmen, die diese technologischen Innovationen durchführen, **Direktinvestitionen** in den Schwellen- und Entwicklungsländern durchführen. Das bedeutet in diesem Fall, dass sie Produktionsanlagen in den weniger entwickelten Volkswirtschaften errichten und dabei die preissenkenden neuen Technologien einsetzen. So kommt es zu einem **Technologietransfer** in Schwellen- und Entwicklungsländer – und damit zu geringeren Produktionskosten.

Eine globalisierungsbedingte Produktivitätssteigerung ergibt sich zudem aus weltweit verbesserten **Finanzierungsmöglichkeiten**. Durch den Abbau von Kapitalverkehrskontrollen und die Liberalisierung der globalen Finanz- und Kreditmärkte können nun auch Regionen oder Volkswirtschaften mit einem geringen Einkommensniveau die Kredite aufnehmen, die sie für den Ausbau ihres gesamtwirtschaftlichen Produktionsapparates benötigen. Das betrifft vor allem wenig entwickelte Volkswirtschaften. Dort sorgt das geringe Einkommen dafür, dass es den Menschen kaum möglich ist, Ersparnisse zu bilden, die die Basis für Kredite an Unternehmen sind. Wenn es einer wenig entwickelten Volkswirtschaft jedoch gelingt, Kredite aus entwickelten Industrienationen zu erhalten, kann sie damit Investitionen finanzieren und moderne Produktionsanlagen errichten, die Güter zu geringeren Kosten herstellen können.

Insgesamt führt die Globalisierung also über zahlreiche Kanäle „zu Steigerungen des weltweiten Produktionspotenzials“ (Gnan und Valderrama 2006, S. 46) und damit zu einer Dämpfung der Preisniveausteigerungen.

Hinzu kommt der Umstand, dass **nationale Versorgungsengpässe** an Bedeutung verlieren können. In einer geschlossenen Volkswirtschaft, die keine Handelsbeziehungen zu anderen Ländern hat, sorgt eine Missernte für Angebotsengpässe im Bereich der Lebensmittelversorgung, was zu steigenden Lebensmittelpreisen führt. In einer globalisierten Welt können derartige Angebotsverknappungen durch importierte Lebensmittel abgemildert werden. Das senkt den Inflationsdruck, den temporäre Angebotsengpässe hervorrufen.

5.3 Optimale ökonomische Globalisierung

Auch wenn die Globalisierung den materiellen Wohlstand der Menschen steigert, sollte das Ausmaß der internationalen Arbeitsteilung aus wohlfahrtstheoretischen Überlegungen nicht unbegrenzt fortgesetzt werden.

Ökonomische Globalisierung und internationale Arbeitsteilung haben neben den skizzierten Vorteilen auch **negative** wirtschaftliche Konsequenzen:

- Der grenzüberschreitende Güterhandel erhöht den Ausstoß von Treibhausgasen, was zu einer Beschleunigung des **Klimawandels** führt. Dieser verursacht wiederum erhebliche gesellschaftliche Zusatzkosten, z. B. klimabedingte Zerstörungen von Produktions- und Infrastrukturanlagen, Ernteeinbußen wegen Wassermangel und Wetterextremen, das Aussterben von Tier- und Pflanzenarten, um nur die wichtigsten zu nennen (vgl. dazu ausführlicher → Abschnitt 82.).
- Innerhalb der einzelnen Länder können sich **soziale Spannungen** ergeben, weil die Arbeitsteilung zwischen verschiedenen Ländern die Knappheitsverhältnisse der Produktionsfaktoren in jedem Land verändert und somit neben Gewinnern auch Verlierer hervorbringt. In entwickelten Volkswirtschaften sind letztere vor allem gering qualifizierte Arbeitskräfte, die nun in Konkurrenz zu Arbeitskräften aus Niedriglohnländern stehen und deshalb Einkommenseinbußen erleiden (vgl. Autor, Dorn und Hanson 2013). Dieser Effekt lässt sich in → Abbildung 5.1 zeigen: In der Ausgangssituation ohne einen grenzüberschreitenden Handel produzieren die inländischen Unternehmen die gesamte Gütermenge, die im Inland nachgefragt wird, also die Menge X_0. Nach der Öffnung der Grenzen für ausländische Produkte sinkt die im Inland produzierte Gütermenge auf $X^s_{Inland,1}$. Ein geringeres Produktionsniveau bedeutet auch ein geringeres Beschäftigungsniveau im Inland.

Eine Ausweitung der ökonomischen Globalisierung (Glob) ist für ein einzelnes Land ökonomisch betrachtet sinnvoll, solange der damit verbundene zusätzliche gesellschaftliche Nutzen (Grenznutzen = GN) größer ist als die zusätzlichen gesamtwirtschaftlichen Kosten (Grenzkosten = GK). Wird, wie in der volkswirtschaftlichen Analyse üblich, von steigenden Grenzkosten und einem sinkenden Grenznutzen ausgegangen (→ Box 5), liegt das optimale Ausmaß der ökonomischen Globalisierung in → Abbildung 5.3 bei Glob*.

Box 5 | Grenznutzen und Grenzkosten

Der Grenznutzen einer wirtschaftlichen Aktivität gibt den zusätzlichen Nutzen an, den eine Person daraus zieht, dass sie eine zusätzliche Einheit dieser Aktivität durchführt. Wenn diese Aktivität z. B. das Fahren mit dem eigenen Pkw (gemessen in jährlich zurückgelegten Kilometern) ist, gibt der Grenznutzen dieser Aktivität den Nutzen an, den der letzte zusätzlich gefahrene Kilometer der betreffenden Person stiftet. Eine wichtige Eigenschaft in der volkswirtschaftlichen Nutzentheorie ist das Gesetz vom abnehmenden Grenznutzen: Es besagt, dass der Grenznutzen eines Gutes mit zunehmendem Konsum dieses Gutes immer geringer wird. Der zusätzliche Konsum eines Gutes bewirkt zwar eine Erhöhung des Gesamtnutzens, doch die Nutzenzuwächse werden bei steigendem Konsum des betreffenden Gutes immer kleiner. Die Grenzkosten einer wirtschaftlichen Aktivität geben die zusätzlichen Kosten an, die entstehen, wenn eine zusätzliche Einheit dieser Aktivität durchgeführt wird. Bezogen auf das Fahren mit einem Pkw sind die Grenzkosten die Kosten, die der letzte gefahrene Kilometer verursacht (Benzinverbrauch, Abschreibungen des Pkws, anteilige Reparaturkosten, individueller Zeitaufwand, Stress etc.). In der Volkswirtschaftslehre gibt es unterschiedliche Annahmen bezüglich des Verlaufs der Grenzkosten. Eine gängige Annahme sind steigende Grenzkosten – das bedeutet, dass die Grenzkosten mit jeder zusätzlichen Einheit der betrachteten wirtschaftlichen Aktivität immer größer werden. Die Gesamtkosten, die mit der Nutzung eines Pkws verbunden sind, steigen also mit jedem zusätzlichen Kilometer. Die Kostenzuwächse werden dabei mit jedem zusätzlich gefahrenen Kilometer immer größer. Der Grenznutzen und die Grenzkosten lassen sich sowohl für einzelne Konsumenten bzw. Unternehmen angeben als auch für die gesamte Volkswirtschaft. Die gesamtwirtschaftlichen Größen ergeben sich aus der Aggregation der einzelwirtschaftlichen Grenzkosten und Grenznutzen.

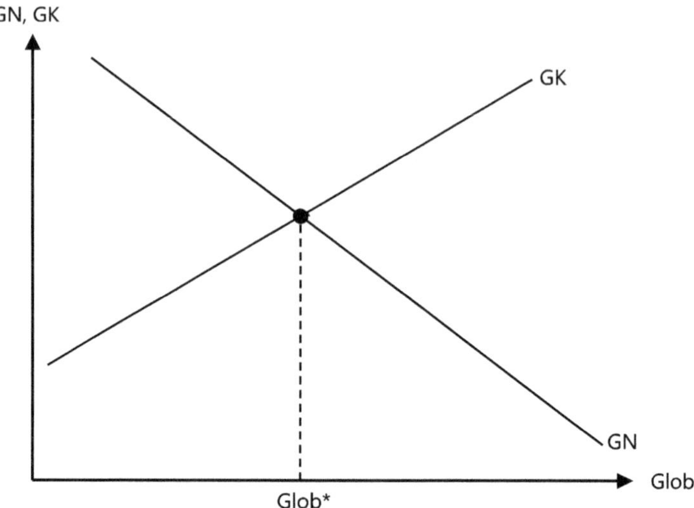

Abbildung 5.3: Bestimmung des gesamtwirtschaftlich optimalen Ausmaßes der Globalisierung (Glob*)

Die Jahrzehnte nach dem Ende des Zweiten Weltkriegs waren davon geprägt, dass Handelshemmnisse – allen voran Zölle – weltweit abgebaut wurden. Damit verringerten sich die Kosten des grenzüberschreitenden Handels, was gleichzeitig eine Reduzierung der Kosten der internationalen Arbeitsteilung bedeutete. Der Abbau von Kapitalverkehrskontrollen und der Übergang zu flexiblen Wechselkursen hatten den gleichen Effekt, weil damit die Kosten der finanziellen Abwicklung des internationalen Handels geringer wurden. Zudem senkte der technologische Fortschritt die Transport- und Kommunikationskosten.

Das Ergebnis dieser Entwicklungen ist eine Verschiebung bzw. Drehung der Grenzkostenkurve in → Abbildung 5.4 nach unten. Die Folge ist eine Ausdehnung des optimalen Ausmaßes der Globalisierung von $Glob_0^*$ auf $Glob_1^*$.

Die durch technologische Fortschritte und den Abbau von Handelshemmnissen hervorgerufene Verringerung der Grenzkosten der Globalisierung hat nicht nur eine Ausweitung des Globalisierungsgrades zur Folge, sondern auch eine Reduzierung der Kosten, die mit der Globalisierung und der internationalen Arbeitsteilung verbunden sind. Das wirkt sich **preisniveaudämpfend** aus.

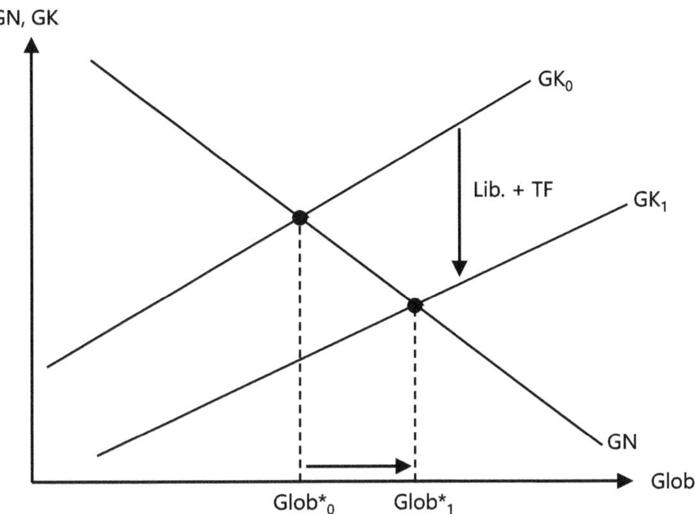

Abbildung 5.4: Auswirkungen von Liberalisierung (Lib.) und technologischem Fortschritt (TF) auf das optimale Ausmaß der Globalisierung (Glob*)

Wichtig ist in diesem Kontext, dass eine Ausweitung der Globalisierung über den optimalen Grad (also $Glob_1^*$ in → Abbildung 5.4) nicht sinnvoll ist. Bei einem größeren Ausmaß der Globalisierung als $Glob_1^*$ sind die damit verbundenen gesamtwirtschaftlichen Kosten höher als der Nutzen für die Volkswirtschaft. Das könnte z. B. bedeuten, dass die Intensivierung der Globalisierung unter Berücksichtigung aller Kosten und Nachteile Grenzkosten in Höhe von 150.000,- Euro verursacht, aber der Gesellschaft nur einen zusätzlichen Nutzen stiftet, der in Geldeinheiten bewertet bei 100.000,- Euro liegt. In diesem Fall ergäbe sich aus der Ausweitung der Globalisierung ein gesamtwirtschaftlicher Wohlfahrtsverlust in Höhe von 50.000,- Euro.

5.4 Inflationserhöhende Effekte der Globalisierung

Die Globalisierung und deren Intensivierung haben allerdings auch preisniveauerhöhende Effekte. Zu nennen sind in diesem Kontext vor allem eine exportgetriebene Inflation, eine abwertungsbedingte Inflation, eine importierte Inflation und Preissteigerungen, die sich aus Lieferkettenunterbrechungen ergeben.

Wie in → Abschnitt 3.1 bereits erwähnt, können steigende Exporte eine Ursache für eine **nachfragegetriebene** Inflation sein. Eine hohe preisliche Wettbewerbsfähigkeit oder eine hohe Qualität der einheimischen Produkte hat zur Folge, dass es im Rest der Welt eine hohe Nachfrage nach den Produkten des Inlands gibt. Eine hohe Exportnachfrage erhöht das inländische Preisniveau über zwei Kanäle.

- Zum einen bewirkt die hohe Güternachfrage aus dem Ausland einen **Nachfrageüberhang** auf dem inländischen Gütermarkt. Die Folge ist ein Anstieg des Preisniveaus.
- Zum anderen passen sich die Unternehmen an die höhere Güternachfrage an. Um ihre Produktion steigern zu können, fragen die Unternehmen mehr Produktionsfaktoren nach. Die höhere Nachfrage nach Arbeitskräften erhöht den Lohn, die höhere Nachfrage nach Kapital den Zinssatz. Steigende Faktorpreise bewirke höhere Produktionskosten, was wiederum zu höheren Güterpreisen führt. Dieser Teil der Preisniveauerhöhung ist somit das Resultat einer **Kosteninflation**.

Ein dritter Kanal kommt hinzu, wenn die hohe Exportnachfrage nicht nur das Resultat der hohen Qualität der einheimischen Produkte ist, sondern die Exporte wachsen, weil es im **Ausland** einen starken **Einkommensanstieg** gibt, der dort zu einem Nachfrageüberhang führt. Wenn beispielsweise in den USA wegen kräftiger Einkommenssteigerungen die amerikanischen Verbraucher mehr Güter nachfragen, steigen die Preise in den USA. Das bedeutet für europäische Unternehmen, dass sie ihre Produkte nun ebenfalls zu höheren Preisen in den USA verkaufen können. Da sich jedoch die Produktionskosten in Europa nicht verändert haben, bedeuten die höheren Preise für europäische Güter in den USA eine höhere Gewinnmarge für die europäischen Unternehmen (vgl. Illing 2022, S. 431). Die hohe Güternachfrage in den USA treibt somit auch die Preise im Rest der Welt in die Höhe. Aus europäischer Sicht ist dies eine Inflation, die zum einen exportgetrieben ist, aber zum anderen auch eine **Gewinninflation** ist. Die europäischen Unternehmen haben wegen der hohen Nachfrage in den USA die Möglichkeit, einen Preisaufschlag zu erheben, um so ihre Gewinne zu steigern. Wenn sie diese Chance nutzen, kommt es zu einem Preisniveauanstieg im **Ausland**.

Die höheren Exporte haben jedoch auch einen preisniveauerhöhenden Effekt im **Inland**. Wenn die einheimischen Unternehmen mehr Produkte im Ausland verkaufen, weil sie dort höhere Preise erzielen, die ihren Gewinn steigern, sinkt das Güterangebot im Inland. Diese Angebotsverknappung bewirkt einen Nachfrageüberhang, der das inländische Preisniveau steigen lässt.

Eine hohe bzw. steigende Exportgüternachfrage bewirkt somit einen Preisniveauanstieg in dem exportierenden Land. Im Fall eines **flexiblen Wechselkurses** ergeben sich aus der höheren Exportnachfrage jedoch auch preisniveaureduzierende Effekte:

- Eine hohe Nachfrage nach einheimischen Produkten im Rest der Welt hat zur Folge, dass es eine hohe Nachfrage nach der Währung des Exportlands gibt. Die exportierenden Unternehmen müssen ihre Löhne, Mieten, Pachten und Steuern in der Währung ihres Lands bezahlen. Deshalb werden Exporte letztendlich immer in der Währung des exportierenden Landes bezahlt.
- Eine hohe Nachfrage nach der Währung eines Landes hat zur Folge, dass der Preis der Währung dieses Lands steigt. Es kommt also zu einer **Aufwertung** der Währung des Exportlands.
- Das Pendant einer Aufwertung der Währung des Inlands ist eine Abwertung der Währung des Auslands. Diese Abwertung verbilligt die Importe, die das Inland tätigt. Die Verbilligung importierter Güter wirkt sich preisniveaudämpfend aus.

Dazu ein einfaches Beispiel. Angenommen, Deutschland importiert Stahl aus den USA. Dort kostet eine Tonne Stahl 1.000,- Dollar. Bei einem Wechselkurs von einem Euro pro Dollar kostet diese Tonne Stahl somit 1.000,- Euro. Nun kommt es zu einem Anstieg der Exporte der Länder aus der Eurozone, allen voran aus Deutschland. Der Exportanstieg bewirkt eine Aufwertung des Euros und eine Abwertung des Dollars. Die Folge ist, dass ein Dollar nun nicht mehr einen Euro kostet, sondern nur noch 0,85 Euro. Bei einem unveränderten Preis für amerikanischen Stahl (in Dollar) kostet dieser in Euro gerechnet weniger. In Deutschland hat das zur Folge, dass der Preis für eine Tonne US-Stahl 850,- Euro beträgt. Dieser preisdämpfende Effekt betrifft alle Importe aus Ländern, deren Währung gegenüber dem Euro an Wert verliert. Damit geht das deutsche Preisniveau zurück.

Während eine exportgetriebene Aufwertung der heimischen Währung also einen preisniveaudämpfenden Effekt hat, hat die **Abwertung** der eigenen Währung eine inflationserhöhende Wirkung: Wenn der Wert des Euros gegenüber dem Dollar sinkt, müssen Deutschland und die übrigen Volkswirtschaften der Eurozone mehr für Importe aus den USA bezahlen.

Das erhöht das deutsche Preisniveau. Besonders problematisch wird es, wenn sich eine **Abwertungs-Inflations-Spirale** ergibt:

- Ein steigendes Preisniveau in der Eurozone verschlechtert die preisliche Wettbewerbsfähigkeit europäischer Produkte im Rest der Welt. Der Rückgang der europäischen Exporte bewirkt eine Abwertung des Euros.
- Die Abwertung des Euros verteuert importierte Rohstoffe und Vorleistungen. In den europäischen Unternehmen, die auf diese Importe angewiesen sind, steigen die Produktionskosten. Höhere Produktionskosten bewirken eine **Kosteninflation**.
- Die preisliche Wettbewerbsfähigkeit der europäischen Unternehmen wird durch die steigenden Produktionskosten weiter geschwächt. Deren Exporte gehen zurück, was zu einer weiteren Abwertung des Euros führt.
- Der Preis, den die Unternehmen aus der Eurozone für importierte Rohstoffe und Vorleistungen zahlen, steigt wegen der Euroabwertung weiter. Die Folge sind erneute Preisniveauanstiege in der Eurozone und eine Abwertung des Euros.

Ein weiterer Aspekt der internationalen Arbeitsteilung, der preisniveauerhöhend wirken kann, ist eine **importierte Inflation** (vgl. ausführlicher Petersen 2022d). Sie ergibt sich, wenn es im Ausland zu einem steigenden Preisniveau kommt und das Inland auf Importe aus dem Ausland angewiesen ist. Wie stark eine Inflation aus dem Ausland auf das inländische Preisniveau durchschlägt, hängt vor allem davon ab, wie wichtig diese Importe für das Inland sind.

- Wenn beispielsweise das amerikanische Preisniveau stark steigt und Deutschland bzw. Europa die ursprünglichen amerikanischen Produkte leicht durch einheimische Angebote oder Güter aus anderen Ländern ersetzen können, hat die höhere Inflation in den USA kaum Auswirkungen auf das deutsche bzw. europäische Preisniveau.
- Problematischer wird es jedoch, wenn Deutschland auf diese Importe nicht verzichten kann. In diesem Fall kommt es trotz steigender Preise für amerikanische Produkte zu keiner oder bestenfalls einer sehr geringen mengenmäßigen Einschränkung der Importe aus den USA. Wenn die mengenmäßigen Importe jedoch nahezu unverändert bleiben und die Preise wegen der hohen US-Inflation – in Dollar gerechnet – steigen, nimmt die Nachfrage nach Dollar zu. Das bewirkt eine **Aufwertung**

des Dollars. Diese Aufwertung bedeutet aus Sicht der europäischen Verbraucher eine zweite Erhöhung der Preise für amerikanische Produkte, was die Inflation in Deutschland und Europa beschleunigt.

Zu einer **importierten Inflation** kommt es auch, wenn die Zentralbank des Auslands zur Bekämpfung der Inflation in ihrem Land die Leitzinsen erhöht. Wie in → Abschnitt 3.1 gezeigt, führt eine Zinssenkung zu steigenden Investitionen und höheren kreditfinanzierten Konsumgüterkäufen. Eine **Zinserhöhung** bewirkt hingegen einen Rückgang der Investitionsgüternachfrage und der kreditfinanzierten Konsumnachfrage im eigenen Land. Die Reduzierung der gesamtwirtschaftlichen Güternachfrage wirkt preisniveaudämpfend. Allerdings hat diese Inflationsbekämpfung auch Rückwirkungen auf andere Länder.

- Angenommen, die Zentralbank der USA erhöht ihren Leitzins, um damit die Inflationsrate im eigenen Land zu senken. Diese geldpolitische Maßnahme erhöht das gesamtwirtschaftliche Zinsniveau in den USA.
- Für europäische Anleger wird es nun attraktiver, amerikanische Wertpapiere zu erwerben, um so höhere Zinseinnahmen zu erhalten. Bezahlt werden diese Wertpapiere mit Dollar. Deshalb bieten die europäischen Anleger Euro an und tauschen sie gegen Dollar.
- Die erhöhte Nachfrage nach der amerikanischen Währung erhöht den Preis dieser Währung. Es kommt also zu einer Aufwertung des Dollars. Das höhere Angebot von Euros auf den Devisenmärkten bewirkt eine Abwertung des Euros.
- Die **Dollaraufwertung** verteuert, wie bereits beschrieben, den Preis, den europäische Käufer für amerikanische Produkte bezahlen müssen.
- Wenn der Anteil der Güter aus den USA an den in Deutschland nachgefragten Gütern hoch ist, wirken sich die höheren Importpreise auf das gesamtwirtschaftliche Preisniveau in Deutschland aus. Dieses steigt, es kommt also zu einer aus den USA importierten Inflation.

Grundsätzlich ist zu erwarten, dass eine Erhöhung der Preise für importierte Produkte zu einem Rückgang der Nachfrage nach diesen Gütern führt, weil das importierende Land Ausweichmöglichkeiten hat. Dies gilt jedoch beispielsweise nicht für rohstoffarme Länder, die auf den Import von Rohstoffen angewiesen sind, allen voran von fossilen Energien wie Erdöl, Erdgas und Kohle. Wie stark dann ein Preisanstieg im Ausland auf das einheimische Preisniveau und die wirtschaftliche Entwicklung durchschlagen kann, zeigt sich exemplarisch bei der **Erdölkrise 1973/74** in Deutschland (vgl. zu den nachfolgenden Ausführungen Deutsche Bundesbank 1975, S. 3–14 und Koll 2022, S. 290). Im Herbst 1973 verfünffachte sich der Ölpreis innerhalb kurzer Zeit. Die deutschen Verbraucher mussten daher einen höheren Anteil ihrer Kaufkraft für Erdöl ausgeben. Die damit verbundene Kaufkraft floss in die erdölexportierenden Länder und schwächte so die gesamtwirtschaftliche Güternachfrage in Deutschland. Die Unternehmen passten sich an die geringere Güternachfrage an und reduzierten ihre Produktion und damit auch die Beschäftigung. Es kam somit zu einer **Nachfragekrise**.

Der höhere Ölpreis erhöhte darüber hinaus die Produktionskosten in Deutschland, weil Energie ein zentraler Bestand von Produktionsprozessen ist. Da Substitutionsmöglichkeiten fehlten, mussten die deutschen Unternehmen wohl oder übel das teurere Erdöl nutzen. Die gestiegenen Produktionskosten erhöhten die Güterpreise. Für die privaten Haushalte stiegen die Verbraucherpreise zudem, weil sich dadurch sowohl die Kosten des Tankens als auch des Heizens der Wohnungen erhöhten. Da die Ursache für diese Preisniveauanstiege im Ausland lag, handelte es sich um eine **importierte Inflation**, die zu einer **Kosteninflation** wurde.

Die höheren Ölpreise wurden auf die Löhne überwälzt: Im Jahr 1974 waren die tariflichen Verdienste im Jahresdurchschnitt und auf Stundenbasis 13 Prozent höher als 1973. Dieser Kostenanstieg führte zu weiter steigenden Preisen. Der starke Preisanstieg bewirkte eine **Angebotskrise** mit einem zusätzlichen Rückgang der wirtschaftlichen Aktivitäten. Die Bundesbank reagierte darauf, indem sie ihre Zinsen erhöhte und das Geldmengenwachstum reduzierte. Der Kostenanstieg in Kombination mit dem Rückgang der gesamtwirtschaftlichen Güternachfrage bewirkte einen Wirtschaftseinbruch mit einem starken Anstieg der Arbeitslosigkeit: Ende 1974 waren 950.000 Menschen arbeitslos gemeldet und damit doppelt so viele wie Ende 1973.

Die daraus resultierende Rezession wirkte lange nach: Das reale Bruttoinlandsprodukt der Jahre 1974 und 1975 schrumpfte um jeweils 0,3 Prozent gegenüber dem Vorjahr. Die durchschnittliche Zahl der Arbeitslosen pro Jahr stieg hingegen auch noch 1976 und blieb anschließend auf einem Niveau, das dreimal so hoch war wie vor der Erdölkrise (→ Tabelle 5.2).

Jahr	Veränderung des realen BIP gegenüber dem Vorjahr	Zahl der Erwerbslosen im Jahresdurchschnitt
1971	+3,7 %	132.000
1972	+4,4 %	177.000
1973	+4,3 %	208.000
1974	−0,3 %	346.000
1975	−0,3 %	613.000
1976	+4,5 %	634.000
1977	+3,3 %	600.000
1978	+3,9 %	566.000

Tabelle 5.2: Wirtschaftswachstum und Arbeitslosigkeit in Deutschland während und nach der Erdölkrise 1973/74, Quelle: Statistisches Bundesamt 2022b, S. 28 und 44

Ein weiterer preisniveauerhöhender Effekt der Globalisierung ergibt sich aus dem **wirtschaftlichen Aufholprozess** der Entwicklungs- und Schwellenländer. Wenn die Integration dieser Länder in die Weltwirtschaft zu einem starken Wirtschaftswachstum der Schwellenländer führt, bewirkt das eine höhere Nachfrage dieser Länder nach Rohstoffen, Vorleistungen und Endprodukten. Daraus resultiert ein weltweiter Anstieg der Preise – auf den internationalen Rohstoffmärkten und in den Ländern, aus denen die schnell wachsenden Schwellenländer ihre Vorleistungen und Endprodukte beziehen. Dies gilt insbesondere für das schnell wachsende **China** und dessen Nachfrage nach Rohstoffen auf dem Weltmarkt (vgl. Kamin, Marazzi und Schindler 2006, S. 180).

Schließlich kommt es zu Preissteigerungen, wenn Länder sich wegen langjähriger internationaler Lieferbeziehungen auf den Import von Rohstoffen, Vorleistungen und Endprodukten verlassen und diese Produkte nicht mehr – oder nur in einem sehr geringen Ausmaß – im eigenen Land herstellen. Wenn es dann zu unerwarteten **Lieferkettenunterbrechungen** kommt, führen sie zu Angebotsengpässen. Die Angebotsverknappung im Inland löst eine angebotsseitige Inflation aus. Sofern diese Lieferkettenunterbrechungen nur kurzfristiger Natur sind, ist auch die daraus resultierende Preisniveauerhöhung lediglich eine **temporäre Inflation**.

5.5 Fazit und Ausblick

Nachdem die Zeit seit dem Ende des Zweiten Weltkriegs und des Falls des Eisernen Vorhangs von einer voranschreitenden Globalisierung geprägt war, setzen sich nun vermehrt gegenläufige Tendenzen durch. Sie bewirken eine Stagnation oder sogar einen Rückgang der Globalisierung, also eine **Deglobalisierung**.

Ein Grund für die Deglobalisierungstendenzen in den letzten Jahren ist die Zunahme von **protektionistischen Maßnahmen**. Dazu gehören neben Zöllen, die den Import von Produkten aus dem Ausland verteuern, auch sogenannte nicht tarifäre Handelshemmnisse. Dabei handelt es sich z. B. um bürokratische Auflagen, technische Qualitätsanforderungen, Mengenbeschränkungen oder auch Subventionen für einheimische Unternehmen, weil diese dadurch einen Wettbewerbsvorteil gegenüber ausländischen Konkurrenten erhalten. Seit dem Ausbruch der durch die Lehman-Pleite ausgelösten weltweiten Finanz- und Wirtschaftskrise 2008/09 weiten sich solche Handelsbeschränkungen weltweit aus (vgl. Rupprecht 2021, S. 53 f.).

Vor allem hoch entwickelte Industrienationen wie die USA wollen sich auf diese Weise vor der Konkurrenz mit Niedriglohnländern schützen. Wie in → Abschnitt 5.1 beschrieben, ergeben sich vor allem für Länder mit einem hohen Einkommens- und Lohnniveau inflationsdämpfende Konsequenzen, wenn sie vermehrt Produkte aus Niedriglohnländern importieren. Das bedeutet aber gleichzeitig, dass diese Produkte nun nicht mehr in dem Hochlohnland hergestellt werden. Der Import eines bestimmten Produkts aus einem Land, das dieses Produkt zu einem geringeren Preis anbieten kann, bewirkt im importierenden Land eine Produktionsverringerung (in → Abbildung 5.1 von X_0 auf $X^s_{Inland,\ 1}$). Für die Branchen und die dort beschäftigten Personen haben Importe aus Niedriglohnländern daher negative Konsequenzen: es kommt zu Einkommenseinbußen oder sogar Arbeitsplatzverlusten.

Dies gilt insbesondere für den Export von chinesischen Produkten in Hochlohnländer. Seit Chinas Beitritt zur Welthandelsorganisation (WTO) im Jahr 2001 haben chinesische Exporte den Strukturwandel in den entwickelten Volkswirtschaften erheblich beschleunigt. In den westlichen Industrienationen gerieten traditionelle Industriebranchen und die dort Beschäftigten erheblich unter Druck, weil sie nun in Konkurrenz zu Angeboten aus dem **Niedriglohnland China** standen. Dies galt und gilt insbesondere für Amerikas „Rust Belt“, die größte Industrieregion des

Landes, die sich von Chicago entlang der großen Seen bis an die Ostküste erstreckt (vgl. Hilpert 2020, S. 27). Um weitere Arbeitsplatzverluste und die damit verbundenen sozialen Verwerfungen zu verhindern, reagieren die USA mit Handelshemmnissen, die sich primär gegen China richten.

Die **Coronapandemie** gab dem weltweiten Protektionismus einen weiteren Schub. So ergriffen viele Staaten in der Pandemie Maßnahmen zum Schutz der einheimischen Unternehmen und der dort Beschäftigten. Zusätzlich drosselten Regierungen den internationalen Handel, indem sie Exportbeschränkungen für lebenswichtige Medikamente, Beatmungsgeräte, persönliche Schutzausrüstung und Nahrungsmittel einführten, um Versorgungsengpässe im eigenen Land zu verhindern (vgl. Draper 2020, S. 14). Es ist davon auszugehen, dass diese Erfahrungen in vielen Ländern den Wunsch erhöhen, die eigene **Importabhängigkeit** zu verringern und stattdessen essenzielle Produkte verstärkt im eigenen Land – oder zumindest in näher gelegenen Regionen – herzustellen.

Darüber hinaus ist zu erwarten, dass die internationalen Handelsbeziehungen zukünftig nicht mehr nur unter dem Kriterium der wirtschaftlichen Vorteilhaftigkeit betrachtet werden, sondern auch vermehrt im Hinblick auf **geopolitische Erwägungen**. Das bedeutet: Bei der Ausgestaltung der außenwirtschaftlichen Beziehungen sind mehr und mehr Länder darauf bedacht, ihre politischen Ziele durchzusetzen. So ging es beispielsweise bei den Handelsstreitigkeiten zwischen den USA unter Donald Trump und China nicht nur um das amerikanische Handelsbilanzdefizit, sondern vielmehr um die weltweite **Technologieführerschaft**. Technologische Überlegenheit ist angesichts der zunehmenden Bedeutung von digitalen Technologien immer mehr eine zentrale Voraussetzung für wirtschaftliche Stärke – und wirtschaftliche Stärke ist wiederum eine wichtige Voraussetzung für politische und militärische Macht bzw. Überlegenheit (vgl. Rudolf 2020, S. 11).

Generell ist zu befürchten, dass viele Volkswirtschaften in der Zukunft verstärkt handelspolitische Instrumente einsetzen, um damit ihre politischen Ziele zu erreichen. Mögliche Instrumente dafür sind neben Zöllen und nicht tarifären Handelshemmnissen auch Sanktionen, Exportbeschränkungen, Exportverbote und vieles mehr (vgl. Görg und Kamin 2021, S. 854 f.). Zudem könnten die Unternehmen die geopolitischen Risiken ihrer Investitionsentscheidungen und Absatzmärkte künftig wieder stärker in ihr Kalkül einbeziehen und sich von sich aus auf kürzere Lieferketten und heimische Märkte konzentrieren.

Auch der **Ukrainekrieg** dürfte einen zusätzlichen dauerhaften Deglobalisierungsschub nach sich ziehen. Als Reaktion auf Russlands Angriff auf die Ukraine haben viele Länder umfangreiche Wirtschaftssanktionen gegen Russland verhängt. Erdgas und andere fossile Energien, die Russland nicht mehr in Europa und in den USA absetzen kann, werden verstärkt an China verkauft. Wegen des hohen chinesischen Energiebedarfs kann dieser Absatzmarkt auch in Zukunft an Bedeutung für Russland gewinnen.

Wird diese Überlegung weitergedacht, könnte sich daraus eine zweigeteilte Welthandelsordnung entwickeln. Ein Block würde dabei aus demokratischen, marktwirtschaftlich organisierten Ländern aus Europa, Asien (Japan und Südkorea), Ozeanien sowie aus Nordamerika und Teilen Lateinamerikas bestehen. Einen zweiten Block könnten autokratische Staaten bilden, allen voran China, Russland und deren wichtigste Handelspartner. Zusätzlich könnte es noch eine dritte Gruppe von Ländern, wie z. B. Indien, geben, die versuchen, weiterhin mit beiden Blöcken wirtschaftliche Beziehungen zu pflegen.

Und selbst wenn es nicht zu dieser Blockbildung kommen sollte, ist zu erwarten, dass die Handelsbeziehungen, die über große Entfernungen verlaufen, zukünftig wegen drohender **Lieferkettenunterbrechungen** nachlassen. Die bisherige internationale Arbeitsteilung ist geprägt von einem Streben nach größtmöglicher betriebswirtschaftlicher Effizienz. Kernelement ist eine **Just-in-time-Produktion**, bei der mit möglichst geringen Lagerhaltungskosten gearbeitet wird und weltweit die Anbieter von Vorleistungen gesucht werden, die – unter Einbeziehung der Transportkosten – den geringsten Preis fordern. Die Konzentration auf einen einzigen ausländischen Zulieferer wird auch **Single Sourcing** genannt. Diese Strategie gibt dem Unternehmen, das die Vorleistung benötigt, eine größere Verhandlungsmacht. Wenn nur ein Zulieferer den Zuschlag erhält, erhöht das bei potenziellen Zulieferern den Anreiz, Preisnachlässe zu gewähren. Außerdem müssen nur mit einem Zuliefererbetrieb Abstimmungsprozesse durchgeführt werden. Schließlich kann das Zuliefererunternehmen wegen der großen Produktionsmenge Skalenerträge nutzen und so seine Produktionskosten senken (vgl. Gretschko, Fugger und Gillen 2016, S. 627). All das wirkt sich preisniveausenkend aus. Allerdings ergibt sich daraus auch eine hohe **Abhängigkeit** von diesem einen Zulieferer.

Wie gravierend die Folgen im Fall einer Unterbrechung der Lieferkettenbeziehungen sein können, wurde während der Coronapandemie sowie bei der Blockade des Suezkanals im März 2021 durch ein Containerschiff deutlich. Der Angriff Russlands auf die Ukraine löste ebenfalls massive Unterbrechungen der internationalen Handelsbeziehungen aus. Es ist zu erwarten, dass Unternehmen aus Sicherheitserwägungen zukünftig mit einer Diversifizierung ihrer Zuliefererbeziehungen arbeiten. Aus Sicht Europas bedeutet das unter anderem einen Rückgriff auf Anbieter aus Europa oder den USA als Ergänzung zu den bisherigen Importen aus Asien. Diese sind zwar im Vergleich zu asiatischen Zulieferbetrieben teurer, aber um die negativen ökonomischen Konsequenzen zu vermeiden, die sich im Fall ausbleibender Vorleistungen aus dem Ausland ergeben, ist diese Zuliefererwahl dennoch sinnvoll. Ähnliche Überlegungen werden auch in anderen Volkswirtschaften getroffen, sodass eine Reduzierung des erreichten Ausmaßes der internationalen Arbeitsteilung zu erwarten ist (vgl. Petersen 2020c).

Die Folge all dieser Deglobalisierungstendenzen ist der teilweise Verzicht auf die in den → Abschnitten 5.1 und 5.2. beschriebenen Spezialisierungs- und Wachstumsgewinne der internationalen Arbeitsteilung bzw. der Globalisierung. Für die Verbraucher heißt das: Ihnen stehen zukünftig weniger Waren und Dienstleistungen zur Verfügung und sie müssen zudem höhere Preise für diese Konsumgüter zahlen.

6 Demografischer Wandel und Inflation

Die Größe und die Altersstruktur einer Bevölkerung haben über zahlreiche Wirkungskanäle Konsequenzen für die wirtschaftliche Entwicklung einer Volkswirtschaft und deren Preisniveau. Dieser Einfluss erfolgt unter anderem über die Spar- und Konsumneigung, das Investitionsverhalten der Unternehmen, die Kapitalintensität der Produktion und die damit verbundene Produktivitätsentwicklung sowie das globale und regionale Arbeitskräfteangebot. Entscheidend ist dabei weniger die Entwicklung der absoluten Bevölkerungszahl als vielmehr die Veränderung der Altersstruktur der Bevölkerung (die Ausführungen dieses Kapitels sind Petersen 2020d entnommen).

6.1 Begriffliche Klärung

Der Einfluss der Demografie auf das gesamtwirtschaftliche Preisniveau eines Landes wird mit Hilfe von idealtypischen Gesellschaftstypen untersucht. Dazu lassen sich mit Blick auf die Geburtenrate und die Lebenserwartung grob drei Typen identifizieren (→ Tabelle 6.1). Die nachfolgend genannten Altersgrenzen orientieren sich an den Arbeitsmarkt- und Sozialsystemen entwickelter Volkswirtschaften. Sie können auch anders gewählt werden (z. B. für junge Menschen 15 statt 20 Jahre und als Grenze für ältere Menschen 60 statt 65 Jahre), was aber an den grundlegenden Wirkungszusammenhängen zwischen Demografie und dem gesamtwirtschaftlichen Preisniveau nichts ändert:

- Gesellschaften mit einer **jungen** und **wachsenden** Bevölkerung zeichnen sich durch eine hohe Geburtenrate und eine geringe Lebenserwartung aus. Der Anteil der jungen Menschen (Menschen unter 20 Jahren) an der Gesamtbevölkerung ist von allen drei betrachteten Gesellschaften am höchsten, der Anteil der älteren Menschen (65 Jahre und älter) ist am geringsten. Der Anteil der Personen im erwerbsfähigen Alter (20 bis 64 Jahre) nimmt im Zeitablauf zu, weil die nachkommenden Generationen durch die hohe Geburtenrate größer sind als ihre Elterngenerationen und daher mehr junge Menschen in diese Altersgruppe hineinwachsen als sie verlassen. Diese Bevölkerungsstruktur ist typisch für Entwicklungs- und Schwellenländer.

- Eine **alternde** Gesellschaft zeichnet sich durch eine sinkende Geburtenrate und eine steigende Lebenserwartung aus. Der Anteil der Menschen im erwerbsfähigen Alter an der Gesamtbevölkerung ist von den drei idealtypischen Gesellschaften am höchsten, d. h. die geburtenstarken Jahrgänge stehen im Erwerbsleben. Der Anteil junger Menschen an der Bevölkerung nimmt im Zeitverlauf ab, der Anteil der Personen im Rentenalter steigt an. Die Entwicklung der absoluten Bevölkerungsgröße ist nicht eindeutig. Nach dem Übergang von einer jungen und wachsenden Gesellschaft zu einer alternden Gesellschaft (frühe Phase der alternden Gesellschaft) überwiegt noch der bevölkerungserhöhende Effekt, d. h. die Bevölkerungszahl steigt. Wenn die Geburtenrate weiter sinkt, schwächt sich das Bevölkerungswachstum ab, bis es zu einer Stagnation der Bevölkerungszahl kommt (mittlere Phase der alternden Gesellschaft). Danach überwiegt der Umstand, dass mehr Menschen sterben als geboren werden. In der späten Phase einer alternden Gesellschaft sinkt die Bevölkerungszahl daher. Beispiele für alternde Gesellschaften sind entwickelte Volkswirtschaften mit geringen Geburtenraten wie Deutschland, Italien und Spanien.
- Eine **alte** und **schrumpfende** Gesellschaft zeichnet sich durch eine geringe Geburtenrate und eine hohe Lebenserwartung aus. Der Anteil der Menschen im Rentenalter an der Gesamtbevölkerung ist von allen drei betrachteten Gesellschaften am höchsten, der Anteil der jungen Menschen ist am geringsten. Die Schrumpfung entsteht dadurch, dass die geburtenstarken Jahrgänge ein immer höheres Lebensalter erreichen und daher mehr Menschen sterben als geboren werden. Gegenwärtig gibt es noch keine Länder, die sich durch so eine Bevölkerungsstruktur auszeichnen. Japan kommt dieser idealtypischen Gesellschaft am nächsten, ist aber immer noch eine alternde Gesellschaft.

Wichtig ist in diesem Kontext der Hinweis, dass bei der Beschreibung der drei idealtypischen Gesellschaftsarten die internationale **Migration** nicht explizit genannt wird. Grund dafür ist der Umstand, dass die beiden Treiber der natürlichen Bevölkerungsentwicklung – die Geburtenrate und die Lebenserwartung – im Zuge der wirtschaftlichen Entwicklung einem klar vorhersehbaren Trend folgen: Mit einem steigenden materiellen Wohlstand (gemessen durch das reale Bruttoinlandsprodukt je Einwohner) geht die

Geburtenrate eines Landes zurück, während die Lebenserwartung steigt. Das Ausmaß der Zu- und Abwanderung folgt hingegen keiner eindeutig vorhersehbaren Entwicklung, weil die grenzüberschreitende Migration letztendlich durch nationale Zuwanderungsregeln und das außenpolitische Umfeld determiniert werden. Zwar ist zu erwarten, dass es bei einer Alterung der Bevölkerung in einem Industrieland mit einem hohen materiellen Wohlstand tendenziell zu einer Zuwanderung von Arbeitskräften kommt, weil das Land wegen des hohen materiellen Wohlstands für Zuwandernde attraktiv ist und weil es wegen des Mangels an Arbeitskräften selbst ein Interesse an der Zuwanderung von Arbeitskräften hat. Wenn die Zuwanderungsregeln eines Landes jedoch die Einwanderung erschweren oder sogar unmöglich machen, findet keine Migration statt. Implizit ist die Migration berücksichtigt, denn grenzüberschreitende Wohnortverlagerungen können die skizzierten Bevölkerungsentwicklungen sowohl abschwächen als auch beschleunigen. So schwächt beispielsweise die Zuwanderung junger Menschen den Alterungs- und Schrumpfungsprozess einer alten Gesellschaft ab. Ebenso dämpft die Abwanderung von jungen Erwerbstätigen in einer Gesellschaft mit einer hohen Geburtenrate den Anstieg der Menschen im erwerbsfähigen Alter. Wenn hingegen junge Menschen aus einer alten Gesellschaft auswandern, beschleunigt das die Alterung und Schrumpfung der Bevölkerung.

	junge, wachsende Gesellschaft	alternde Gesellschaft	alte, schrumpfende Gesellschaft
Geburtenrate	hoch	mittel, sinkend	gering
Lebenserwartung	gering	mittel, steigend	hoch
Anteil Jugendliche	hoch	mittel, sinkend	gering
Anteil Personen im Erwerbsalter	mittel, steigend	hoch	mittel, sinkend
Anteil Personen im Rentenalter	gering	mittel	hoch

Tabelle 6.1: Stilisierte Beschreibung der Bevölkerungsentwicklung ohne Migrationsbewegungen. Quelle: Petersen 2020d, S. 7

Für die wirtschaftliche Entwicklung einer offenen Volkswirtschaft ist nicht nur deren eigene demografische Entwicklung relevant, sondern auch die globale Bevölkerungsentwicklung (vgl. Goodhart und Pradhan 2017, S. 8). Wenn beispielsweise weltweit die Zahl der Menschen im erwerbsfähigen Alter stark wächst, gibt es auf dem globalen Arbeitsmarkt einen Angebotsüberschuss an Arbeitskräften, der für sich genommen lohnsenkend wirkt. Diese tendenzielle Lohnsenkung trifft auch die Volkswirtschaften, deren Erwerbsbevölkerung in Relation zur Gesamtbevölkerung klein ist und schrumpft. Für diesen lohnsenkenden Effekt gibt es zwei Wirkungskanäle: Er kann durch die Zuwanderung von Arbeitskräften aus arbeitsreichen Ländern (→ Box 6) entstehen oder durch den Import von arbeitsintensiv produzierten Gütern und Dienstleistungen aus arbeitsreichen Ländern. Die Zuwanderung drückt den Lohn über ein steigendes Arbeitskräfteangebot. Der Import von arbeitsintensiv hergestellten Produkten verringert im importierenden Land die Nachfrage nach Arbeitskräften und drückt den Lohn über eine sinkende Arbeitskräftenachfrage.

Box 6 | Faktorreichlichkeit

Die Faktorreichlichkeit eines Landes gibt an, ob ein Land im internationalen Vergleich über relativ viel Arbeit verfügt oder über die anderen volkswirtschaftlichen Produktionsfaktoren wie Kapital, Boden bzw. natürliche Ressourcen und Technologie. Entscheidend ist dabei nicht die reine Zahl der Arbeitskräfte in einem Land, sondern der Umfang der in dem Land zur Verfügung stehenden Arbeitskräfte in Relation zum Umfang der übrigen Produktionsfaktoren. Ein Land gilt also als arbeitsreich, wenn es im Verhältnis zum zweiten zentralen volkswirtschaftlichen Produktionsfaktor – Kapital – über viele Arbeitskräfte verfügt. Der vorhandene Kapitalbestand ist hingegen relativ gering. Gleiches gilt für die Kapitalintensität der Produktion – also die Ausstattung der einzelnen Arbeitsplätze mit Maschinen und Technologie. Weil Arbeitskräfte relativ reichlich vorhanden sind, ist der Preis für den Produktionsfaktor Arbeit, also der Lohn, relativ gering. Beispiele für arbeitsreiche Länder sind vor allem afrikanische Länder sowie die asiatischen Schwellenländer. Die westlichen Industrieländer und Japan sind hingegen kapitalreiche Volkswirtschaften.

In den nachfolgenden Ausführungen werden die Auswirkungen des demografischen Wandels auf die Preisniveauentwicklung in **entwickelten**

Volkswirtschaften skizziert. Bei ihnen handelt es sich um alternde Gesellschaften, die perspektivisch zu alten Gesellschaften werden. Deshalb werden die demografisch bedingten makroökonomischen Entwicklungen einer jungen Gesellschaft hier nicht erörtert.

6.2 Inflationsentwicklung in einer alternden Gesellschaft

Grundsätzlich ist in einer alternden Gesellschaft eine geringe bzw. sinkende Inflationsrate zu erwarten. Der Einfluss der Demografie auf die Entwicklung des gesamtwirtschaftlichen Preisniveaus erfolgt sowohl angebotsseitig über die Produktionskosten als auch nachfrageseitig über die Konsum- und Sparneigung sowie die Investitionsnachfrage.

Zentrales demografisches Merkmal einer alternden Gesellschaft ist, dass sich die geburtenstarken Jahrgänge – die sogenannten Babyboomer – im erwerbsfähigen Alter befinden. Ein hoher Anteil der Menschen im erwerbsfähigen Alter bedeutet ein hohes gesamtwirtschaftliches **Arbeitsangebot**. Dies wirkt aus zwei Gründen lohnsenkend:

- Zum einen bewirkt ein hohes und steigendes Arbeitsangebot tendenziell einen Angebotsüberschuss auf dem Arbeitsmarkt, der zu einem Lohndruck führt (marktwirtschaftlicher Zusammenhang). Dadurch wird die Verhandlungsmacht der Gewerkschaften geschwächt, was ebenfalls für geringe oder sogar gar keine Lohnzuwächse im Zeitablauf spricht.
- Zum anderen bewirkt ein im Zeitablauf steigender Arbeitskräfteeinsatz für sich genommen eine sinkende Grenzproduktivität des Faktors Arbeit und damit einen sinkenden Lohn (produktionstechnologischer Zusammenhang, siehe Anhang 2).

Ein niedriger (bzw. sinkender) Lohnsatz bedeutet niedrige (bzw. sinkende) Produktionskosten. Das hat wiederum niedrige (bzw. sinkende) Marktpreise zur Folge, also eine geringe (bzw. sinkende) Inflationsrate, die ggf. sogar negativ sein kann.

Dieser lohnsenkende Effekt wird forciert, wenn es auf dem weltweiten Arbeitsmarkt einen starken Anstieg des Arbeitskräfteangebots gibt, der – wie eingangs erläutert – einen Druck auf den Weltmarktlohn nach sich zieht. Ein geringer Weltmarktlohn wirkt sich auch auf die Regionen bzw. Volkswirtschaften aus, in denen das Arbeitskräfteangebot relativ knapp ist und der Lohn entsprechend hoch ausfällt. Aus Sicht der westlichen

Industrienationen fand eine solche Entwicklung im Zuge der Integration Osteuropas (durch den Fall des Eisernen Vorhangs) und Chinas (durch den WTO-Beitritt 2001) in die Weltwirtschaft statt. In einer offenen und alternden Volkswirtschaft führt die Konkurrenz mit jungen, wachsenden Volkswirtschaften dazu, dass ein zusätzlicher Lohndruck entsteht – entweder über den Import von Gütern und Dienstleistungen aus jungen Niedriglohnländern oder durch eine Arbeitskräftezuwanderung.

Ein zweiter relevanter angebotsseitiger Aspekt betrifft den Zusammenhang zwischen der Altersstruktur der Erwerbstätigen und der Produktivität. Mit Blick auf die **Arbeitsproduktivität** zeigen empirische Studien, „dass die individuelle Arbeitsproduktivität mit zunehmendem Alter zunächst steigt und dann sinkt" (Ademmer et al. 2017, S. 16). Die höchste Produktivität erreichen Menschen gegenwärtig im Durchschnitt mit einem Alter von rund 50 Jahren (vgl. Bertelsmann Stiftung 2019, S. 9). Eine hohe Produktivität wirkt für sich genommen kosten- und damit auch preisniveaudämpfend.

Drittens erzielen erwerbstätige Personen Arbeitseinkommen, von denen sie einen Teil sparen. Ihre Sparquote ist höher als die von Rentnern und erst recht als die von Kindern und Jugendlichen. Wenn ein hoher Anteil der Gesamtbevölkerung im erwerbsfähigen Alter ist, verfügt die Volkswirtschaft über eine hohe **Sparquote** – und hohe Ersparnisse ermöglichen gesamtwirtschaftlich hohe Investitionen (vgl. Petersen et al. 2020, S. 960–962). Das bedeutet, dass die Arbeitsplätze mit vielen Maschinen ausgestattet sind. Daraus resultiert eine hohe Produktivität der Beschäftigten.

Viertens haben Erwerbstätige, vor allem im Alter von 40 bis 49 Jahren, einen positiven Einfluss auf die Zahl der Patentanmeldungen und damit auf den **Innovationsprozess** einer Volkswirtschaft (vgl. Aksoy, Basso und Smith 2016, S. 16–18). Ein hoher Anteil von Menschen im erwerbsfähigen Alter unter 50 Jahren wirkt sich somit positiv auf die Innovationen aus, die einen produktivitätssteigernden und kostenreduzierenden Effekt haben und daher preisniveaudämpfend wirken.

Neben diesen angebotsseitigen Deflationstendenzen, die sich bei einem hohen Anteil von Menschen im erwerbsfähigen Alter ergeben, gibt es in einer alternden Gesellschaft auch nachfrageseitige Deflationstendenzen.

In einer alternden Gesellschaft bilden viele Erwerbstätige Ersparnisse für ihr späteres Rentenalter. Daher steigt die gesamtwirtschaftliche **Sparquote** (der Anteil der Ersparnisse am Volkseinkommen). Die gesamtwirtschaftliche **Konsumquote** (Anteil Konsumnachfrage bzw. der Konsumausgaben am Volkseinkommen) geht folglich zurück. Eine nachlassende Konsumnachfrage der privaten Haushalte bewirkt einen Angebotsüberschuss auf den Märkten für Waren und Dienstleistungen, der zu sinkenden Güterpreisen führt, also eine geringe oder sogar sinkende Inflationsrate nach sich zieht.

Verstärkt wird dieser nachfrageseitige preisniveausenkende Effekt, wenn die Bevölkerungszahl sinkt und damit auch die Zahl der Konsumenten kleiner wird. Dies ist der Fall, wenn die alternde Gesellschaft sich in einer späten Phase befindet. In der frühen Phase ist hingegen wegen der steigenden Zahl von Verbrauchern ein preisniveauerhöhender Effekt zu erwarten.

Die **Investitionsgüternachfrage** der Unternehmen ist in einer alternden Gesellschaft nicht eindeutig:

- Der hohe Anteil der Menschen im erwerbsfähigen Alter spricht für eine hohe Investitionsgüternachfrage. Die Unternehmen müssen umfangreiche Investitionen tätigen, damit sie die Erwerbstätigen mit Kapital (also Maschinen, Werkzeugen, Computern etc.) ausstatten. Dies gilt vor allem in der frühen und mittleren Phase einer alternden Gesellschaft. In der späten Phase lässt dieses Investitionsmotiv nach, weil die Unternehmen bereits wissen, dass die Zahl der Erwerbstätigen in den nächsten Jahren geringer wird und daher perspektivisch weniger Arbeitsplätze mit Kapital ausgestattet werden müssen. Das bedeutet eine geringe Investitionsgüternachfrage.
- Ein hoher Anteil der Menschen im erwerbsfähigen Alter wirkt für sich genommen lohnsenkend. Damit gibt es für die Unternehmen nur einen geringen Anreiz, Arbeit durch Kapital zu ersetzen. Die Investitionen, die durchgeführt werden, um Arbeitskräfte durch Kapital zu ersetzen, sind daher gering. Dies ändert sich jedoch in der späten Phase einer alternden Gesellschaft: Der sich abzeichnende Arbeitskräftemangel stellt einen Anreiz dar, die Kapitalintensität der Produktion zu erhöhen und so den Mangel an Arbeitskräften durch einen erhöhten Einsatz von Kapital und Technologien auszugleichen. Die Investitionen steigen und mit ihnen auch die Investitionsgüternachfrage.
- Die hohe Sparneigung einer alternden Gesellschaft bewirkt für sich genommen ein hohes Kapitalangebot und daher einen geringen Zinssatz als Preis für Kapital. Geringe Zinsen sind ein Anreiz, mehr Investitionen durchzuführen. Allerdings ist zu beachten, dass die Ersparnisse in einer offenen Volkswirtschaft mit einer alternden Bevölkerung nicht zwingend im Inland angelegt werden müssen. Im Gegenteil: Es ist zu

erwarten, dass es zu einem Kapitalexport in junge, schnell wachsende Volkswirtschaften kommt. Dort gibt es einen hohen Kapitalbedarf und höhere Renditen als in einer alternden Gesellschaft. Der Kapitalexport verringert wiederum das Kapitalangebot in der alternden Gesellschaft, erhöht den Zinssatz und bedeutet weniger Investitionen.

- Die hohe Sparneigung einer alternden Gesellschaft bedeutet eine geringere Konsumneigung und damit auch eine geringere Konsumnachfrage. Erweiterungsinvestitionen machen daher aus unternehmerischer Sicht wenig Sinn. Die Investitionsgüternachfrage ist deshalb gering.

Angesichts der skizzierten unterschiedlichen Entwicklungen der Investitionstätigkeiten in einer alternden Gesellschaft ist es nicht eindeutig, in welche Richtung sich die Investitionsgüternachfrage entwickelt. Abgesehen von der frühen Phase einer alternden Gesellschaft ist tendenziell wegen der nachlassenden Konsumnachfrage und des relativ geringen Lohnniveaus eher mit einer geringen bzw. nachlassenden Investitionstätigkeit zu rechnen. Für sich genommen wirkt daher auch die geringere Investitionsgüternachfrage in einer alternden Gesellschaft preisniveausenkend.

Wenn sowohl die Konsumneigung als auch die Investitionsneigung gering bzw. rückläufig sind, resultiert daraus ein Angebotsüberschuss auf dem Gütermarkt, der inflationsdämpfend wirkt.

Eine sinkende Konsumgüternachfrage der heimischen Bevölkerung muss in einer **offenen Volkswirtschaft** jedoch nicht zwangsläufig zu einem Angebotsüberschuss auf dem Gütermarkt mit Preissenkungen führen. Denkbar ist, dass die Güter im Ausland verkauft werden. Die alternde Gesellschaft erzielt dadurch einen Exportüberschuss. Das inländische Preisniveau bleibt konstant, wenn die produzierte und angebotene Gütermenge vollständig nachgefragt wird. Bei einer hohen Exportnachfrage ist sogar ein gesamtwirtschaftlicher Nachfrageüberhang möglich, der zu steigenden Preisen bzw. einer höheren Inflationsrate führt. Allerdings ist zu berücksichtigen, dass ein Exportüberschuss bei flexiblen Wechselkursen zu einer verstärkten Nachfrage nach der Währung des Inlands führt. Der Nachfrageüberhang auf dem Devisenmarkt bewirkt eine Aufwertung der heimischen Währung. Diese Aufwertung macht importierte Güter – ausgedrückt in der Währung der alternden Gesellschaft – preiswerter und führt damit zu einem sinkenden Preisniveau (⟶ Abschnitt 5.4). Gleichzeitig dämpft die Aufwertung die Exporte, weil das Ausland wechselkursbedingt nun mehr für die Produkte der alternden Gesellschaft bezahlen muss und daher seine Nachfrage nach diesen einschränkt. Bei **flexiblen Wechselkursen** ist daher nicht notwendigerweise ein exportgetriebener Inflationsdruck zu erwarten.

Es ist jedoch ein zweiter außenwirtschaftlicher Aspekt zu berücksichtigen, der über eine Wechselkursänderung preisniveauerhöhend wirkt: Die Kombination aus hoher Ersparnisbildung (= hohes Kapitalangebot) und relativ geringen Investitionen (= geringe Kapitalnachfrage) hat zur Folge, dass der Zins als Preis für den Faktor Kapital in einer alternden Gesellschaft relativ gering ist. Für die Sparer der alternden Gesellschaft ergibt sich daraus der Anreiz, ihr Kapital in jungen und schnell wachsenden Volkswirtschaften anzulegen, weil es dort einen hohen Kapitalbedarf gibt (vgl. Esche, Lizarazo López und Petersen 2019). Wenn deutsche Sparer sich am Produktivvermögen in einem Schwellenland beteiligen wollen, müssen sie dafür vorab die Währung des Schwellenlands erwerben. Dafür bieten sie die eigene Währung an den internationalen Devisenmärkten an. Ein höheres Angebot der eigenen Währung bewirkt für sich genommen eine Abwertung der heimischen Währung. Diese Abwertung verteuert importierte Güter – wiederum ausgedrückt in der Währung der alternden Gesellschaft – und führt damit zu einem steigenden Preisniveau.

Im Ergebnis ist somit in einer alternden Gesellschaft mit einer **geringen Inflationsrate** zu rechnen. Lediglich in der späten Phase einer alternden Gesellschaft bzw. beim Übergang zu einer alten Gesellschaft resultiert aus dem sich anbahnenden Arbeitskräftemangel ein Lohndruck, der die Produktionskosten und Preise erhöht und gleichzeitig den Anreiz steigert, die Investitionen zu erhöhen. Diese Entwicklungen setzen sich in einer alten Gesellschaft fort, vor allem, wenn auch die gesamte Weltbevölkerung älter wird (vgl. Goodhart und Pradhan 2017, S. 1).

6.3 Inflationsentwicklungen in einer alten Gesellschaft

Grundsätzlich ist in einer alten Gesellschaft eine steigende bzw. hohe Inflationsrate zu erwarten. Auch dafür gibt es wiederum angebots- und nachfrageseitige Ursachen.

Angebotsseitig bedeutet ein sinkender Anteil von Menschen im erwerbsfähigen Alter an der Gesamtbevölkerung einen Rückgang des Arbeitskräfteangebots. Der daraus resultierende demografisch bedingte Arbeitskräftemangel bedeutet einen **Lohnanstieg**, der dadurch forciert wird, dass sich die Verhandlungsposition der Gewerkschaften verbessert. Steigende

Produktionskosten führen im Normalfall zu steigenden Marktpreisen und damit zu einem Preisniveauanstieg. Steigende Produktionskosten ergeben sich auch aus den bereits beschriebenen Auswirkungen einer Alterung der Erwerbstätigen auf die Arbeitsproduktivität und die Innovationen einer Volkswirtschaft.

Wie stark sich der lohninduzierte Preisniveauanstieg tatsächlich in einer alten Gesellschaft durchsetzt, hängt jedoch wiederum von der **globalen** demografischen Entwicklung ab. Wenn sich eine alte Gesellschaft in einem globalen Umfeld mit einem nach wie vor wachsenden Anteil von Menschen im erwerbsfähigen Alter an der Weltbevölkerung befindet, wirkt sich der daraus resultierende globale Lohndruck auch auf die alte Gesellschaft aus – entweder über Migrationsbewegungen oder über den Import von Waren und Dienstleistungen.

Das konkrete Ausmaß des lohndämpfenden Effekts aus dem Rest der Welt hängt maßgeblich davon ab, wie offen die alte Gesellschaft für Zuwanderung und Importe ist. In einem **idealtypischen** theoretischen Modell ohne Transaktionskosten, ohne Handelsbarrieren und mit homogenen Produktionsfaktoren (also ohne Unterschiede bei der Qualität des Humankapitals sowie des Faktors Kapital) sowie vollkommen flexiblen Preisen gibt es für jedes Produkt und jeden Produktionsfaktor einen globalen Markt mit **einem Weltmarktpreis**. Solange sich die Weltbevölkerung in der Phase einer alternden Gesellschaft befindet, resultiert daraus ein geringer oder sinkender Weltmarktpreis für Arbeit, der dann auch in einer alten Gesellschaft gilt. Die Folge ist ein geringer lohninduzierter Inflationsdruck. Auch wenn die Realität nicht durch einen einheitlichen Weltmarktpreis für den Produktionsfaktor Arbeit geprägt ist, wirkt das hohe und steigende Angebot von Arbeitskräften im Rest der Welt auch in einer alten Gesellschaft zumindest tendenziell lohnsenkend (über die beiden weiter oben genannten Kanäle einer Zuwanderung von Arbeitskräften und des Imports arbeitsintensiv hergestellter Produkte aus arbeitsreichen Ländern).

Darüber hinaus kann eine alte Gesellschaft den demografisch bedingten Lohnanstieg dadurch dämpfen, dass die Produktionstechnologie kapitalintensiver wird. Der verstärkte Einsatz von Kapital und Technologien anstelle von teuren Arbeitskräften dämpft den Anstieg der Produktionskosten durch die Einsparung von Arbeit und durch Produktivitätssteigerungen, die sich aus dem technologischen Fortschritt ergeben. Beides wirkt **inflationsdämpfend**.

Im Ergebnis ist somit in einer alten Gesellschaft angebotsseitig mit einem **Anstieg** des gesamtwirtschaftlichen **Preisniveaus** zu rechnen, der jedoch durch Migration, Importe, eine höhere Kapitalintensität der Produktion und technologischen Fortschritt **gedämpft** werden kann.

Auch nachfrageseitig wirkt die Bevölkerungsstruktur einer alten Gesellschaft inflationserhöhend.

In einer alten Gesellschaft ist ein Rückgang der gesamtwirtschaftlichen **Sparquote** zu erwarten. Er resultiert daraus, dass es erstens weniger Erwerbstätige gibt, die Ersparnisse für das eigene Alter bilden, und dass es zweitens mehr Personen im Rentenalter gibt, die Ersparnisse auflösen, um damit die Einbußen ihres verfügbaren Einkommens zu reduzieren. Damit steigt die gesamtwirtschaftliche **Konsumquote**. Der daraus resultierende Nachfrageanstieg bewirkt einen Preisniveauanstieg.

Hinzu kommt eine steigende Nachfrage nach Investitionsgütern. Sie resultiert daraus, dass Unternehmen in einer alten Gesellschaft verstärkt Kapital einsetzen, um den demografisch bedingten Arbeitskräftemangel auszugleichen. Die höhere Nachfrage nach Investitionsgütern wirkt für sich genommen preisniveauerhöhend. Gleichzeitig ist jedoch zu berücksichtigen, dass der technologische Fortschritt auch dazu führt, dass die Preise für Investitionsgüter im Zeitablauf sinken. Das wirkt – trotz zunehmender Investitionen – inflationsdämpfend.

Schließlich ist noch die Güternachfrage aus dem Rest der Welt zu berücksichtigen. Eine **alternde** Gesellschaft zeichnet sich dadurch aus, dass sie den aus einer hohen Sparneigung und einer geringen Investitionsneigung resultierenden Angebotsüberschuss an Gütern für Exporte verwendet. Dieser Exportüberschuss lässt sich wie folgt erklären: Ausgangspunkt sind die definitorischen Zusammenhänge, die im dritten Kapitel in den Gleichungen (3.1) und (3.2) gezeigt wurden. Daraus folgt:

$$(6.1)\ BIP = C + I + G + EX - IM$$

bzw.

$$(6.2)\ BIP - C - G = I + EX - IM$$

Wird das Bruttoinlandsprodukt eines Landes gleichgesetzt mit dessen verfügbaren Einkommen, ist die Differenz zwischen diesem Einkommen und den Konsumausgaben der privaten Haushalte und des Staates die gesamtwirtschaftliche Ersparnis (S). Daher folgt aus der Gleichung (6.2):

$$(6.3)\ S = I + EX - IM$$

bzw.

$$(6.4)\ S - I = EX - IM$$

Gleichung (6.4) ist eine definitorische Beziehung, die am Ende eines Jahres stets gilt. Sie lässt sich wie folgt interpretieren:

- Die Bildung von Ersparnissen bedeutet, dass Einkommen nicht für den Kauf von Konsumgütern verwendet werden. Ersparnisse stellen für den Gütermarkt also einen Nachfrageausfall dar. Die Investitionen der Unternehmen stellen hingegen eine zusätzliche Güternachfrage dar.
- In einer alternden Gesellschaft sind – wie bereits beschrieben – die Ersparnisse relativ hoch und die Investitionen relativ gering. Damit gilt: S > I. Das bedeutet, dass nicht alle in der Volkswirtschaft hergestellten Güter im Inland nachgefragt werden.
- Damit dennoch der Gütermarkt geräumt ist, müssen die Exporte des Landes größer sein als seine Importe. Das Inland verkauft die im Inland nicht nachgefragten Güter im Rest der Welt. Daher hat es einen **Exportüberschuss** (EX > IM).
- Gemäß Gleichung (6.4) ist der Exportüberschuss genauso groß wie die Differenz zwischen den gesamtwirtschaftlichen Ersparnissen und Investitionen. Wenn die gesamtwirtschaftlichen Ersparnisse eine Höhe von 300 Milliarden Euro haben und die Investitionen nur 220 Milliarden Euro betragen, resultiert daraus ein Exportüberschuss in Höhe von 80 Milliarden Euro.

Der Exportüberschuss der **alternden** Gesellschaft bedeutet einen Vermögensaufbau gegenüber dem Rest der Welt, denn das Land nimmt im Außenhandel mehr Geld ein als es ausgibt. Dafür erwirbt es ausländische Aktien und Wertpapiere, Devisen und andere Vermögensgegenstände im Rest der Welt.

Eine **alte** Gesellschaft kann diese Vermögen auflösen und die Verkaufserlöse dafür verwenden, um mehr Waren und Dienstleistungen zu importieren als sie exportiert. In einer alten Gesellschaft gilt daher S < I und damit gleichzeitig EX < IM. Das Handelsbilanzdefizit hat zur Folge, dass das Güterangebot größer ist als die von der alten Gesellschaft produzierte Gütermenge. Das zusätzliche Güterangebot aus dem Ausland wirkt im Inland **inflationsdämpfend**. Allerdings ist dieses Vorgehen nur so lange möglich, bis die Forderungen gegenüber dem Rest der Welt abgebaut sind. Danach bedeutet ein Handelsdefizit einen Anstieg der Verschuldung gegenüber dem

Ausland. Die Rückzahlung dieser Schulden würde einen Exportüberschuss verlangen, der in einer alten Gesellschaft jedoch unwahrscheinlich ist.

Darüber hinaus hat der Importüberschuss einer alten Gesellschaft auch eine **Wechselkursänderung** zur Folge: Während ein Exportüberschuss zu einer Aufwertung der heimischen Währung führt, bewirkt ein Importüberschuss eine Abwertung der heimischen Währung. Sie verteuert importierte Güter und führt damit zu einem steigenden Preisniveau.

Eine inflationsdämpfende Wirkung ergibt sich, wenn die Menschen im Rentenalter ihre private Ersparnis für das Alter in Form von Kapitalanlagen in jungen Volkswirtschaften angelegt haben und diese Anlagen in der Phase des Rentenalters wieder auflösen. Der anschließende Umtausch der Verkaufserlöse in die heimische Währung bedeutet einen Anstieg der Nachfrage nach der Währung der alten Gesellschaft an den Devisenmärkten. Er führt zu einer Aufwertung der Währung der alten Gesellschaft. Diese Aufwertung senkt den Preis importierter Waren und Dienstleistungen und wirkt somit preisniveaureduzierend (vgl. Bobeica, Nickel, Lis und Sun 2017, S. 7).

Im Ergebnis ergibt sich unter Berücksichtigung aller hier genannten Effekte in einer alten Gesellschaft auch nachfrageseitig ein Anstieg des gesamtwirtschaftlichen Preisniveaus, der durch den technologischen Fortschritt, den Import von Gütern und Dienstleistungen sowie die Auflösung der im Ausland angelegten Ersparnisse gedämpft werden kann.

Dass die Alterung per Saldo einen preisniveauerhöhenden Effekt hat, zeigen unter anderem Bobeica, Nickel, Lis und Sun 2017, Goodhart und Pradhan 2017, Juselius und Takáts 2018 sowie Bertelsmann Stiftung 2019.

6.4 Fazit und Ausblick

Von zentraler Bedeutung für die wirtschaftliche Entwicklung eines Landes ist deren Bevölkerungsstruktur, allen voran der Anteil der Menschen im erwerbsfähigen Alter an den Gesamtbevölkerung. Für internationale Vergleiche wird in der Regel die Gruppe der Menschen im Alter von 15 bis 64 Jahren als Indikator für die Zahl der Personen im erwerbsfähigen Alter herangezogen. Europa erreichte die niedrigsten Werte bei dieser Altersgruppe Anfang der 1960er-Jahre mit rund 64 Prozent. Zwischen 2006 und 2010 wurden mit etwas über 68 Prozent die höchsten Werte erreicht (→ Tabelle 6.2). In den übrigen hier betrachteten Regionen fielen die Zuwächse des

Anteils der Bevölkerung im erwerbsfähigen Alter deutlich stärker aus. Besonders groß war der Anstieg in Asien von rund 55 Prozent Mitte der 1960er-Jahre auf 67,3 Prozent in den Jahren 2012 bis 2016.

Jahr	Welt	Europa	Asien
1950	60,2	65,7	58,8
1955	59,0	65,9	57,4
1960	57,6	64,3	56,1
1965	56,9	64,1	55,2
1970	57,0	64,3	55,4
1975	57,4	64,8	55,8
1980	58,7	65,4	57,8
1985	60,2	66,8	59,9
1990	61,0	66,8	61,2
1995	61,6	66,8	62,1
2000	62,9	67,7	63,7
2005	64,4	68,1	65,8
2010	65,3	68,2	67,1
2015	65,2	66,6	67,3
2020	64,9	65,0	67,1

Tabelle 6.2: Entwicklung des Anteils der 15- bis 64-Jährigen an der Gesamtbevölkerung zwischen 1950 und 2020 in ausgewählten Regionen, Angaben in Prozent. Quelle: UN 2022

Der weltweit ansteigende Anteil der Menschen im erwerbsfähigen Alter an der Gesamtbevölkerung hat einen inflationsdämpfenden Effekt.

Perspektivisch wird die Altersstruktur der Weltbevölkerung jedoch wachstumsdämpfend und damit inflationserhöhend. → Tabelle 6.3. zeigt die Prognosen der Vereinten Nationen für die Bevölkerungsentwicklung bis 2050, wiederum mit Blick auf den Anteil der Personen im erwerbsfähigen Alter. Weltweit ist mit einem Rückgang des Anteils der Erwerbsbevölkerung zu rechnen. Besonders stark ist dieser Rückgang in Europa. Dort sinkt der

Anteil der Menschen im erwerbsfähigen Alter von seinem Höchstwert von 68 Prozent zwischen 2006 und 2010 bis 2050 auf nur noch etwas mehr als 57 Prozent. Dieser Rückgang lässt sich auch nicht mehr durch Importe von arbeitsintensiv hergestellten Produkten aus Asien kompensieren, denn selbst dort wird der Anteil der Erwerbsbevölkerung an der Gesamtbevölkerung in den kommenden Jahren geringer.

Rein demografisch gesehen ist somit in den kommenden Jahrzehnten mit einem **wachsenden Inflationsdruck** zu rechnen – vor allem in Europa.

Jahr	Welt	Europa	Asien
2020	64,9	65,0	67,1
2025	65,1	63,9	67,5
2030	65,1	62,8	67,5
2035	64,7	61,7	66,8
2040	63,9	60,3	65,6
2045	63,4	58,8	64,7
2050	62,8	57,3	63,6

Tabelle 6.3: Prognosen zur Entwicklung des Anteils der 15- bis 64-Jährigen an der Gesamtbevölkerung zwischen 2020 und 2050 in ausgewählten Regionen, Angaben in Prozent. Quelle: UN 2022

7 Digitalisierung und Inflation

Die voranschreitende Digitalisierung bedeutet, dass verstärkt digitale Technologien in Wirtschaft und Gesellschaft eingesetzt werden. Das betrifft unter anderem Informations- und Kommunikationstechnologien, Roboter und automatisierte Produktionsanlagen bis hin zu Algorithmen und der Nutzung und Auswertung großer Datenmengen. Dies alles hat sowohl preisniveausenkende Effekte als auch preisniveauerhöhende Konsequenzen (die Ausführungen dieses Kapitels sind Petersen 2020a entnommen).

7.1 Inflationsdämpfende Effekte der Digitalisierung

Seit dem Beginn der 1990er-Jahre haben sich die **Preise** für die meisten Produkte aus dem Bereich der Informations- und Kommunikationstechnologie erheblich verringert. Da diese Produkte immer mehr von Konsumenten nachgefragt werden und digitale Technologien zudem in einer wachsenden Zahl von Konsumgütern enthalten sind, haben diese Preisreduzierungen auch eine Auswirkung auf das gesamtwirtschaftliche Preisniveau. Für die Konsumenten bedeutet dies niedrigere Verbraucherpreise und damit eine geringere Inflationsrate (vgl. Charbonneau et al. 2017, S. 3).

Der Einsatz von Computern, Robotern, künstlicher Intelligenz und anderen digitalen Technologien bei der Herstellung von Waren und Dienstleistungen hat darüber hinaus zur Folge, dass die Produktivität in vielen Produktionsprozessen gesteigert wird. Zu denken ist dabei – um nur einige Beispiele zu nennen – an die Beschleunigung betrieblicher Prozesse (z. B. Produktentwicklung, Verwaltung, Handel und Vertrieb sowie das gesamte Beschaffungswesen) durch deren Automatisierung und Algorithmisierung, an eine zielgerichtetere Kundeninformation durch personalisierte Werbung und an eine Verringerung von Fehlern in der Produktion durch automatisierte Produktionsverfahren. Die Optimierung dieser Prozesse bewirkt eine Reduzierung von Verwaltungs-, Entscheidungs- und Produktionskosten, was im Normalfall eine Preissenkung nach sich zieht.

Eine durch den Einsatz digitaler Technologien ausgelöste **Produktivitätssteigerung** bedeutet, dass die Unternehmen jede Produkteinheit nun zu einem geringeren Preis anbieten können. In einem Preis-Mengen-Diagramm hat das zur Folge, dass die Güterangebotsgerade nach unten verschoben bzw. gedreht wird (→ Abbildung 7.1). Daraus resultiert ein neues Marktgleichgewicht mit einem geringeren Preis und einer größeren Menge an angebotenen und nachgefragten Gütern. Die Verbraucher können also eine größere Gütermenge ($X_1 > X_0$) konsumieren, für die sie einen geringeren Preis zahlen müssen ($p_1 < p_0$). Wenn eine hinreichend große Anzahl von Waren und Dienstleistungen von derartigen Preissenkungen betroffen ist, geht auch das gesamtwirtschaftliche Preisniveau zurück.

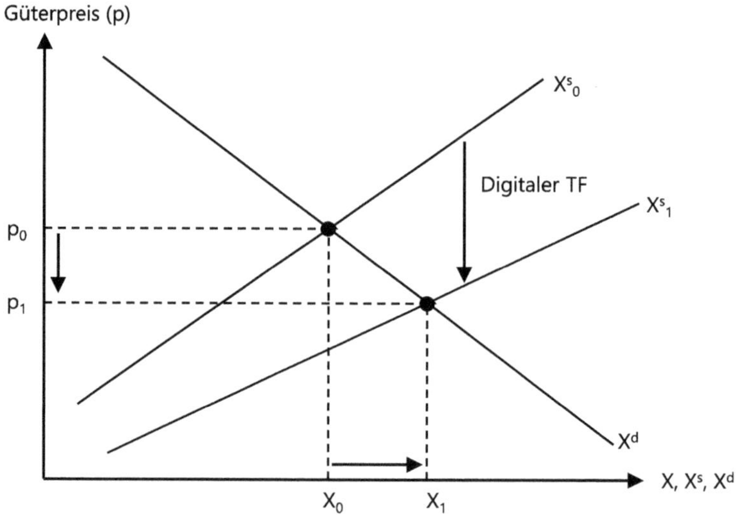

Abbildung 7.1: Auswirkungen des digitalen technologischen Fortschritts (TF) auf das Gütermarktgleichgewicht

Ein weiterer inflationsdämpfender Effekt ergibt sich aus der Ausbreitung der Sharing Economy und digitaler Plattformen. Bei der **Sharing Economy** werden Konsumgüter mit Hilfe einer digitalen Vernetzung von mehreren Nutzern geteilt. Beispiele sind Fahrdienste, Carsharing-Netzwerke, Übernachtungsangebote und Verleihplattformen (vgl. Berenberg und HWWI 2015, S. 13). Die Sharing Economy hängt daher eng zusammen mit dem Begriff der **Plattformökonomie**. Bei digitalen Plattformmärkten handelt es sich um Plattformen, die zwei oder mehr Gruppen von Marktakteuren miteinander verbinden und Markttransaktionen ermöglichen, die ohne diese

Plattform nur zu erheblich höheren Transaktionskosten möglich wären (vgl. Engelhardt, Wangler und Wischmann 2017, S. 11).

Bei den damit verbundenen Konsumkonzepten spielen vor allem zwei Aspekte eine preisniveausenkende Rolle:

- Zum einen bieten private Anbieter auf diesen Plattformen Produkte an. Beispiele sind Übernachtungsangebote auf Airbnb und Mitfahrgelegenheiten auf Uber. Dadurch steigt das gesamtwirtschaftliche Güterangebot. Der daraus resultierende **Angebotsüberschuss** führt zu einem Preisrückgang, der sich auch auf die Angebote der kommerziellen Anbieter auswirkt. Verstärkt wird dieser Preisdruck dadurch, dass private Anbieter geringere Standards und Vorgaben berücksichtigen müssen als kommerzielle Anbieter und deshalb niedrigere Preise fordern können. Die Preise, die beispielsweise Privatpersonen für eine Übernachtung in ihrer Wohnung verlangen, liegen unter den Preisen kommerzieller Anbieter, also Hotels und Pensionen.
- Zum anderen kann die Sharing Economy einen **Nachfragerückgang** bewirken. Wenn sich beispielsweise vier Personen im Rahmen des Car-Sharings ein Fahrzeug teilen, sinkt die Zahl der nachgefragten Autos von vier auf eins. Auf dem Automobilmarkt ruft das einen Angebotsüberschuss mit einem entsprechenden Preisrückgang hervor. Der Nachfragerückgang im Kontext des Car-Sharings bezieht sich jedoch nicht nur auf die Anzahl der in einer Volkswirtschaft nachgefragten Autos. Die Inanspruchnahme eines gemeinsam genutzten Autos bedeutet einen zusätzlichen Organisationsaufwand. Es kostet Zeit und möglicherweise auch Geld, die Nutzung des Autos für einen ganz bestimmten Zeitraum zu buchen, zum Standort des Pkws zu gelangen und nach Abschluss der Fahrt den Rückweg zur eigenen Wohnung zu absolvieren. Bei einem eigenen Auto, das nur wenige Meter von der Wohnung entfernt steht, entfallen diese Kosten. Das bedeutet: Die variablen Kosten, die mit einer einzelnen Fahrt verbunden sind, fallen bei der Mitgliedschaft in einem Car-Sharing-Netz höher aus als bei einem Pkw in Privateigentum. Wenn aber der Preis für eine Einzelfahrt steigt, ist dem Nachfragegesetz folgend ein Rückgang der Nachfrage nach Einzelfahrten zu erwarten. Tatsächlich zeigt sich beispielsweise, dass in den USA im Jahr 2009 die Mitglieder von Car-Sharing-Netzen insgesamt rund 31 Prozent weniger fuhren als vor der Mitgliedschaft in diesen Netzwerken mit ihrem privaten Automobil (vgl. Rifkin 2014, S. 332).

Auch der digitalisierungsbedingte Abbau von **Marktmacht** lokaler Anbieter hat einen preisniveausenkenden Effekt. Durch den Preisvergleich im Internet können Kaufinteressierte unmittelbar sehen, ob sie bei ihrem Anbieter vor Ort einen angemessenen Preis zahlen. Im Falle eines überhöhten Preises weichen sie auf ein billigeres Online-Angebot aus. Lokale Anbieter müssen sich folglich an die niedrigeren überregionalen Preise anpassen. Mit der Verringerung der Marktmacht sinkt die Gefahr einer **Gewinninflation**.

Zentraler Treiber dieses höheren Wettbewerbsdrucks auf lokale Anbieter ist dabei der Online-Handel. Er sorgt dafür, dass Unternehmen Preisaufschläge, die ihren Gewinn steigern, abbauen müssen. Dieser vom Online-Handel ausgehende preissenkende Effekt, der sich auf den stationären Handel ausbreitet, wird **Amazon-Effekt** genannt (vgl. Cavallo 2018, S. 2). Die faktische Relevanz dieses Effekts für die Inflationsrate ist momentan noch gering. Nach einer Untersuchung der Europäischen Zentralbank hat „die zunehmende Nutzung des Online-Handels in der EU die Inflationsrate bei Industriegütern (ohne Energie) seit 2003 jährlich um 0,1 Prozentpunkte gesenkt" (Weidmann 2018). Bei einer Ausdehnung des Online-Handels ist es jedoch durchaus vorstellbar, dass diese preissenkende Wirkung perspektivisch größer wird. Einschränkend ist jedoch zu berücksichtigen, dass der Amazon-Effekt ein **Einmaleffekt** ist: Er baut die Preisaufschläge ab, die Unternehmen den Produktionskosten hinzufügen, um den Gewinn steigern. Bei einer vollständigen Markttransparenz mit vielen Anbietern verschwinden diese Aufschläge. Ist dieser Zustand erreicht, „wären die Preissenkungspotenziale ausgeschöpft und der Einfluss auf die Inflationsrate verschwunden" (Weidmann 2018).

Preisniveausenkend wirkt zudem der mit der Digitalisierung verbundene Trend zur **Prosumtion**. Der Umstand, dass Verbraucher stärker in die Produktionsprozesse eingebunden werden und deshalb sowohl als Produzenten als auch als Konsumenten tätig sind, führt zu dem Begriff Prosument bzw. Prosumtion (vgl. Hellmann 2010, S. 14–16). Wenn Verbraucher beispielsweise im Internet Elektrogeräte kaufen oder Reisen buchen, übernehmen sie die Beratungsdienstleistungen der Angestellten in Elektrogeschäften und Reisebüros. Und wenn der Käufer eines Elektrogeräts später mit Hilfe eines Call Center-Angestellten einen Defekt seines Geräts über die Einschaltung einer Hotline selber repariert, spart dies die Tätigkeiten eines Handwerkers ein. Unternehmen müssen diese Arbeitsschritte nicht mehr selbst erbringen. Damit sinken ihre Produktionskosten und mit ihnen die Marktpreise.

Des Weiteren sind die Arbeitsmarkt- und Lohneffekte der Digitalisierung zu beachten. Zumindest mittel- und langfristig, d. h. ab etwa 2035/40, ist es in entwickelten Industrieländern durchaus plausibel, dass die Freisetzungseffekte der Digitalisierung höher sind als deren Kompensationseffekte, was zu einem gesamtwirtschaftlichen Beschäftigungsrückgang führt (⟶ Box 7). Das bewirkt für sich genommen einen tendenziellen Lohndruck, der die Inflationsrate dämpft.

Box 7 | Freisetzungseffekt und Kompensationseffekt
Die voranschreitende Digitalisierung hat bereits in vielen Tätigkeitsbereichen dazu geführt, dass Maschinen die menschliche Arbeitskraft weitgehend ersetzt haben: Fahrkarten- und Bankautomaten ersetzen Schalterbedienstete, vollautomatische Produktionsanlagen produzieren Güter, die Logistikbranche arbeitet mit hoch automatisierten Einrichtungen, die nur wenige Beschäftigte brauchen, um nur einige Beispiele zu nennen (vgl. Kurz und Rieger 2013, S. 142). Die Substitution menschlicher Arbeitskräfte durch Kapital bzw. Technologien entspricht dem Freisetzungseffekt der Digitalisierung. Gleichzeitig bewirken digitalisierungsbedingte Preissenkungen auch eine höhere Güternachfrage. Die damit verbundene Produktionsausweitung durch die Unternehmen bedeutet eine höhere Nachfrage nach Arbeitskräften. Digitalisierungsbedingte Preissenkungen führen wegen des geringeren Marktpreises zu einer höheren Güternachfrage – sowohl im Inland als auch im Ausland. Geringere Güterpreise bedeuten zudem einen Kaufkraftgewinn, der die Güternachfrage ebenfalls steigen lässt. Schließlich verlangt die Digitalisierung der Wirtschaft entsprechende private und öffentliche Investitionen. Die damit einhergehende höhere Investitionsnachfrage sorgt für eine entsprechende Güternachfrage inklusive einer dafür erforderlichen Produktionsausweitung, die wiederum eine höhere Nachfrage nach Arbeitskräften nach sich zieht. Dies alles führt zu einer höheren Beschäftigung und wird als Kompensationseffekt der Digitalisierung bezeichnet. Es gibt zahlreiche Schätzungen zum Ausmaß beider Effekte in den nächsten Jahrzehnten. Grob lassen sich dabei zwei Phasen unterscheiden: Bis 2030/35 werden die mit der voranschreitenden Digitalisierung verbundenen Arbeitsplatzverluste voraussichtlich noch moderat ausfallen. Kurz- und mittelfristig bedeutet dies, dass die Freisetzungseffekte relativ gering ausfallen. Sie können von den arbeitsplatzschaffenden Effekten ausgeglichen und

sogar noch überkompensiert werden, sodass per Saldo der arbeitsschaffende Effekt überwiegt. Langfristig könnte es jedoch zu erheblichen Arbeitsplatzverlusten kommen – sowohl im verarbeitenden Gewerbe als auch im Dienstleistungsbereich. Betroffen sind davon vor allem Tätigkeiten mit geringen Qualifikationsanforderungen, zunehmend aber auch anspruchsvolle Berufe. Dies kann dann nicht mehr von den arbeitsplatzschaffenden Effekten der Digitalisierung kompensiert werden. Per Saldo kommt es zu einem Beschäftigungsrückgang. Hohe Beschäftigungsrückgänge sind jedoch erst ab 2040/45 zu erwarten (vgl. Petersen 2020b, S. 109–126).

Grundsätzlich können digitalisierungsbedingte Preisrückgänge auch die **Lohn-Preis-Spirale** abbremsen. Zum einen verhindern die genannten Entwicklungen (technologischer Fortschritt, Angebotsausweitung durch zusätzliche private Anbieter und Abbau von Marktmacht) einen Preisanstieg. Damit sind nur geringe Nominallohnerhöhungen erforderlich, die einen inflationsbedingten Kaufkraftverlust kompensieren müssen. Zum anderen drückt die langfristig nachlassende Nachfrage nach Arbeitskräften auf den Lohn, sodass auch von dieser Seite keine Lohnsteigerungen erfolgen. Beide Effekte bewirken eine Dämpfung der Inflation.

Ein letzter inflationsdämpfender Effekt kann sich aus einer **digitalisierungsbedingten** Ausweitung der **Globalisierung** ergeben. Mit Blick auf die internationale Arbeitsteilung sind technologische Entwicklungen mit sehr weitreichenden Konsequenzen vorstellbar. Der Ökonom Hal Varian ist beispielsweise davon überzeugt, dass Spracherkennungs- und Übersetzungsprogramme schon in naher Zukunft eine Simultanübersetzung ohne zeitliche Verzögerung ermöglichen werden. Das würde die sprachlichen Barrieren im internationalen Handel eliminieren und die Kosten des internationalen Handels erheblich reduzieren. Die Folge wäre eine Zunahme des grenzüberschreitenden Handels und der ihm zugrundeliegenden internationalen Arbeitsteilung (vgl. Varian 2016, S. 8). Auch bei anderen Handelskosten, z. B. in allen Bereichen der Logistik und des Marketings, sind niedrigere Handelskosten zu erwarten. Diese digitalisierungsbedingten Verringerungen der Kosten des internationalen Handels sprechen für eine Ausweitung der internationalen Arbeitsteilung. Damit lassen sich wiederum **Spezialisierungsgewinne** aus der Globalisierung realisieren, die inflationsdämpfend wirken.

7.2 Inflationserhöhende Effekte der Digitalisierung

Neben den inflationssenkenden Effekten kann die Digitalisierung allerdings auch preiserhöhende Auswirkungen haben. Drei Effekte sind hier von besonderer Bedeutung.

Erstens hat die voranschreitende Digitalisierung die Tendenz, **natürliche Monopole** hervorzubringen. Eine Ursache dafür ist die spezielle Kostenstruktur vieler digitaler Güter und digitaler Plattformen: Während die Entwicklung dieser Güter bzw. der Aufbau der Plattformen mit hohen Fixkosten verbunden ist, tendieren die Grenzkosten der Produktion gegen null. Zudem haben viele digitale Produkte den Charakter eines Netzwerkguts. Dies bedeutet: Je mehr Teilnehmer in einem sozialen Netzwerk oder einer Online-Tauschbörse anzutreffen sind, desto attraktiver ist es für Menschen, sich dem entsprechend großen Netzwerk anzuschließen. Langfristig setzt sich somit der Anbieter durch, der die meisten Teilnehmer hat. In der Digitalökonomie besteht somit „die Tendenz, dass natürliche Monopole zum Normallfall werden“ (Quitzau und Broders 2019, S. 1). Die Folge ist ein Monopolpreis, der über dem Preis bei vollständiger Konkurrenz liegt und somit das Preisniveau erhöht (siehe Anhang 1). Wichtig ist dabei jedoch, dass der preiserhöhende Effekt von digitalen Monopolen nur dann auf das gesamtwirtschaftliche Preisniveau durchschlägt, wenn es in vielen Bereichen der Volkswirtschaft zu dieser Monopolisierungstendenz kommt und nicht nur in einigen wenigen Bereichen.

Zweitens kann der verstärkte Einsatz von Algorithmen zur Bildung von Preiskartellen führen. In einem **Kartell** einigen sich die Mitglieder auf einen Preis, der über dem der vollständigen Konkurrenz liegt. Damit es nicht zu einem Angebotsüberschuss kommt, der einen Preisrückgang hervorrufen würde, ist ein Kartell gleichzeitig mit einer Festlegung verbundenen, wie groß die Mengen sind, die jeder Einzelanbieter zu dem vereinbarten Preis auf den Markt bringen darf. Ohne diese mengenmäßige Beschränkung würde die insgesamt am Markt angebotene Menge zu einem Angebotsüberschuss führen, der einen Preisrückgang nach sich zieht. In der Realität scheitert die Kartellbildung häufig am sogenannten **Trittbrettfahrerverhalten**:

- Ein einzelner Anbieter hat einen großen Anreiz, sich nicht an die ihm auferlegte Mengenbeschränkung zu halten. Es besteht für ihn die Versuchung, zwar vom vereinbarten höheren Preis zu profitieren, gleichzeitig aber seine Angebotsmenge zu erhöhen und so seinen individuellen

Gewinn noch weiter zu steigern. Wenn es zahlreiche Anbieter gibt, fällt dieses individuelle Fehlverhalten nicht auf.

- Allerdings gilt diese Überlegung für jeden einzelnen Anbieter. Falls alle Anbieter – oder zumindest ein großer Teil der Kartellmitglieder – ihre angebotenen Mengen über die abgemachten Mengenbeschränkungen hinaus auszudehnen, kommt es zu einem Angebotsüberhang samt Preisrückgang. Das Kartell bricht auseinander.

Wenn Unternehmen jedoch Algorithmen zur Preisfestlegung einsetzen, kann es durchaus passieren, dass die Preisfindungssoftware zu dem Ergebnis kommt, dass ein Kartellpreis den Gewinn des Unternehmens erhöht. Diese Gefahr ist besonders groß, wenn ein selbstlernender Preisanpassungsalgorithmus verwendet wird und die entsprechende Software von vielen Unternehmen des betreffenden Markts eingesetzt wird. Falls dieser Algorithmus nach einem Lernprozess zu der Erkenntnis kommt, dass eine kartellmäßige Preissetzungsstrategie gewinnerhöhend wirkt, wird sie einen entsprechend hohen Preis festlegen. Und wenn die Algorithmen der meisten anderen Anbieter zu der gleichen Einschätzung kommen, resultiert daraus ein kartellanaloger Preis – und dies ohne eine Absprache zwischen den Anbietern. Zudem können Lernprozesse dazu führen, dass die Algorithmen erkennen, dass sich das skizzierte Trittbrettfahrerverhalten langfristig nicht lohnt. Der Kartellpreis wäre in diesem Fall stabil und dauerhaft. Eine **algorithmische Preisfindung** birgt also die Gefahr in sich, dass es ohne eine bewusste Absprache unter den Anbietern zu einem kartellanalogen Preis kommt, der wiederum inflationssteigernd wirkt (vgl. Haucap 2018, S. 475).

Schließlich können auch **personalisierte Preise** preiserhöhend wirken. Hierbei handelt es sich um kundenindividuelle Preise, die Online-Anbieter von unterschiedlichen Personen für identische Produkte verlangen. Die Höhe des personalisierten Preises hängt von nutzerbezogenen Eigenschaften ab, z. B. sozioökonomischen Eigenschaften wie dem Alter und Geschlecht, dem bisherigen Such- bzw. Surfverhalten und dem verwendeten Endgerät (Verbraucherzentrale Bundesverband e. V. 2016, S. 3). Wenn sich beispielsweise eine Person im Internet Angebote für teure Uhren, Sportwagen und andere hochwertige Markenprodukte anschaut und sich anschließend für eine Pauschalreise interessiert, kann der Reiseanbieter davon ausgehen, dass die Zahlungsbereitschaft dieser Person größer ist als bei jemandem, der im Internet nach Sonderangeboten und preiswerten No-Name-Produkten sucht. Unternehmen erhöhen ihren Gewinn, indem sie von unterschiedlichen Käufern verschiedene Preise fordern. Dabei wird versucht, die maximale Zahlungsbereitschaft der Kunden so weit wie möglich auszunutzen. Für die Volkswirtschaft bedeutet das letztendlich ein höheres Preisniveau. Auch wenn das Phänomen der personalisierten Preise bisher nur vereinzelt nachweisbar ist (Zander-Hayat, Domurath und Groß 2016, S. 2), ist es durchaus plausibel, dass es mit der Weiterentwicklung der Datensammlung und der Datenauswertung an Bedeutung gewinnt.

7.3 Digitalisierung als Herausforderung für die offiziellen Statistiken

Ein zentraler Grund für den inflationsdämpfenden Effekt der Digitalisierung besteht aus den von digitalen Technologien verursachten **Produktivitätsfortschritten**. Der Wirtschaftsnobelpreisträger Robert Solow wies jedoch bereits 1987 darauf hin, dass wir die produktivitätssteigernden Wirkungen von Computern überall sehen – nur nicht in den offiziellen Produktivitätsstatistiken (vgl. Solow 1987). Ein Grund hierfür sind Messfehler der **Volkswirtschaftlichen Gesamtrechnung** (VGR) bei der Erfassung der wirtschaftlichen Wertschöpfung. Mit Blick auf die Bedeutung der Digitalisierung für die Entwicklung der Inflationsrate ist hier vor allem auf zwei Fehlerquellen hinzuweisen:

- Tendenz zur kostenlosen Bereitstellung von Produkten: Die Digitalisierung ersetzt Produkte, für die die Verbraucher bisher einen Preis zahlen mussten (Zeitungen, Bücher, CDs, Beratungen im Reisebüro etc.), durch kostenlose digitale Angebote (Online-Portale, Wikipedia, kostenlose Apps etc.). Da die VGR nur Waren und Dienstleistungen berücksichtigt, für die ein Marktpreis gezahlt wird, werden die kostenlosen digitalen Produkte nicht erfasst. So werden der mengenmäßige Output und die Produktivitätsfortschritte der digitalen Technologien unterschätzt – und damit auch ihr Beitrag zur Dämpfung der Inflation.
- Unzureichend erfasste Qualitätsverbesserungen: Der technische Fortschritt verbessert häufig die Qualität von Produkten, was für sich genommen ebenfalls wie eine Preissenkung wirkt: Bleibt der Preis eines Produkts bei verbesserter Qualität konstant, erhält der Verbraucher für die gleiche Geldmenge eine bessere Qualität. Umgekehrt bedeutet dies, dass der Verbraucher für eine unveränderte Qualität einen gerin-

geren Preis zahlen muss. Werden diese Qualitätsverbesserungen bei der Berechnung der Produktivität nicht vollständig erfasst, kommt es zu einer Unterschätzung der Produktivitätszuwächse. Dies ist besonders gravierend, wenn digitale Technologien andere Produkte vom Markt verdrängen: Ein Handy oder Smartphone ist zunächst einmal ein Kommunikationsgerät, das die Menschen zusätzlich zu ihrem Festnetzanschluss nutzen. Zusatzfunktionen können jedoch andere Produkte vom Markt verdrängen. Zu denken ist dabei an Fotoapparate und Videokameras, Filme und deren Entwicklung sowie Fotoalben, um nur einige zu nennen. Um die Produktivitätsentwicklung im Zeitablauf vergleichen zu können, müssten alle diese Produkte in die Messung des realen Bruttoinlandsprodukts und des gesamtwirtschaftlichen Preisniveaus einbezogen werden. Geschieht dies nicht vollständig, weist das Bruttoinlandsprodukt eine zu geringe wirtschaftliche Wertschöpfung aus, was zu einer Unterschätzung der Produktivitätsfortschritte führt.

Somit gibt es also „einen robusten positiven Zusammenhang zwischen Digitalisierung und Produktivität", der durch zahlreiche Studien belegt ist (vgl. Lichtblau, Fritsch und Millack 2018, S. 77.). Allerdings werden nicht alle Produktivitätssteigerungen und Kostenreduzierungen vollständig in den offiziellen Statistiken abgebildet. Im Ergebnis heißt das, dass die digitalisierungsbedingten Produktivitätsfortschritte – und damit auch die **preisniveausenkenden** Effekte der Digitalisierung – durch die offiziellen Statistiken unterschätzt werden. Die tatsächliche Inflationsrate ist dann geringer als die offiziell ausgewiesene. Dass es diese statistischen Unterschätzungen der tatsächlichen Produktivitätseffekte der Digitalisierung gibt, gilt als Konsens. Wie stark diese Messfehler ins Gewicht fallen, ist unter Ökonomen jedoch umstritten (vgl. Brandt 2017, S. 43).

Entsprechende Messfehler gelten auch für die **preisniveauerhöhenden** Effekte der Digitalisierung. So spielen die von einem natürlichen digitalen Monopol zu erwartenden Preiserhöhungen gegenwärtig keine spürbare Rolle, weil die meisten Dienstleistungen von digitalen Plattformen kostenlos bereitgestellt werden (zumindest mit Blick auf eine monetäre Gegenleistung). Es ist jedoch durchaus denkbar, dass die Kunden mit der Preisgabe ihrer Daten dennoch einen überhöhten Monopolpreis bezahlen, da sie gar nicht wissen, welchen Wert diese Daten haben. Gerade bei großen digitalen Dienstanbietern besteht die Gefahr, dass Kunden den Unternehmen weitreichende Datennutzungsrechte einräumen, weil ihnen die Nutzung dieses Dienstes zudem alternativlos erscheint (vgl. Krämer 2018, S. 466.).

7.4 Fazit und Ausblick

Auch wenn die Digitalisierung teilweise inflationserhöhend wirken kann, dürften die preisniveausenkenden Effekte per Saldo überwiegen. Vor allem der mit den digitalen Technologien einhergehende Rückgang der Produktionskosten sollte die Inflationsraten für sich genommen niedrig halten.

Bisher ist der inflationsdämpfende Einfluss der Digitalisierung jedoch relativ gering. Dies dürfte vor allem daran liegen, dass die Digitalisierung in weiten Bereichen immer noch in einer frühen Entwicklungsphase steckt und folglich nicht alle preisniveausenkenden Konsequenzen zum Tragen kommen. Hinzu kommt, dass die Statistiken der Volkswirtschaftlichen Gesamtrechnung zwar mit methodischen Verbesserungen auf die Digitalisierung reagieren, z. B. mit einer hedonischen Qualitätsbereinigung und dem sogenannten Web Scraping. Letzteres ist eine computergestützte automatisierte Preiserhebung im Bereich des Online-Handels (vgl. Schäfer und Bieg 2016). Dennoch haben die offiziellen Statistiken nach wie vor Schwierigkeiten, Preise (und Mengen) der digitalen Güter richtig zu erfassen. Es gibt daher die These, dass in entwickelten Volkswirtschaften bereits eine **digitale Deflation** herrschen könnte, die jedoch von den offiziellen Statistiken nicht erfasst wird (vgl. Hutchins 2020).

Den grundsätzlich inflationsdämpfenden Auswirkungen der Digitalisierungstechnologien stehen jedoch vor allem die mit einer Marktmacht einhergehenden preisniveausteigernden Risiken gegenüber. Um die inflationsdämpfenden Vorteile für die Verbraucher tatsächlich zu realisieren, ist eine Verhinderung der Monopolisierungstendenzen erforderlich, was entsprechende staatliche Eingriffe erfordert. Gleiches gilt für Algorithmen im Rahmen der Preisfestlegung und deren Tendenz zu kartellanalogen Preisen.

Diese Regulierungen sind erforderlich, nicht zuletzt auch deshalb, weil zukünftig mit einem weiteren Voranschreiten der Digitalisierung zu rechnen ist. Ein zentraler Grund dafür sind die Produktivitätsfortschritte, die sich aus dem Einsatz digitaler Technologien ergeben. Der internationale Wettbewerbsdruck wird auch zukünftig einen Zwang zur Kostenreduzierung ausüben und damit den Anreiz hochhalten, produktivitätssteigernde digitale

Technologien verstärkt einzusetzen. Gerade in alternden Gesellschaften wie Deutschland erhöht zudem der wachsende Arbeitskräftemangel in Kombination mit daraus resultierenden Lohnanstiegen den Anreiz, menschliche Arbeitskräfte durch Roboter, Maschinen, Computer und andere digitale Technologien zu ersetzen. Dies alles wirkt für sich genommen **inflationsdämpfend** – sofern es nicht zu Monopolen und Kartellen kommt, die diese inflationsdämpfenden Effekte durch ihre Marktmacht und die damit verbundene Preissetzungsmöglichkeiten überkompensieren.

8 Klimawandel und Inflation

Treibhausgasemissionen sind eine zentrale Ursache für den **Treibhauseffekt** und die damit verbundene globale Erwärmung. Aus der Erderwärmung und dem Klimawandel ergeben sich zahlreiche Konsequenzen, die wiederum ökonomische Effekte nach sich ziehen (vgl. ausführlicher Petersen 2021b, S. 21–25). Zu den wichtigsten negativen Auswirkungen gehören

- das Abschmelzen von Gletschern und Meereseis und der daraus resultierende Anstieg des Meeresspiegels mit einem zunehmenden Überflutungsrisiko,
- die Zunahme von Wetterextremen (Hitzewellen, Dürren, Stürme etc.) und damit verbundene Schäden an Gebäuden und anderen Infrastrukturobjekten,
- vermehrte Waldbrände,
- eine steigende Zahl von Hitzetoten und die Zunahme von hitzebedingten Erkrankungen,
- die Ausbreitung von Krankheiten, die von Insekten übertragen werden (z. B. Malaria, Borreliose),
- die Versauerung der Ozeane durch eine erhöhte CO_2-Konzentration sowie
- gravierende Folgen für die Ökosysteme, etwa das Massensterben von Tier- und Pflanzenarten.

Aus diesen Entwicklungen ergeben sich gravierende Folgen für die Produktion von Konsumgütern. Das Angebot von Nahrungsmitteln wird beeinträchtigt, z. B. wegen Ernteeinbußen als Folge von Wassermangel, Dürren, Stürmen und Überflutungen. Auch die Produktion von Waren und Dienstleistungen wird beeinträchtigt, wenn physische Produktionsanlagen beschädigt oder zerstört und Transportwege unterbrochen werden. Alle diese Folgen beeinflussen das gesamtwirtschaftliche Güterangebot und damit das gesamtwirtschaftliche Preisniveau.

Der Klimawandel wirkt dabei grundsätzlich **inflationserhöhend**, weil er das gesamtwirtschaftliche Güterangebot reduziert und über den dadurch hervorgerufenen Nachfrageüberhang das Preisniveau steigen lässt. Dies bedeutet, dass der Klimawandel eine **angebotsgetriebene Inflation** hervorruft. Eine durch die klimabedingten Schäden hervorgerufene Erhöhung des gesamtwirtschaftlichen Preisniveaus wird auch als **Climateflation** bezeichnet (vgl. Schnabel 2022).

Solange die klimabedingten Schäden jedoch noch gering sind und die langfristigen negativen Konsequenzen von Treibhausgasemissionen nicht in den Marktpreisen enthalten sind, kommt es noch nicht zu preisniveauerhöhenden Effekten. Im Gegenteil: die fehlende Einpreisung der gesellschaftlichen Zusatzkosten, die mit dem Verbrauch natürlicher Rohstoffe wie Erdöl, Erdgas und Kohle verbunden sind, wirkt sogar **inflationsdämpfend**.

8.1 Inflationsdämpfung durch negative externe Effekte

Eine zentrale Ursache für den vom Menschen verursachten Klimawandel sind Treibhausgasemissionen. Das quantitativ wichtigste Treibhausgas ist Kohlendioxid (CO_2). Im Folgenden steht CO_2 daher stellvertretend für alle vom Menschen verantworteten Treibhausgasemissionen.

Eine funktionsfähige Marktwirtschaft verlangt, dass die Marktpreise sämtliche Kosten enthalten, die mit einer wirtschaftlichen Aktivität verbunden sind. CO_2-Emissionen verursachen jedoch gesellschaftliche Zusatzkosten, die nicht in den Marktpreisen enthalten sind. Damit liegen negative externe Effekte vor, die zu einem Marktversagen in Form einer systematischen Ressourcenübernutzung führen.

Von einem **negativen externen Effekt** wird gesprochen, wenn die privaten Kosten einer ökonomischen Entscheidung geringer sind als die gesamtwirtschaftlichen bzw. die sozialen Kosten dieser Entscheidung. Der private Nutzen stimmt hingegen mit dem gesamtwirtschaftlichen Nutzen überein. Die privaten Kosten von ökonomischen Entscheidungen sind alle Kosten, die ein einzelnes Wirtschaftssubjekt trägt. Die sozialen Kosten sind die Kosten, die für die Gesellschaft – also die Summe aller Wirtschaftssubjekte – anfallen.

Ein Beispiel für einen negativen externen Effekt sind wirtschaftliche Aktivitäten, die mit CO_2-Emissionen verbunden sind. Ein negativer externer Effekt führt zu einem **Marktversagen**, weil eigeninteressierte Wirtschaftssubjekte bei ihren Entscheidungen lediglich die privaten Kosten und den privaten Nutzen berücksichtigen. Durch das Abwälzen eines Teils der insgesamt anfallenden Kosten auf die Gesellschaft wählt ein eigeninteressiertes Individuum ein im Vergleich zum gesamtwirtschaftlichen Optimum zu großes Aktivitätsniveau.

Das lässt sich am Beispiel des Fahrens mit einem Benzinmotor verdeutlichen. Kosten und Nutzen hängen von der in Kilometern gemessenen Fahrleistung (X) ab. Dabei wird von einem positiven, aber abnehmenden Grenznutzen (GN) ausgegangen (→ Abbildung 8.1). Hinsichtlich der Kosten wird von positiven und steigenden Grenzkosten (GK) ausgegangen. Neben den privaten Grenzkosten (GK^{priv}) verursacht jeder gefahrene Kilometer zusätzliche gesamtwirtschaftliche Schäden, die einen negativen externen Effekt darstellen. Wird davon ausgegangen, dass die Klimakosten überproportional mit jedem gefahrenen Kilometer steigen, so gilt: Je höher das erreichte Volumen der gesamtwirtschaftlichen Fahrleistungen ist, desto größer sind die gesamtwirtschaftlichen Schäden jedes zusätzlich gefahrenen Kilometers. Die sozialen Grenzkosten (GK^{soz}) sind die Summe aus privaten Grenzkosten und gesamtwirtschaftlichen Grenzschäden. Der **negative externe Effekt** eines gefahrenen Kilometers entspricht der Differenz zwischen GK^{soz} und GK^{priv}.

Eigeninteressierte Individuen entscheiden sich für ein Fahrleistungsniveau, bei dem die privaten Grenzkosten mit dem privaten Grenznutzen übereinstimmen, der annahmegemäß dem gesamtgesellschaftlichen Grenznutzen entspricht. Das aus diesem Entscheidungskalkül resultierende Fahrleistungsniveau ($X^{opt.,priv}$) ist größer als das aus gesamtwirtschaftlicher Sicht optimale Niveau ($X^{opt.,soz}$). Letzteres liegt dort, wo die gesamtwirtschaftlichen Grenzkosten genauso hoch sind wie der gesamtgesellschaftliche Grenznutzen (Q*).

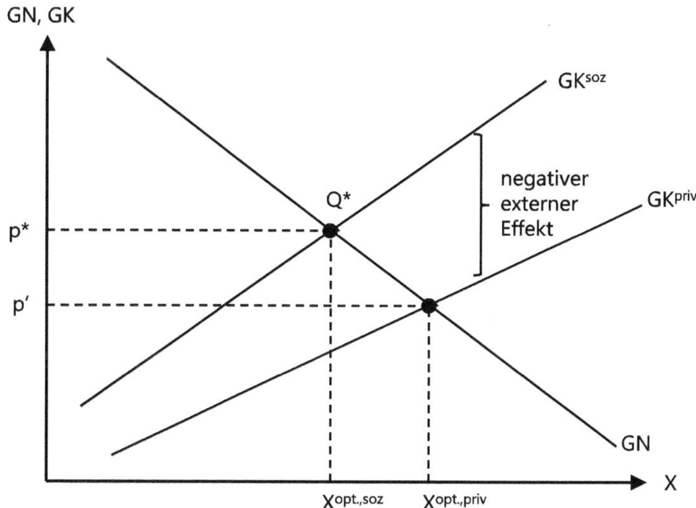

Abbildung 8.1: Marktgleichgewicht bei einem negativen externen Effekt

Mit Blick auf den Marktpreis (p) zeigt sich, dass er bei einer Berücksichtigung der negativen externen Effekte, die mit dem Ausstoß von Treibhausgasen verbunden sind, höher ausfällt als bei deren Nichtberücksichtigung (p* > p‘). Die fehlende Einpreisung der gesellschaftlichen Zusatzkosten wirkt also für sich genommen **inflationsdämpfend**.

Allerdings fallen diese Kosten früher oder später an und wirken dann preisniveauerhöhend. Dabei müssen der Ort der Emissionsverursachung und der Ort des emissionsbedingten Schadens nicht identisch sein. Treibhausgasemissionen, die beispielsweise bei der Energieproduktion in Deutschland entstehen, können Jahre später zu Wetterextremen in Afrika führen und dort z. B. Überschwemmungen mit entsprechenden Zerstörungen von Natur und physischen Infrastrukturanlagen hervorrufen.

8.2 Inflationserhöhende Effekte des Klimawandels

Der Klimawandel hat negative Auswirkungen auf das gesamtwirtschaftliche Güterangebot und wirkt somit inflationserhöhend, weil es bei einer Angebotsverknappung zu einem gesamtwirtschaftlichen Nachfrageüberhang kommt.

Zunächst einmal können die globale Erwärmung und der Klimawandel erhebliche **Schäden** an Produktionsanlagen und anderen Infrastruktureinrichtungen (Transportwege, Bildungs- und Gesundheitseinrichtungen, Netzwerke im Bereich der Strom- und Wasserversorgung, Telekommunikationseinrichtungen etc.) verursachen sowie Ernteausfälle und damit eine geringere Lebensmittelproduktion. Dürren können zudem dazu führen, dass der Wasserstand in Flüssen so niedrig ist, dass die Schifffahrt unterbrochen wird und zu wenig Kühlwasser für Produktionsanlagen zur Verfügung steht, was einen Produktionsstopp notwendig macht. Produktionseinbußen ergeben sich auch, wenn die Beschäftigten in den Unternehmen wegen hitzebedingter Erkrankungen ausfallen bzw. ihre Leistungsfähigkeit eingeschränkt wird. Alle diese klimabedingten Beeinträchtigungen der physischen Infrastruktur und der Leistungsfähigkeit der Arbeitskräfte reduzieren die gesamtwirtschaftlichen Produktionskapazitäten und damit auch das gesamtwirtschaftliche Güterangebot.

- Wenn sich die klimabedingte Angebotsverknappung auf Konsumgüter bezieht, bewirkt der Nachfrageüberhang auf dem Konsumgütermarkt einen direkten Anstieg der Verbraucherpreise. Es handelt sich dabei um eine **angebotsgetriebene Inflation**.
- Falls es klimabedingt zu einem verringerten Angebot von Vorleistungen kommt, kann das höhere Produktionskosten nach sich ziehen. Diese ergeben sich beispielsweise, wenn die im Inland fehlenden Vorleistungen zu höheren Preisen aus dem Ausland bezogen werden müssen. In diesem Fall handelt es sich um eine **Kosteninflation**. Sollte es hingegen nicht möglich sein, fehlende Einzelteile von anderen Anbietern zu kaufen, müssen die Unternehmen im Inland ihre Produktion einschränken. Das bewirkt eine Verringerung des gesamtwirtschaftlichen Güterangebots und ist daher wiederum eine **angebotsgetriebene Inflation**.

Werden langlebige Konsumgüter – also beispielsweise Wohnungen samt Mobiliar und Autos – durch Stürme, Sturzfluten, Hochwasser und andere klimabedingte Ereignisse zerstört, erhöht das die Nachfrage der betroffenen Personen nach diesen Konsumgütern. In diesem Fall handelt es sich um eine **nachfragegetriebene Inflation**. Besonders hoch ist der Preisniveauanstieg, wenn diese höhere Konsumgüternachfrage wegen klimabedingter Zerstörungen von Produktionsanlagen auf ein geringeres Güterangebot trifft.

In einer offenen Volkswirtschaft ergeben sich preisniveausteigernde Effekte, wenn die globale Erwärmung und der Klimawandel zu **Lieferkettenunterbrechungen** führen. Das ist z. B. der Fall, wenn internationale Transportwege unterbrochen werden oder wenn Produktionsanlagen im Ausland beschädigt oder zerstört werden. Ausbleibende Importe von Rohstoffen, Vorleistungen und Endprodukten bewirkten im Inland eine Angebotsreduzierung, die zu steigenden Preisen führt.

Die Schäden an der physischen Infrastruktur lassen sich in den meisten Fällen beheben, sodass die angebotsverknappende Wirkung nur temporär ist. Wenn die zerstörten Infrastrukturanlagen repariert sind, stehen wieder die ursprünglichen Produktionskapazitäten zur Verfügung. Allerdings bindet der Wiederaufbau zerstörter Gebäude und Straßen Arbeitskräfte und Maschinen. Sofern die Volkswirtschaft die vorhandenen Produktionskapazitäten bereits vollständig nutzt – es also unter anderem keine Arbeitslosigkeit gibt –, fehlen die für Reparaturzwecke eingesetzten Produktionsfaktoren bei der Herstellung von Konsumgütern. Bei flächendeckenden klimabedingten Schäden an der physischen Infrastruktur einer Volkswirtschaft werden Produktionsfaktoren in einem großen Ausmaß zur Reparatur dieser Schäden benötigt. Es kann dann – zumindest temporär – zu einer Einschränkung der Herstellung von Konsumgütern kommen. Die Folge ist ein Anstieg der Verbraucherpreise, also eine **temporäre angebotsgetriebene Inflation**.

Problematischer ist es, wenn sich die klimabedingten Beeinträchtigungen bei der Produktion von Gütern nicht beseitigen lassen. Dies gilt vor allem für Ernteeinbußen, die auf dauerhaft höhere Temperaturen, Wassermangel und Wetterextreme wie Starkregen und Stürme zurückzuführen sind. Diese Produktionsausfälle bestehen, solange ihre Ursachen nicht beseitigt werden. Die Folge ist daher eine **dauerhafte angebotsgetriebene Inflation**. Mit steigenden Temperaturen und einer daraus resultierenden Beschleunigung des Klimawandels nehmen die Ernteeinbußen zu, was zu einem größeren Inflationsdruck führt.

In diesem Kontext ist auch an die wachsende Gefahr eines Wassermangels zu denken. Der am stärksten von einer **Wasserknappheit** betroffene Wirtschaftssektor ist die Landwirtschaft. Betroffen sind aber auch Produktionsanlagen, die eine Wasserkühlung benötigen (das gilt vor allem für Kraftwerke in der Energieerzeugung), und wasserintensive Produktionsverfahren, wie z. B. die chemische Industrie, die Metallindustrie, die Nahrungsmittelindustrie und die Papierindustrie. Dass Wassermangel auch für Deutschland und Europa zu einem Problem wird, zeigten die Dürrejahre 2018 und 2019. Ernteeinbußen, Niedrigwasserstände, Waldbrände und sogar eine eingeschränkte Stromversorgung sowie Wasserrationierungen für Haushalte machten den Mangel an Niederschlägen deutlich spürbar (vgl. WWF Deutschland 2019, S. 5 f.). Das alles wirkt **preisniveauerhöhend**.

Zu den wachstumsdämpfenden Effekten der Erderwärmung und des Klimawandels gehören schließlich auch die negativen Auswirkungen auf die **Biodiversität** eines Landes. Die Existenz zahlreicher Arten von Tieren, Pflanzen, Pilzen und Bakterien – also eine intakte Natur bzw. Ökosysteme – geht mit einer Reihe von positiven ökonomischen Effekten einher. Exemplarisch lassen sich folgende Versorgungs- und Regulierungsleistungen der Ökosysteme nennen (vgl. ausführlicher Brugger und Limacher 2011 sowie Naturkapital Deutschland – TEEB DE 2012, S. 22–41):

- **Versorgungsleistungen**: Hierbei handelt es sich um die Leistungen, mit denen die Natur die Menschen versorgt. Dazu gehören vor allem die Bereitstellung von Nahrungsmitteln (sowohl pflanzliche als auch tierische), Wasser, Arzneipflanzen sowie Feuer- und Bauholz. So speichern beispielsweise Wälder und Feuchtgebiete Wasser, das sowohl für die Trinkwasserversorgung der Menschen als auch für die landwirtschaftliche Produktion benötigt wird. Holz wird als Energiestoff genutzt und dient als Roh- bzw. Werkstoff in der Produktion. Andere landwirtschaftliche Produkte wie Mais und Raps werden zur Bereitstellung von Energie und als Nahrungsmittel eingesetzt.
- **Regulierungsleistungen**: Die Regulierungsleistungen der Natur umfassen Leistungen des Ökosystems, von denen die Menschen indirekt profitieren. Dazu gehören beispielsweise die Fähigkeit von Gewässern und der Luft, Schadstoffe zu filtern oder zu binden und so die Wasser- und Luftqualität zu verbessern – ohne dass Menschen dafür entsprechende Filteranlagen errichten müssen. In der Landwirtschaft leisten Vögel, Spinnen und andere Lebewesen einen kostenlosen Beitrag zur Schädlingsbekämpfung. In den Bergen können Wälder mit ihren Stämmen und Wurzeln das Abgleiten von Erdmassen – also Erdrutsche – verhindern und so Gebäude, Sachwerte und Menschenleben schützen.

Wenn es klimabedingt zu einem Massensterben von Tier- und Pflanzenarten kommt, bedeutet das eine Reduzierung der Biodiversität. Damit gehen die skizzierten positiven ökonomischen Effekte der Artenvielfalt verloren, was wiederum negative Folgen für das gesamtwirtschaftliche Produktionsvolumen hat. Es kommt also zu Angebotseinschränkungen, die einen **Preisniveauanstieg** nach sich ziehen. Alternativ müssen die fehlenden Versorgungs- und Regulierungsleistungen mit Hilfe des Einsatzes menschlicher Arbeitskräfte und physischer Produktionsfaktoren erbracht werden. Das verursacht **zusätzliche Kosten** und sorgt so für höhere Preise.

Da es bei der Inflation um den Anstieg des gesamtwirtschaftlichen Preisniveaus geht, sind letztendlich zwei Phasen des Klimawandels zu unterscheiden:

- Solange der Klimawandel nur selten und zudem auch nur zu geringfügigen Schäden an Menschen, Natur und physischen Produktionsanlagen führt, kommt es lediglich zu einzelnen und temporären Preissteigerungen. Eine klimabedingte Missernte erhöht zwar einige Lebensmittelpreise, aber nicht die Gesamtheit der Konsumgüterpreise. Es kommt also zu vereinzelten temporären Preiserhöhungen, aber nicht zu einer gesamtwirtschaftlichen Preisniveauerhöhung.

- Je stärker die globale Durchschnittstemperatur ansteigt und je schneller der Klimawandel voranschreitet, desto höher, häufiger und flächendeckender werden die klimabedingten Produktionseinbußen. Folglich steigen immer mehr Güterpreise, was früher oder später auf das gesamtwirtschaftliche Preisniveau durchschlägt und zu einer **angebotsgetriebenen Inflation** führt.

Abschließend ist noch darauf hinzuweisen, dass der Klimawandel neben den skizzierten inflationserhöhenden Effekten regional und temporär auch **inflationsdämpfende** Konsequenzen haben kann. Dies liegt daran, dass die Erderwärmung und der Klimawandel für die Regionen in den höheren Breitengraden – also Kanada, Skandinavien und Russland – auch einige positive ökonomische Folgen haben. So öffnet beispielsweise der Rückgang des arktischen Eises den arktischen Ozean für die Schifffahrt und reduziert so Transportkosten. Zudem bewirkt die Erwärmung im globalen Norden Energieeinsparungen infolge des geringeren Heizbedarfs und eine Steigerung der landwirtschaftlichen Erträge. Diese Kostensenkungen und Angebotssteigerungen wirken inflationsdämpfend.

Ein weiterer Aspekt des Klimawandels mit einem leicht inflationsdämpfenden Effekt sind die Reaktionen der Wirtschaftsakteure auf die Zunahme von klimabedingten Schäden an Infrastrukturanlagen. Diese Schäden wirken für sich genommen, wie bereits erörtert, preisniveauerhöhend. Sofern sich private Haushalte gegen solche Schäden versichern können, steigen die zu zahlenden **Versicherungsprämien** mit dem voranschreitenden Klimawandel. Damit sinkt die Kaufkraft der Konsumenten, sodass ihre Konsumnachfrage geringer wird. Dies wirkt preisniveausenkend. Falls es keine Versicherungsunternehmen gibt, die bereit sind, entsprechende Versicherungen anzubieten, müssen die privaten Haushalte **Ersparnisse** bilden, um sich auf eventuelle klimabedingte Schäden vorzubereiten. Die damit einhergehende Konsumeinschränkung wirkt wiederum inflationsdämpfend. Sollten keine Ersparnisse gebildet werden, muss der Schaden aus den laufenden Einkommen gedeckt werden. Auch das reduziert die Konsumausgaben und dämpft die Inflation (vgl. Kaldorf et al. 2022, S. 547 f.). Dieser inflationsdämpfende Effekt dürfte jedoch nur gering sein. Zudem ist zu berücksichtigen, dass höhere Versicherungsprämien gegen klimabedingte

Schäden bei den Unternehmen deren Produktionskosten erhöhen und daher preisniveausteigernd wirken.

Im Ergebnis ist somit trotz einiger weniger positiver wirtschaftlicher Folgen im globalen Norden festzuhalten, dass weltweit die negativen ökonomischen Auswirkungen des Klimawandels überwiegen – und damit auch deren weltweit preisniveausteigernden Effekte.

8.3 Inflationserhöhende Effekte der ökologischen Transformation

Zur Abmilderung der globalen Erwärmung und des Klimawandels ist es zwingend erforderlich, das Volumen der vom Menschen verursachten Treibhausgasemissionen zu verringern. Ein Instrument zur Erreichung dieses Ziels ist die Bepreisung von Treibhausgasemissionen. Hierfür bietet sich ein staatlicher **CO_2-Preis** an (vgl. ausführlicher Petersen 2021b). Im Idealfall entspricht er der Differenz zwischen den privaten und den sozialen Grenzkosten, die mit dem Ausstoß einer Tonne CO_2 verbunden sind. Der CO_2-Preis entspricht somit dem in Geldeinheiten ausgedrückten **negativen externen Effekt**, den Treibhausgasemissionen verursachen.

Die staatliche Bepreisung von Treibhausgasemissionen erhöht die Güterpreise – und mit ihnen das gesamtwirtschaftliche Preisniveau – über zwei zentrale Wirkungsmechanismen:

- Zum einen führt ein CO_2-Preis unmittelbar zu einer Preiserhöhung aller Konsumgüter, deren Herstellung entsprechende Emissionen verursacht. In → Abbildung 8.1 äußert sich die Einführung eines staatlichen CO_2-Preises darin, dass die Gerade der privaten Grenzkosten nach oben verschoben bzw. gedreht wird. Diese Verschiebung dauert so lange an, bis die Gerade der privaten Grenzkosten mit der Geraden der gesamtwirtschaftlichen Grenzkosten übereinstimmt. Die Folge ist ein neues Marktgleichgewicht mit einem höheren Preis (p*). Wenn viele emissionshaltige Produkte in den Warenkorb einfließen, der für die Berechnung des gesamtwirtschaftlichen Preisniveaus herangezogen wird, bewirkt der CO_2-Preis einen Anstieg des Preisniveaus. Einschränkend ist jedoch zu berücksichtigen, dass ein höherer CO_2-Preis die Nachfrage nach emissionsintensiven Produkten verringert. Wenn möglich, werden die Verbraucher auf emissionsärmere – und damit

auch preiswerte – Alternativen ausweichen. Denkbar ist beispielsweise der Verzicht auf die Fahrt mit dem eigenen Pkw und stattdessen die Nutzung öffentlicher Verkehrsmittel. Das senkt die Konsumausgaben der privaten Haushalte. Es ist jedoch fraglich, ob die offiziellen Statistiken dies unmittelbar erfassen. Wie im zweiten Kapitel erläutert, wird zur Inflationsmessung mit einem konstanten **Warenkorb** gearbeitet. Es kommt zwar zu Anpassungen dieses Warenkorbs, um das tatsächliche Konsumverhalten der Bevölkerung richtig abzubilden. Diese Anpassung findet jedoch erst mit einer zeitlichen Verzögerung statt. Solange sie noch nicht erfolgt ist, überschätzt die offizielle Inflation die tatsächlichen durchschnittlichen Preisniveauanstiege, die sich aus einem höheren CO_2-Preis ergeben.
- Zum anderen stellt ein CO_2-Preis für die Unternehmen einen Anreiz dar, ihre Produktionstechnologien dahingehend zu verändern, dass bei der Produktion von Waren und Dienstleistungen weniger Treibhausgasemissionen entstehen. Das verlangt entweder die Nutzung bereits bestehender klimafreundlicher Technologien oder die Entwicklung neuer emissionsärmerer Produktionstechnologien. In beiden Fällen steigen die Produktionskosten – entweder, weil kostenintensive Forschungs- und Entwicklungstätigkeiten anfallen oder weil auf eine klimafreundliche Technologie mit höheren Produktionskosten gewechselt wird. Dass die klimafreundlicheren Technologien – zumindest derzeit – mit höheren Produktionskosten verbunden sind, äußert sich darin, dass sie noch nicht eingesetzt werden. Wenn emissionsärmere Technologien mit geringeren Produktionskosten verbunden wären als Technologien, die Treibhausgasemissionen verursachen, würden die Unternehmen sie bereits einsetzen.

Diese beiden Effekte ergeben sich auch, wenn der Staat im Zuge der ökologischen Transformation **umweltschädliche Subventionen** reduziert bzw. komplett abschafft. Der Begriff der Subventionen ist in diesem Kontext weit gefasst. Zu ihnen gehören alle finanziellen Begünstigungen, die der Staat Unternehmen gewährt, ohne dass er dafür eine entsprechende Gegenleistung erhält. Das sind neben direkten Geldzahlungen auch Steuervergünstigungen sowie staatliche Bürgschaften und Garantien, weil sie die Produktionskosten der Unternehmen verringern. Zudem stellen entsprechende staatliche Hilfen für private Haushalte eine Subvention dar. Als umweltschädlich gelten derartige Subventionen, wenn sie sich negativ auf das Klima, die Qualität von Boden, Luft und Wasser sowie die Artenvielfalt auswirken (vgl. zu dieser Definition Umweltbundesamt 2016, S. 8 f.). Konkrete Beispiele sind unter anderem Steuerentlastungen für ausgewählte energieintensive Industrieunternehmen (z. B. Steinkohlesubventionen und Energiesteuervergünstigungen für Kohle), im Bereich der Landwirtschaft die Steuerbefreiung für Agrardiesel und die Befreiung landwirtschaftlicher Fahrzeuge von der Kraftfahrzeugsteuer, im Verkehrswesen die Energiesteuervergünstigung für Dieselkraftstoffe, die Energiesteuerbefreiung für Kerosin und eine Mehrwertsteuerbefreiung für internationale Flüge, um nur einige zu nennen (vgl. Umweltbundesamt 2016, S. 96–119).Wie im → Abschnitt 3.5 erläutert, wirken Subventionen preisniveaureduzierend. Ihre Aufhebung hat folglich einen **preisniveauerhöhenden Effekt**.

Im Ergebnis führt die Reduktion von Treibhausgasemissionen mit Hilfe eines staatlichen CO_2-Preises oder der Streichung klimaschädlicher Subventionen also zu höheren Produktionskosten bei emissionshaltigen Konsumgütern. Die Folge sind steigende Güterpreise, die das gesamtwirtschaftliche Preisniveau anheben. Mit Blick auf die Entwicklung des Preisniveaus im Zeitablauf ist zu unterscheiden, ob der Staat den Ausstoß von Treibhausgasemissionen einmalig mit einem Preis belegt, der anschließend nicht mehr verändert wird, oder ob er diesen CO_2-Preis im Laufe der Zeit erhöht.

- Bei einem CO_2-Preis, der nach seiner Einführung nicht mehr erhöht wird, kommt es in dem Jahr der Einführung dieses Preises zu einem **einmaligen** Preisanstieg aller emissionshaltigen Produkte. Damit steigt auch das gesamtwirtschaftliche Preisniveau. In den Folgejahren kommt es – abgesehen von eventuellen **Zweitrundeneffekten** – zu keinen weiteren Preisniveausteigerungen, weil der CO_2-Preis nicht mehr steigt.
- Wenn ein staatlicher CO_2-Preis im Zeitablauf hingegen immer wieder erhöht wird, steigt das gesamtwirtschaftliche Preisniveau mit jeder CO_2-Preiserhöhung. Ein Beispiel für einen im Laufe der Zeit steigenden CO_2-Preis ist das deutsche System der Treibhausgasbepreisung für die Emissionen, die durch den Verkehr und das Heizen von Gebäuden verursacht werden (→ Box 8).

Box 8 | EU-Emissions-Trading-Scheme und nationales Emissionshandelssystem

In Deutschland gibt es gegenwärtig zwei CO_2-Preise, einen EU-weiten und einen nationalen Preis. Die EU hat 2005 das sogenannte EU-Emissions-Trading-Scheme (im Folgenden EU-ETS) eingeführt (vgl. Borsky 2020, S. 2 f.). Dieses Konzept verlangt, dass Unternehmen aus der Energiebranche und der Industrie CO_2 nur dann ausstoßen dürfen, wenn sie dafür ein entsprechendes Emissionszertifikat besitzen. Die Bereiche Verkehr, Gebäude und Landwirtschaft unterliegen dieser Pflicht nicht. Eine Ausnahme davon stellt lediglich der Luftverkehr dar, der seit 2012 in das EU-ETS integriert ist (vgl. SVR 2019, S. 74). Der Zertifikatpreis ergibt sich aus Angebot und Nachfrage und hat daher keine klar vorhersehbare Entwicklung im Zeitverlauf. Selbst bei einer schrittweisen Reduzierung der Anzahl der jährlich zur Verfügung stehenden Emissionszertifikate kann der Zertifikatspreis im Zeitablauf sinken, wenn die Nachfrage nach diesen Zertifikaten infolge eines emissionssparenden technologischen Fortschritts stärker zurückgeht als das Angebot. Der Umstand, dass die EU-Regelungen zur Bepreisung von CO_2 die Bereiche Verkehr, Gebäude und Landwirtschaft nicht abdecken, hat dazu geführt, dass Deutschland mit Beginn des Jahres 2021 die beiden ersten Bereiche durch eine nationale Regelung mit einer Abgabe belegt. Ab dem 1. Januar 2021 ist in Deutschland ein neues nationales Emissionshandelssystem (nEHS) eingeführt worden. Die Unternehmen, die Kraft- und Heizstoffe für den Automobilverkehr und für Gebäude in Umlauf bringen (also vor allem Benzin und Diesel sowie Heizöl, Kohle, Erdgas und Flüssiggas), müssen für die damit verbundenen CO_2-Emissionen entsprechende Zertifikate erwerben und können den Zertifikatspreis auf den geforderten Energiepreis aufschlagen. Der Preis für diese nationalen Zertifikate ist für die Zeit bis 2025 bzw. 2026 bereits vorgegeben und bekannt. Bei einer Versteigerung der Zertifikate ohne preisliche Vorgaben wäre dies, wie bereits erwähnt, nicht der Fall. Konkret gelten folgende Preise pro Tonne CO_2: 2021 sind es 25 Euro, 2022: 30 Euro, 2023: 35 Euro, 2024: 45 Euro, 2025: 55 Euro, und 2026 liegt der Preis zwischen 55 und 65 Euro. Für die Zeit ab 2027 gibt es noch keine Festlegung (vgl. Matthes 2020, S. 47 f.).

Der Umstand, dass die Förderung der ökologischen Transformation somit zu einem steigenden Preisniveau führt, wird von einigen als eine **grüne**

Inflation bzw. eine **Greenflation** bezeichnet. Diese Bezeichnung ist jedoch irreführend: Tatsächlich steigen die Preise für Produkte, deren Herstellung fossile Energien benötigen. So gesehen handelt es sich um eine **fossile Inflation**. Darüber hinaus ist die Einpreisung der gesamtgesellschaftlichen Zusatzkosten, die sich aus der Nutzung fossiler Rohstoffe ergeben, zwingend erforderlich für die Funktionsfähigkeit einer Marktwirtschaft. Diese Einpreisung verhindert die Übernutzung, die sich – wie weiter oben gezeigt – im Fall eines negativen externen Effekts ergibt. Der staatliche CO_2-Preis behebt somit im Bereich der fossilen Energie nur das Marktversagen, das entsteht, wenn der Marktpreis nicht alle anfallenden Kosten abgedeckt.

Neben der durch die Bepreisung der negativen externen Effekte von Treibhausgasemissionen hervorgerufenen Preisniveauerhöhung ergeben sich im Zuge der ökologischen Transformation zusätzliche inflationserhöhende Konsequenzen. Sie hängen damit zusammen, dass die zwingend erforderliche ökologische Transformation – vor allem die Dekarbonisierung von Wirtschaft und Gesellschaft – umfangreiche **Investitionen** erfordert, um eine klimaneutrale gesamtwirtschaftliche Produktions- und Transportinfrastruktur zu errichten. Daraus ergeben sich mindestens zwei Effekte, die inflationserhöhend wirken (vgl. Petersen 2022c, S. 33–35):

- Die Bindung produktiver Ressourcen: Die ökologische Transformation bindet produktive Ressourcen (also Maschinen und Arbeitskräfte), ohne dass sich dadurch die Menge an verfügbaren Konsumgütern unmittelbar erhöht. Wenn beispielsweise in der Zementindustrie emissionssparende bzw. emissionsneutrale Produktionskapazitäten eingesetzt werden, um klimaschädliche Produktionsanlagen zu ersetzen, erhöht sich dadurch nicht die Menge an produziertem Zement. Gleiches gilt, wenn ein Unternehmen zur Einsparung von Wärme eine Fassadendämmung durchführt. In der Phase, in der die klimaschützenden Investitionen durchgeführt werden, stellt die Volkswirtschaft also mehr Investitionsgüter her. Ihre Produktionskapazitäten erhöhen sich dadurch allerdings nicht. Werden die gesamtwirtschaftlichen Produktionskapazitäten bereits vollständig genutzt, ist eine Verringerung der hergestellten Menge an Konsumgütern nötig. Kurzfristig, d. h. in der Transformationsphase, in der diese Investitionen durchgeführt werden, ist eine Mehrproduktion von Investitionsgütern zum Klimaschutz bei einer Vollauslastung der Produktionskapazitäten also nur möglich, wenn die Gesellschaft eine Minderproduktion von Konsumgütern akzeptiert (→ Box 9 und

→ Abbildung 8.2). Der zusätzliche Bedarf an Investitionsgütern zur Durchführung der ökologischen Transformation bewirkt also eine **nachfragegetriebene Inflation**. Mittel- und langfristig, d. h., wenn die ökologische Transformation erfolgreich abgeschlossen ist, können diese Investitionen die Produktionskapazitäten der Volkswirtschaft erhöhen. Das ermöglicht dann auch wieder die Bereitstellung einer größeren Menge an Konsumgütern für die Bevölkerung.

- Die steigende Nachfrage nach Biokraftstoffen: Im Zuge der ökologischen Transformation werden voraussichtlich vermehrt Biokraftstoffe anstelle von fossilen Energiestoffen zum Einsatz kommen. Entsprechend ergibt sich eine höhere Nachfrage nach Getreide, Pflanzenölen, Sojabohnen, Mais und anderen Agrarrohstoffen, die dann nicht mehr für die Ernährung der Menschen zur Verfügung stehen. In Kombination mit einer wachsenden Weltbevölkerung resultiert daraus eine größere Nahrungsmittelknappheit mit entsprechenden Preissteigerungen, also ebenfalls eine **nachfragegetriebene Inflation**.

Box 9 | Produktionsmöglichkeitenkurve

Die Produktionsmöglichkeitenkurve gibt an, welche Kombinationen von Waren- und Dienstleistungsmengen eine Volkswirtschaft in einem Jahr maximal herstellen kann. Vereinfachend existieren in der Volkswirtschaft der nachfolgenden Ausführungen nur zwei Güter: ein Konsumgut für die Verbraucher und ein Investitionsgut, das die Unternehmen nachfragen. Die Produktionstechnologie und die Mengen aller Produktionsfaktoren sind gegeben und konstant. Werden alle Produktionsfaktoren für die Herstellung des Konsumgutes verwendet, lässt sich die Menge $X^{Kon.}{}_{max}$ produzieren, während vom Investitionsgut gar keine Einheit hergestellt werden kann. Werden die Produktionsfaktoren hingegen ausschließlich bei der Herstellung des Investitionsgutes eingesetzt, resultiert daraus die Menge $X^{Inv.}{}_{max}$. Die Gesamtheit aller möglichen herstellbaren Güterkombinationen lässt sich grafisch durch die Produktionsmöglichkeitenkurve abbilden. Der Verlauf dieser Kurve hängt von den produktionstechnologischen Zusammenhängen ab. Wird von einer neoklassischen Produktionsfunktion ausgegangen (vgl. dazu ausführlicher Petersen 2021a, S. 65–69), ergibt sich daraus ein wie in → Abbildung 8.2 dargestellter Verlauf.

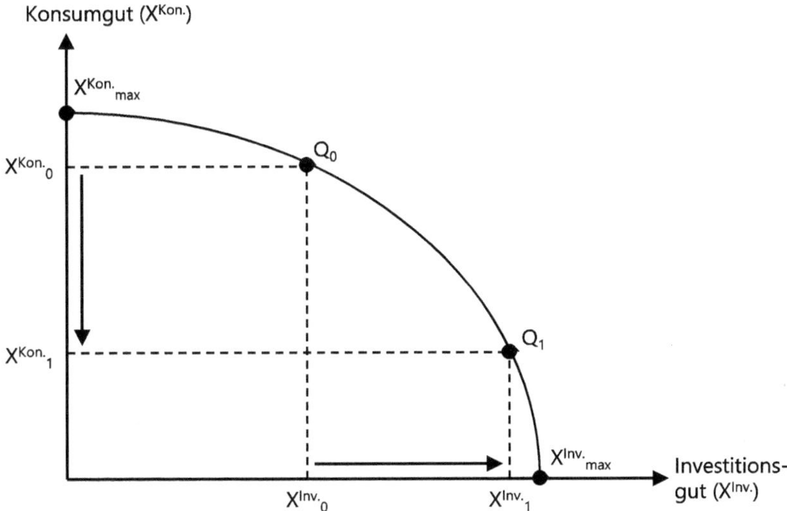

Abbildung 8.2: Die Produktionsmöglichkeitenkurve

Die für die ökologische Transformation erforderlichen Infrastrukturinvestitionen bewirken also einen Anstieg der gesamtwirtschaftlichen Güternachfrage, d. h. es handelt sich um eine **nachfragegetriebene Inflation**. Die Frage, wie stark der Aufbau einer emissionsarmen bzw. klimaneutralen Infrastruktur das gesamtwirtschaftliche Preisniveau steigen lässt, hängt maßgeblich davon ab, wie stark die volkswirtschaftlichen Produktionskapazitäten ausgelastet sind:

- Wenn eine Volkswirtschaft bereits alle verfügbaren Produktionsfaktoren nutzt und ihre Produktionskapazitäten somit vollständig ausschöpft, ist die Herstellung emissionsarmer Produktionsanlagen nur möglich, wenn an anderer Stelle weniger Waren und Dienstleistungen produziert werden. Alternativ bedeutet der Bau neuer Produktionsanlagen eine Erhöhung der gesamtwirtschaftlichen Güternachfrage. In einem Preisniveau-Mengen-Diagramm entspricht das einer Verschiebung der gesamtwirtschaftlichen Güternachfragegeraden nach rechts. Die höhere Güternachfrage trifft auf eine Angebotsgerade, die relativ steil verläuft, weil eine Ausweitung des gesamtwirtschaftlichen Güterangebots kaum noch möglich ist. Diese Situation ist im dritten Kapitel in → Abbildung 3.5 dargestellt: Bei einer hohen Auslastung der gesamtwirtschaftlichen Produktionskapazitäten verläuft die Angebotsgerade steil. Eine Steigerung der gesamtwirtschaftlichen Güternachfrage bewirkt dann einen relativ starken Anstieg des gesamtwirtschaftlichen Preisniveaus.

- Falls die Volkswirtschaft jedoch noch über freie Produktionskapazitäten verfügt, kann sie die für die ökologische Transformation zusätzlich benötigten Gebäude, Maschinen etc. herstellen, ohne die Produktion in anderen Bereichen reduzieren oder sogar einstellen zu müssen. Die Angebotsgerade hat in diesem Fall einen flachen Verlauf. Die zusätzliche Güternachfrage bewirkt nur einen geringen Anstieg des gesamtwirtschaftlichen Preisniveaus (siehe ebenfalls → Abbildung 3.5).

Schließlich ist noch zu berücksichtigen, dass immer mehr Länder im Zuge der ökologischen Transformation die beschriebenen negativen externen Effekte von Treibhausgasemissionen einpreisen werden, etwa durch die Einführung bzw. Erhöhung von Emissionspreisen. Dieser Schritt bringt steigende Energiekosten mit sich, die wiederum die Transportkosten des grenzüberschreitenden Handels mit physischen Produkten erhöhen. Als Konsequenz daraus verlieren einige Formen der **internationalen Arbeitsteilung** ihre betriebswirtschaftliche Vorteilhaftigkeit: Wenn der Zuwachs der Transportkosten größer ist als der Preisunterschied zwischen dem preiswerteren ausländischen und dem teureren inländischen Produkt, ist ein Import wirtschaftlich nicht sinnvoll und findet deshalb nicht mehr statt. Das bedeutet den Verzicht auf die im fünften Kapitel beschriebenen Spezialisierungsvorteile der internationalen Arbeitsteilung und der Globalisierung – und damit eine weltweite Verringerung des Angebots an Waren und Dienstleistungen. Die Folge ist ein Anstieg des gesamtwirtschaftlichen Preisniveaus.

Wie stark der durch die ökologische Transformation hervorgerufene Preisniveauanstieg in einer Volkswirtschaft ausfällt, hängt unter anderem von ihrer **Wirtschaftsstruktur** ab sowie davon, wie groß der Anteil erneuerbarer Energien bzw. **klimafreundlicher Technologien** bereits ist (vgl. Mahlkow, Petersen und Wanner 2021):

- Länder, deren Wirtschaftsstruktur besonders emissionsintensiv ist, verbrauchen im internationalen Vergleich überdurchschnittlich viel fossile Energie. Daher leiden sie in besonderem Maße unter einem steigenden CO_2-Preis. Zudem sind hier überdurchschnittlich hohe Investitionen erforderlich, um eine klimaneutrale Wirtschaftsstruktur zu errichten. Letzteres bedeutet eine relativ hohe Beeinträchtigung der Konsumgüterproduktion. Beide Entwicklungen implizieren einen im internationalen

Vergleich überdurchschnittlich hohen Preisniveauanstieg. In Europa gilt dies insbesondere für osteuropäische Volkswirtschaften wie Polen, Bulgarien, Ungarn, Lettland und die Tschechische Republik.

- Für Länder mit einem relativ hohen Dienstleistungsanteil, z. B. einem starken Finanzdienstleistungssektor, stellt die ökologische Transformation einen weniger starken Inflationsdruck dar. Dienstleistungen sind in der Regel weniger emissionsintensiv, sodass diese Sektoren weniger unter einem höheren CO_2-Preis leiden. Außerdem besteht in diesen Volkswirtschaften ein geringerer Investitionsbedarf im Rahmen der ökologischen Transformation. Länder, auf die dies in Europa zutrifft, sind unter anderem Irland, Belgien, die Niederlande und Zypern.
- Schließlich gibt es einige wenige Länder, die bereits seit dem Beginn der 1990er-Jahre einen CO_2-Preis einsetzen und ihn seitdem immer wieder erhöht haben. In Europa gilt das für Schweden und Finnland. Die höheren Preise haben dazu geführt, dass beide Länder bereits emissionsärmere Technologien in größerem Umfang einsetzen. Deshalb können sie in den kommenden Jahren besser mit der Verteuerung von Treibhausgasemissionen umgehen. Außerdem ist wegen der bereits durchgeführten Maßnahmen zur Förderung klimafreundlicher Technologien der Investitionsbedarf zur Erreichung der Klimaneutralität geringer. Die Folge ist ein im internationalen Vergleich unterdurchschnittlicher Inflationsdruck im Rahmen der ökologischen Transformation.

8.4 Inflationsdämpfende Effekte der ökologischen Transformation

Während die Transformationsphase hin zur Klimaneutralität wegen der steigenden CO_2-Preise und der erforderlichen Umbaumaßnahmen der Produktions- und Transportinfrastruktur preisniveauerhöhend wirkt, ist bei einer erfolgreichen Transformation von Wirtschaft und Gesellschaft mit preisniveausenkenden Effekten zu rechnen. Dafür gibt es im Kern drei Ursachen.

Erstens dämpft eine klimaneutrale Infrastruktur die **Klimaschäden** und damit die aus diesen Schäden resultierenden inflationserhöhenden Effekte. Dies ist allerdings ein erst langfristig wirkender Effekt.

Zweitens wird die **Energie**- und **Ressourceneffizienz** im Zuge der ökologischen Transformation einer Volkswirtschaft steigen. Wegen des steigenden CO_2-Preises, der ein zentrales Instrument zur Erreichung der Klimaneutralität ist, kommt es zu einer Intensivierung des energie- und ressourcensparenden technologischen Fortschritts. Das bedeutet, dass die Herstellung von Gütern weniger Energie und andere natürliche Ressourcen benötigt. Die höhere Ressourcenproduktivität bewirkt also einen geringeren Ressourceneinsatz, der für sich genommen inflationsreduzierend wirkt. Neben technologischen Innovationen führen auch neue Konsumformen zu einem geringeren Ressourcenverbrauch. Beispiele sind die im siebten Kapitel genannten Anwendungsbereiche der **Sharing Economy**.

Drittens reduziert eine erfolgreiche ökologische Transformation die Abhängigkeit von **fossiler Energie**. Da die Menge der weltweit zur Verfügung stehenden fossilen Energiereserven begrenzt ist, führt eine anhaltend hohe oder sogar steigende Energienachfrage zu steigenden Preisen. Bei einer steigenden Weltbevölkerung kommt es ohne den Umstieg auf klimaneutrale Produktionsverfahren und Technologien zu einer steigenden Energienachfrage mit steigenden Preisen für fossile Energie. Die Volkswirtschaften, denen der Umstieg auf klimaneutrale Produktionsverfahren gelingt, können sich diesen Energiepreissteigerungen entziehen. Das wirkt inflationsdämpfend.

Gerade für energiearme Länder wie Deutschland sinkt damit auch die Gefahr einer **importierten Inflation**. Zu ihr kommt es, wenn die Weltmarktpreise für fossile Energien, also allen voran für Erdöl, Erdgas und Kohle, steigen. Auch eine Abwertung der einheimischen Währung erhöht den Preis für importierte Energie.

Schließlich trägt eine geringere Abhängigkeit von fossiler Energie dazu bei, dass die Volatilität der Inflation geringer wird. Bei der Erläuterung des Konzepts der **Kerninflation** im → Abschnitt 2.2 wurde gezeigt, dass Energiepreise bei der Berechnung dieser speziellen Inflationsrate herausgerechnet werden, weil die Energiepreise eine hohe Schwankungsanfälligkeit aufweisen. Das bedeutet gleichzeitig, dass die für die Verbraucher relevanten Änderungen des gesamten Verbraucherpreisniveaus geringer werden, wenn der Anteil der fossilen Energiepreise am Preisniveau der Volkswirtschaft schrumpft.

8.5 Fazit und Ausblick

Mit Blick auf die Auswirkungen des Klimawandels und der ökologischen Transformation auf das gesamtwirtschaftliche Preisniveau sind im Kern drei Phasen zu unterscheiden.

In der **ersten Phase** gibt es einen nur gering ausgeprägten Klimawandel ohne nennenswerte Maßnahmen zur Reduzierung der weltweiten Treibhausgasemissionen. Dies ist eine Phase mit preiswerten natürlichen Rohstoffen und niedrigen Energiepreisen. Das Ausmaß der klimabedingten Schäden ist noch relativ gering. Maßnahmen zur ökologischen Transformation werden kaum durchgeführt. Staatliche Maßnahmen zur Einpreisung der negativen externen Effekte, die mit dem Verbrauch fossiler Energien verbunden sind, gibt es noch nicht oder lediglich in geringem Ausmaß. Niedrige Rohstoffpreise und nur geringe Klimaschäden wirken insgesamt **preisniveaudämpfend**. Diese Phase beschreibt etwas vereinfachend die Zeit bis zum Ende des letzten Jahrhunderts.

Die **zweite Phase** betrifft die Jahre der ökologischen Transformation. In ihr wachsen die ökonomischen Schäden des Klimawandels. Gleichzeitig nehmen die Maßnahmen zur Bekämpfung der Erderwärmung und des Klimawandels zu. Die Folge sind steigende CO_2-Preise und verstärkte Maßnahmen zur Reduktion der Treibhausgasemissionen. Beide Maßnahmen führen zu einem **Anstieg** des gesamtwirtschaftlichen **Preisniveaus**. Dies ist die Phase, in der sich die Weltwirtschaft aktuell befindet.

Die **dritte Phase** umfasst die Zeit nach der erfolgreichen ökologischen Transformation, in der es eine klimaneutrale Wirtschaft gibt. Das Ausmaß der klimabedingten Schäden geht zurück. Die preisniveauerhöhenden Investitionen zum Umbau von Wirtschaft und Gesellschaft sind bereits erfolgt. Beide Entwicklungen wirken **preisniveaudämpfend**. Die meisten entwickelten Volkswirtschaften streben an, ihre Klimaneutralität im Jahr 2050 zu erreichen. Deutschland hat sich dieses Ziel bereits für das Jahr 2045 gesetzt.

In allen drei Phasen kann die **Wirtschaftspolitik** das konkrete Ausmaß der Preisniveauänderungen durch politische Entscheidungen beeinflussen. Dazu nur ein Beispiel: Ein zentrales Instrument auf dem Weg zur Klimaneutralität ist die Erhöhung des CO_2-Preises in der EU und in Deutschland. Ein höherer CO_2-Preis wirkt für sich genommen preisniveauerhöhend. Darüber hinaus kann der Staat mit der Entscheidung über die Verwendung der aus dem CO_2-Preis resultierenden Einnahmen ebenfalls Einfluss auf das gesamtwirtschaftliche Preisniveau ausüben (vgl. KfW 2022, S. 5). Werden diese Einnahmen beispielsweise in Form einer Pro-Kopf-Prämie an die Bürger einer Volkswirtschaft ausgezahlt, erhöht das die verfügbaren Einkommen der Verbraucher. Die Folge ist ein **preisniveauerhöhender** Anstieg der gesamtwirtschaftlichen Konsumgüternachfrage. Der Staat kann allerdings auch Steuern und Abgaben im Bereich der Stromerzeugung senken und den daraus resultierenden Rückgang der Staatseinnahmen durch die Einnahmen aus der CO_2-Bepreisung kompensieren. In diesem Fall kommt es zu einer Strompreisreduzierung. Sie wirkt **preisniveaudämpfend**.

9 Geldpolitik und Inflationsbekämpfung

Es ist die Aufgabe der Zentralbank, in einer Volkswirtschaft für die Preisniveaustabilität zu sorgen. Eine Inflation sollte daher zuerst mit geldpolitischen Instrumenten bekämpft werden. Die wichtigsten geldpolitischen Maßnahmen dafür sind eine Erhöhung des Leitzinses und eine Verringerung der Wertpapierkäufe der Zentralbank. Eine solche Politik wird als **restriktive Geldpolitik** bezeichnet.

9.1 Nachfragedämpfung durch restriktive Geldpolitik

In → Abschnitt 3.1 wurde gezeigt, wie die Zentralbank durch eine Reduzierung ihres Leitzinses und/oder durch den Kauf von Wertpapieren die gesamtwirtschaftliche Güternachfrage ankurbeln kann. Die Ausweitung der Geldmenge, die mit einer Zinssenkung einhergeht, wird als **expansive** Geldpolitik bezeichnet.

Bei einer **restriktiven** Geldpolitik verringert die Zentralbank die Geldmenge, die der Volkswirtschaft zur Verfügung steht. Wenn die Geldmenge in einer Volkswirtschaft zurückgeht, sinkt das Kreditangebot der Geschäftsbanken. Die Folge ist ein Anstieg des Zinses.

In der Praxis verfügen die Zentralbanken über zahlreiche geldpolitische Instrumente. Neben der Veränderung des Leitzinses und dem Kauf bzw. Verkauf von Wertpapieren gibt es unter anderem die Mindestreservepflicht (Geschäftsbanken müssen eine bestimmte Mindesteinlage bei der für sie zuständigen Zentralbank halten), Refinanzierungsgeschäfte mit unterschiedlichen Laufzeiten und weitere Instrumente. Auf diese Feinheiten wird in den nachfolgenden Ausführungen verzichtet. Eine Darstellung der geldpolitischen Instrumente der Europäischen Zentralbank findet sich beispielsweise in den entsprechenden Publikationen der Deutschen Bundesbank (vgl. Deutsche Bundesbank 2022, S. 176 ff.).

Zu Beginn des dritten Kapitels wurde gezeigt, dass sich die gesamtwirtschaftliche Güternachfrage aus drei inländischen Nachfragekomponenten zusammensetzt: der privaten Konsumgüternachfrage (C), den Investitionen des Unternehmenssektors (I) und der staatlichen Güternachfrage (G). Ein durch eine restriktive Geldpolitik herbeigeführter Zinsanstieg führt zu einem Rückgang aller drei Komponenten der inländischen Güternachfrage:

- Am stärksten sind die Investitionen der Unternehmen von dem Zinsanstieg betroffen. Höhere Zinsen haben zur Folge, dass sich unternehmerische Investitionsprojekte mit einer geringen Rendite nicht mehr lohnen. Eine Investition mit einer erwarteten Rendite von 3,5 Prozent ist bei einem gesamtwirtschaftlichen Zinssatz von 2,5 Prozent lohnend. Wenn das Zinsniveau jedoch auf 4,5 Prozent steigt, ist diese Investition betriebswirtschaftlich nicht mehr sinnvoll. Ein höheres Zinsniveau bewirkt also einen Rückgang der **Investitionsgüternachfrage**. Damit sinkt die gesamtwirtschaftliche Güternachfrage, was preisniveaureduzierend wirkt.
- Höhere Zinsen erhöhen die Kosten eines Kredits für private Haushalte. Daher gehen die kreditfinanzierten Konsumgüterkäufe zurück. Die Folge ist ein Rückgang der **Konsumgüternachfrage**. Zudem macht ein höherer Zins das Sparen attraktiver. Wenn die privaten Haushalte deshalb ihre Ersparnisbildung erhöhen, verringern sie ihre Konsumgüternachfrage.
- Ein Zinsanstieg verringert kreditfinanzierte Staatsausgaben, unter anderem weil der Staat nun einen größeren Anteil seiner Ausgaben für Zinszahlungen verwenden muss und daher weniger für Güterkäufe zur Verfügung hat. Zudem ist zu erwarten, dass die Kreditnachfrage bei steigenden Zinsen sinkt. Im Ergebnis kommt es somit zu einem Rückgang der **staatlichen** Güternachfrage.

Die zinsbedingte Reduzierung der heimischen Komponenten der Güternachfrage hat also zur Folge, dass die gesamtwirtschaftliche Güternachfrage zurückgeht. In einem Preisniveau-Mengen-Diagramm wird die gesamtwirtschaftliche Güternachfragegerade nach links verschoben (→ Abbildung 9.1). Bei dem ursprünglichen Preisniveau (P_0) kommt es zu einem **Angebotsüberschuss**. Er bewirkt den erwünschten Rückgang des gesamtwirtschaftlichen Preisniveaus. Bei dem hier angenommenen Verlauf der Güternachfragegeraden geht diese Preisniveausenkung jedoch auch mit einem Rückgang des gesamtwirtschaftlichen Produktionsniveaus einher. Das führt zu einer geringeren Beschäftigung. Ein Produktions- und Beschäftigungsrückgang unterbleibt nur, wenn die gesamtwirtschaftliche Güterangebotsgerade parallel zur Preisniveauachse verläuft.

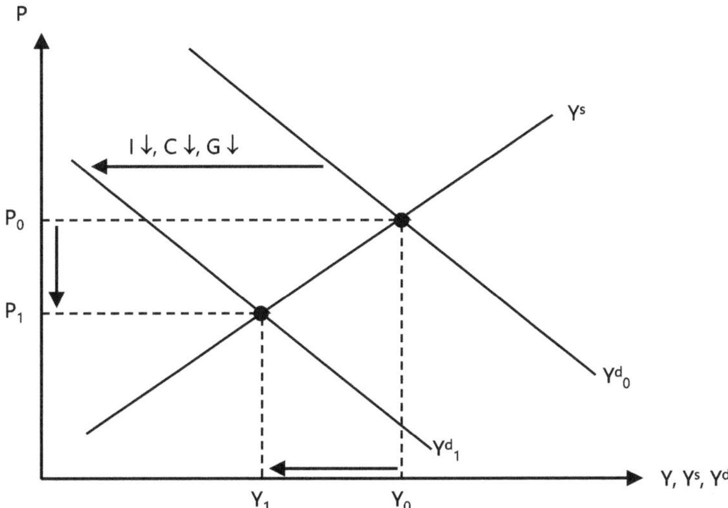

Abbildung 9.1: Folgen einer restriktiven Geldpolitik

In einer offenen Volkswirtschaft hat eine restriktive Geldpolitik zusätzliche inflationsdämpfende Effekte. Die Zinserhöhung im Inland macht es für ausländische Anleger attraktiver, ihr Geld im Inland anzulegen. Damit steigt die Nachfrage nach inländischen Wertpapieren. Mit ihr wird auch die Nachfrage nach der inländischen Währung größer, denn wenn ausländische Anleger diese Wertpapiere erwerben wollen, benötigen sie dafür die Währung des Inlands.

Falls also die Europäische Zentralbank ihren Zinssatz zur Inflationsbekämpfung erhöht, steigt die Nachfrage nach europäischen Wertpapieren und damit auch nach dem Euro. Daraus resultiert eine **Aufwertung** des Euros. Sie hat zwei inflationsdämpfende Effekte.

- Eine Aufwertung des Euros verteuert europäische Produkte im Ausland. Wenn der Euro gegenüber dem Dollar aufwertet, werden Produkte aus Europa – gemessen in Dollar – in den USA teurer. Die Amerikaner fragen daher weniger europäische Güter nach. Für Europa bedeutet das einen Rückgang der **Exporte**. Dieser verringert die gesamtwirtschaftliche Güternachfrage und wirkt somit inflationsdämpfend.
- Das Pendant einer Euroaufwertung ist eine Abwertung des Dollars. Damit werden amerikanische Produkte für europäische Nachfrager – ausgedrückt in Euro – preiswerter. Der **Import** billigerer Waren und Dienstleistungen aus dem Ausland senkt die Verbraucherpreise in Europa

und wirkt dadurch inflationsdämpfend. Gleichzeitig geht die Nachfrage nach in Europa produzierten Gütern zurück, weil diese durch preiswertere Produkte aus dem Ausland substituiert werden. Zudem erhöhen Importe die in Europa zur Verfügung stehende Gütermenge. Der damit verbundene Angebotsüberschuss wirkt ebenfalls preisniveaureduzierend.

Eine restriktive Geldpolitik führt somit über eine Verringerung der gesamtwirtschaftlichen Güternachfrage zu einem Angebotsüberschuss, der die Preise in einer Volkswirtschaft sinken lässt. Sofern sich die Volkswirtschaft nicht stets in einem Zustand der Vollbeschäftigung befindet – das ist der Fall, wenn die Güterangebotsgerade parallel zur Preisniveauachse verläuft –, geht die Inflationsbekämpfung mit einer Verringerung von Produktion und Beschäftigung einher. Das ist so gesehen der Preis für eine geringere Inflationsrate. Diese Aussage entspricht den Ausführungen zur Phillips-Kurve im → Abschnitt 4.1.

Die Zentralbank einer Volkswirtschaft steht somit vor der Herausforderung, eine ausbalancierte Zinspolitik anzuwenden. Wenn sie den Leitzins zu kräftig erhöht, dämpft das im Inland die Produktion und Beschäftigung zu stark. Es droht eine **Rezession**. Ist der gewählte Zinssatz zu niedrig, fördert das zwar die Investitionsgüternachfrage und mit ihr das Wirtschaftswachstum und die Beschäftigung, das gesetzte Inflationsziel wird jedoch nicht mehr erreicht, d. h. die Zentralbank verfehlt ihr Ziel, für Preisniveaustabilität zu sorgen.

Zumindest theoretisch lässt sich dieses Problem durch den **natürlichen Zins** lösen. Dieses Konzept geht auf den Ökonom Knut Wicksell (1898) zurück. Der natürliche Zins ist der Zinssatz, bei dem der Gütermarkt im Gleichgewicht ist und gleichzeitig das Preisniveau stabil ist. Leider ist dieser Zins nicht direkt messbar. Es gibt daher eine Reihe von unterschiedlichen Berechnungsweisen des natürlichen Zinses, unter anderem auch eine Erweiterung dieses Konzepts dahingehend, dass beim natürlichen Zins alle Märkte im Gleichgewicht sind (vgl. Crespo Cuaresma, Gnan und Ritzberger-Grünwald 2005, S. 31–35 und Deutsche Bundesbank 2017, S. 29–31 sowie die dort angegebene Literatur).

Darüber hinaus ist zu berücksichtigen, dass die restriktive Geldpolitik mit ihrer nachfragedämpfenden Wirkung gut geeignet ist, um eine **nachfragegetriebene Inflation** zu bekämpfen. Wenn eine zu hohe bzw. zu schnell wachsende gesamtwirtschaftliche Güternachfrage die Ursache für den Preisniveauanstieg ist, dämpft ein Zinsanstieg, wie beschrieben, diese Nachfrage. Die Ursache der Inflation wird dadurch direkt bekämpft. Sowohl bei einer angebotsgetriebenen Inflation als auch bei einer importierten Inflation stößt die Geldpolitik jedoch an Grenzen.

9.2 Grenzen der Inflationsbekämpfung durch die Geldpolitik

Bei einer **angebotsgetriebenen Inflation** ergibt sich der preisniveauerhöhende gesamtwirtschaftliche Nachfrageüberhang aus einer Reduzierung des Güterangebots. Ursache dafür kann das Ausbleiben wichtiger Vorleistungen sein oder ein Anstieg der Produktionskosten. In einem Preisniveau-Mengen-Diagramm bewirkt dieser Angebotsrückgang eine Verschiebung der gesamtwirtschaftlichen Güterangebotsgeraden nach links (oder nach oben). Die Folge ist ein neues Marktgleichgewicht mit einem höheren Preisniveau ($P_1 > P_0$) und einem geringeren Inlandsprodukt ($Y_1 < Y_0$, → Abbildung 9.2). Wenn die Zentralbank in dieser Situation eine restriktive Geldpolitik anwendet, sorgt sie damit für einen Zinsanstieg im Inland, der zu einem Rückgang der Investitionen und der kreditfinanzierten Konsumgüterkäufe führt. Die gesamtwirtschaftliche Güternachfragegerade wird folglich ebenfalls nach links verschoben. Das neue (zweite) Marktgleichgewicht kann sich dann durch das ursprüngliche Preisniveau ($P_2 = P_0$) auszeichnen, d. h. das Ziel der Inflationsbekämpfung wird erreicht. Allerdings ergibt sich auch ein zusätzlicher Rückgang des Inlandsprodukts ($Y_2 < Y_1$), der wiederum die Arbeitslosigkeit steigen lässt.

Kurzfristig geht die Inflationsbekämpfung durch eine restriktive Geldpolitik im Fall einer angebotsgetriebenen Inflation also mit einem Rückgang von Produktion und Beschäftigung einher. Der Angebotsmangel wird nicht durch eine Angebotsausweitung abgebaut, sondern durch eine Nachfragereduzierung. **Mittel**- und **langfristig** kann sich der Angebotsmangel sogar noch verschärfen: Die höheren Zinsen dämpfen die Investitionen und damit das langfristige Wachstum der Wirtschaft bzw. der gesamtwirtschaftlichen Produktionskapazitäten. Wenn die gesamtwirtschaftlichen Bruttoinvestitionen geringer sind als die Abschreibungen des laufenden Jahres, schrumpft der gesamtwirtschaftliche Kapitalbestand (→ Box 10). Damit sinken auch die Produktionskapazitäten des Landes. Die Güterangebotskurve der Volkswirtschaft wird in einem Preisniveau-Mengen-Diagramm weiter nach links verschoben.

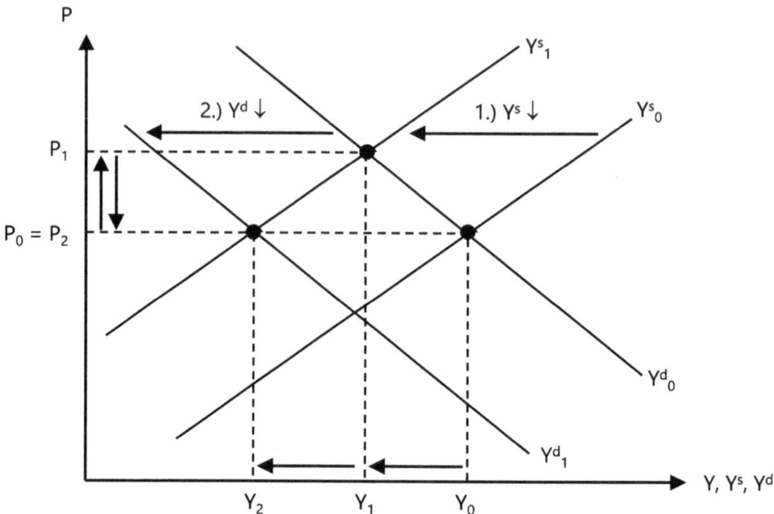

Abbildung 9.2: Folgen einer restriktiven Geldpolitik bei einer angebotsgetriebenen Inflation

Box 10 | Bruttoinvestitionen, Abschreibungen und Nettoinvestitionen

Die gesamtwirtschaftlichen Bruttoinvestitionen sind alle Käufe von Investitionsgütern, die innerhalb eines Jahres in einer Volkswirtschaft getätigt werden. Einige dieser Investitionen ersetzen jedoch nur den Teil des gesamtwirtschaftlichen Produktionsapparates, der durch die Produktionsaktivitäten des laufenden Jahres verschlissen wurde. Die Differenz zwischen den Bruttoinvestitionen und diesem Verschleiß – also den gesamtwirtschaftlichen Abschreibungen – sind die Nettoinvestitionen. Nur wenn die Nettoinvestitionen positiv sind, wächst der gesamtwirtschaftliche Kapitalbestand im Zeitablauf und damit auch die Produktionskapazitäten der Volkswirtschaft.

Im Fall einer angebotsgetriebenen Inflation sollte die Wirtschaftspolitik also stärker darauf achten, eine Ausweitung des gesamtwirtschaftlichen Güterangebots zu unterstützen, um damit die Ursache des steigenden Preisniveaus zu bekämpfen. Höhere Güterpreise sind selbstverständlich ein Anreiz für Unternehmen, ihre Produktion zu steigern. Die höheren Zinsen erschweren jedoch die Finanzierung der dafür notwendigen Investitionen.

Besonders problematisch wird die Inflationsbekämpfung, wenn der Grund für die Angebotsverknappung gar nicht im Inland liegt. Beispiele sind **Lieferkettenunterbrechungen** während der Coronapandemie oder die Folgen des Ukrainekriegs, die zu einer weltweiten Reduzierung des Angebots an fossiler Energie und an landwirtschaftlichen Produkten führen. Geldpolitische Maßnahmen der Europäischen Zentralbank haben keinen Einfluss auf diese Angebotsverknappungen.

Erschwerend kommt hinzu, dass die Zentralbank nicht weiß, wie lange eine Lieferkettenunterbrechung dauert. Wenn sie befürchtet, dass es sich um einen monatelangen Ausfall von importierten Rohstoffen, Vorleistungen und Endprodukten handelt, rechnet sie mit einem hohen Inflationsdruck. In diesem Fall ist ein entsprechend hoher Zinsanstieg erforderlich, um die Inflationsrate niedrig zu halten. Falls die Störungen der Importlieferungen jedoch nur wenige Wochen dauern, lässt sich der preisniveauerhöhende Angebotsmangel rasch abbauen. Die geldpolitische Reaktion auf die Lieferkettenunterbrechung ist dann zu restriktiv – mit negativen Folgen für die gesamtwirtschaftliche Produktion und das Beschäftigungsvolumen. Die gleiche Gefahr besteht im Fall von **klimabedingten** Produktionseinbußen. Auch in diesen Fällen ist möglicherweise nicht von vornherein klar, wie lange es dauert, bis durch Wetterextreme beschädigte Teile des gesamtwirtschaftlichen Produktionsapparats wieder repariert und einsatzfähig sind.

Bei einer **importierten Inflation** ist eine restriktive Geldpolitik zur Inflationsbekämpfung ebenfalls nur bedingt wirksam, weil die Zentralbank des Inlands nicht direkt Einfluss nehmen kann auf die inflationserhöhenden ökonomischen Entwicklungen im Ausland (vgl. Horst, Stempel und Neyer 2022, S. 428). Wenn es beispielsweise in den USA zu einem starken Wirtschaftswachstum kommt, lässt das die Preise in den USA steigen. Falls die US-Notenbank diesem Preisniveauanstieg nicht entgegenwirkt, bleibt das amerikanische Güterpreisniveau hoch, ohne dass die Europäische Zentralbank daran etwas ändern kann.

9.3 Stabilisierung der Inflationserwartungen

Auch wenn eine Leitzinserhöhung bei einer angebotsgetriebenen Inflation nicht hilfreich in dem Sinne ist, dass sie die Ursache dieser Preisniveausteigerung adressiert, kann diese zinspolitische Entscheidung dennoch einen inflationsdämpfenden Effekt haben.

Wenn die Zentralbank einer Volkswirtschaft sich zu diesem Schritt entscheidet, signalisiert sie damit ihre Entschlossenheit, ihr angestrebtes **Inflationsziel** zu erreichen. Das kann die Inflationserwartungen der Wirtschaftsakteure dahingehend beeinflussen, dass diese selbst bei aktuell hohen Inflationsraten für die Zukunft nur mit Steigerungen des gesamtwirtschaftlichen Preisniveaus rechnen, die dem Inflationsziel der Zentralbank entsprechen. Diese Erwartungshaltung kann wiederum zur Folge haben, dass keine zu hohen Nominallohnforderungen als Reaktion auf eine aktuell hohe Inflationsrate gestellt werden. Dadurch lässt sich eine **Lohn-Preis-Spirale** verhindern (vgl. Illing 2020, S. 433). Gleiches gilt für andere Zweitrunden-Effekte.

Die durch eine Leitzinserhöhung der Zentralbank hervorgerufene Stabilisierung der Inflationserwartungen der inländischen Wirtschaftsakteure verhindern zudem, dass diese Güterkäufe vorziehen. Das vermeidet einen Anstieg der Güternachfrage, der inflationserhöhend wirken würde (siehe dazu die Ausführungen im → Abschnitt 3.4).

Allerdings sind auch die Grenzen der Versuche zur Stabilisierung der Inflationserwartungen zu beachten. Wenn es für einen Preisniveauanstieg eine unerwartete Ursache gibt, kann die Zentralbank dies nicht verhindern. Bei einem **unerwarteten Inflationsschock** gelingt es der Zentralbank also nicht, ihr Inflationsziel nicht erreichen. Damit droht der Zentralbank der Verlust ihrer Reputation (vgl. Hüther und Obst 2022, S. 2). Ursachen für unvorhersehbare Inflationsschocks sind beispielsweise Unterbrechungen der internationalen Transportwege, Naturkatastrophen oder auch ein nicht erwarteter Anstieg der kreditfinanzierten Staatsausgaben.

9.4 Die Bedeutung des Realzinssatzes

Grundsätzlich gilt, dass eine restriktive Geldpolitik zwar die Inflationsrate dämpfen kann, gleichzeitig aber über die steigenden Zinsen die Investitionen verringert und so die wirtschaftliche Dynamik einer Volkswirtschaft bremst. Wenn geringe Investitionen auf eine stark steigende Güternachfrage treffen – z. B. weil die Bevölkerungszahl wächst oder das Ausland seine Nachfrage nach Produkten des Inlands kräftig erhöht –, kommt es wegen der geringen Investitionen nur zu einer geringfügigen Ausweitung der gesamtwirtschaftlichen Produktionskapazitäten. Der Anstieg des gesamtwirtschaftlichen

Güterangebots fällt geringer aus als der Nachfrageanstieg. Die Folge ist ein Preisniveauanstieg.

Eine gewisse Entspannung ergibt sich jedoch, wenn zwar die nominalen Zinsen steigen, nicht aber die **realen Zinsen**. Dies ist der Fall, wenn das nominale Preisniveau stärker steigt als die nominalen Zinsen. Als grobe Faustformel zur Berechnung der Höhe des realen, also inflationsbereinigten Zinssatzes gilt, dass der Realzinssatz die Differenz zwischen dem Nominalzinssatz und der Inflationsrate ist (siehe dazu Anhang 3).

Ausgehend von einer wirtschaftlichen Situation, in der der Nominalzinssatz fünf Prozent beträgt und die jährliche Inflationsrate zwei Prozent, ergibt sich daraus ein Realzins in Höhe von drei Prozent. Wenn es auf Seiten der Unternehmen keine **Geldillusion** gibt, orientieren sie ihre Investitionsentscheidungen an der Höhe des realen Zinssatzes und nicht am nominalen Zinssatz. Falls es nun zu einem Anstieg des gesamtwirtschaftlichen Preisniveaus auf vier Prozent kommt und der nominale Zins vorerst unverändert bleibt, sinkt der reale Zinssatz auf ein Prozent (→ Tabelle 9.1). Die Unternehmen erkennen anhand der höheren Preise, die sie für ihre Güter erhalten, dass der Realzins gesunken ist. Ein geringerer Realzins führt zu höheren Investitionen, was für sich genommen zu einer höheren Produktion führt. Dies ist ein kurzfristiger wachstumserhöhender Effekt der Inflation, der bereits in → Abschnitt 4.2. erwähnt wurde.

	Nominalzins	Inflationsrate	Realzins
Ausgangssituation	5 %	2 %	3 %
Inflation	5 %	4 %	1 %
restriktive Geldpolitik (1)	6 %	4 %	2 %
restriktive Geldpolitik (2)	8 %	3 %	5 %

Tabelle 9.1: Entwicklung des Realzinssatzes in Abhängigkeit von Nominalzinssatz und Inflationsrate

Die Zentralbank reagiert auf die höhere Inflationsrate mit einer restriktiven Geldpolitik, die in diesem Beispiel zunächst noch zurückhaltend ist. Sie erhöht den Nominalzins auf sechs Prozent. Sofern diese moderate geldpolitische Maßnahme noch keine oder lediglich eine geringe inflationsreduzierende Wirkung entfaltet, kann es sein, dass die Inflationsrate zunächst unverändert bleibt (bzw. nur geringfügig sinkt). Der Realzins steigt leicht an (von einem auf zwei Prozent, → Tabelle 9.1). Damit ist der Realzins immer noch geringer als in der Ausgangssituation. Daher ist auch das Investitionsniveau höher als ursprünglich. Erst eine stärkere Zinserhöhung lässt das Inflationsniveau sinken. Dann kommt es auch zu einem stärkeren Anstieg des Realzinses. Er lässt die Investitionen unter das Niveau in der Ausgangssituation sinken. Das führt zu einem Produktions- und Beschäftigungsniveau, das geringer ist als in der Ausgangssituation.

9.5 Fiskalische Dominanz

Bei dem Begriff der fiskalischen Dominanz geht es um die Frage, wie unabhängig eine Zentralbank bei ihren geldpolitischen Entscheidungen faktisch ist. Die **fiskalische Dominanz** beschreibt dabei eine Situation, in der die Zentralbank keine autonome Geldpolitik betreibt, weil sie die Auswirkungen ihrer Zinsentscheidungen auf die öffentlichen Finanzen berücksichtigt und zur Sicherung der langfristigen Tragfähigkeit der öffentlichen Finanzen bereit ist, vom Ziel der Preisniveaustabilität abzuweichen.

Mit Blick auf zwei zentrale wirtschaftspolitische Ziele – die Preisniveaustabilität und die langfristige Tragfähigkeit der öffentlichen Finanzen – gibt es in marktwirtschaftlich organisierten Volkswirtschaften eine wirtschaftspolitische Arbeitsteilung:

- Die unabhängige Zentralbank ist mit ihrer **Geldpolitik** für das Ziel der Geldwert- bzw. der Preisniveaustabilität zuständig.
- Der Staat – in Deutschland also vor allem der Bund, die Bundesländer und die Kommunen – ist mit seiner **Fiskalpolitik** dafür verantwortlich, dass die langfristige Tragfähigkeit der öffentlichen Finanzen gewährleistet ist und der Staat dauerhaft in der Lage ist, seinen bestehenden finanziellen Verpflichtungen nachzukommen. Das bedeutet, wie in → Abschnitt 4.4. bereits erläutert, dass der Staat seine Kreditwürdigkeit nicht verliert. Damit dies nicht geschieht, ist ein zu starker Anstieg der staatlichen Verschuldung zu vermeiden.

Die Literatur unterscheidet bezüglich der Geld- und der Fiskalpolitik zwischen einer aktiven und einer passiven Politik (vgl. SVR 2021, S. 130 f.).

Bei einer **aktiven Geldpolitik** verfolgt die Zentralbank ihr Inflationsziel ohne Rücksicht auf fiskalpolitische Erwägungen. Sie steuert die Zentralbankgeldmenge – und mit ihr die Zinshöhe und die Veränderung der Verbraucherpreise – unabhängig von den Konsequenzen, die höhere Zinsen auf die Entwicklung der Staatsschulden haben. In diesem Fall liegt eine **monetäre Dominanz** vor (vgl. Illing 2016, S. 4 und SVR 2021, S. 129 ff.).

Wenn höhere Zinsen die staatlichen Zinsausgaben steigen lassen, muss der Staat diese Mehrausgaben gegenfinanzieren – entweder durch Ausgabenkürzungen in anderen Bereichen und/oder durch eine Erhöhung der staatlichen Einnahmen, also vor allem der Steuereinnahmen. Wenn der Staat diese Handlungsoptionen nicht ausüben will – z. B. weil Ausgabenkürzungen im Bereich der sozialen Sicherung in der Bevölkerung auf Widerstände stoßen –, kommt es zu einem Anstieg der Staatsverschuldung. Um das Ziel der langfristigen Tragfähigkeit der öffentlichen Finanzen zu erreichen, muss der Staat also seine Fiskalpolitik anpassen. In einer solchen Situation wird von einer **passiven Fiskalpolitik** gesprochen: Der Staat kann seine Einnahmen und Ausgaben nicht autonom bestimmen, sondern er muss auf die Geldpolitik der Zentralbank reagieren.

Bei einer **aktiven Fiskalpolitik** wählt der Staat die Höhe seiner Einnahmen und Ausgaben hingegen unabhängig von den geldpolitischen Entscheidungen der Zentralbank. Im Fall einer restriktiven Geldpolitik mit steigenden Zinsen passt er seine Einnahmen und Ausgaben nicht an, um die zinsbedingten Mehrausgaben zu finanzieren. Um dennoch einen zu starken Anstieg der Staatsverschuldung zu vermeiden, der im schlimmsten Fall in einem Staatsbankrott enden könnte, sieht sich die Zentralbank gezwungen zu reagieren. Sie kann ihre geldpolitischen Entscheidungen dann nicht mehr ohne Rücksicht auf die daraus resultierenden fiskalpolitischen Konsequenzen treffen. Das bedeutet, dass ein weniger restriktiver geldpolitischer Kurs gewählt wird. Die Folge ist ein geringerer Zinsanstieg, aber auch eine höhere Inflation. In diesem Fall liegt eine **fiskalische Dominanz** vor (vgl. Illing 2016, S. 4 f. und SVR 2021, S. 129 ff.). Die Fiskalpolitik bestimmt in dieser Situation die Geldpolitik. Da die Zentralbank ihre geldpolitischen Entscheidungen an die Fiskalpolitik anpassen muss, handelt es sich um eine **passive Geldpolitik**.

Wenn der Staat nicht bereit oder in der Lage ist, seine Ausgaben- und Einnahmenpolitik so anzupassen, dass er auch bei steigenden Zinsen (und damit steigenden Zinsausgaben) alle Ausgaben durch Einnahmen decken kann, und wenn die Zentralbank gleichzeitig einen Anstieg der öffentlichen Verschuldung verhindern will, schränkt das die geldpolitischen Handlungsspielräume der Zentralbank ein. Es kann dann dazu kommen, dass die Zentralbank preisniveaustabilisierende Zinserhöhungen unterlässt. Das Ziel der Preisniveaustabilität kann somit nicht erreicht werden.

9.6 Geldpolitik bei einer gemeinsamen Währung

Die Europäische Zentralbank steht mit ihrer Geldpolitik vor der Herausforderung, dass sie nicht für eine, sondern für 19 Volkswirtschaften eine preisniveaustabilisierende Geldpolitik betreiben muss. Diese 19 Volkswirtschaften zeichnen sich noch immer durch zum Teil erhebliche makroökonomische Unterschiede aus. Exemplarisch zeigt sich dies beim Blick auf die Höhe der Arbeitslosigkeit, der Inflationsrate und der öffentlichen Schulden in Ländern wie Deutschland und den Niederlanden auf der einen und in den südeuropäischen Volkswirtschaften auf der anderen Seite (→ Tabelle 9.2). Vor allem bei der Arbeitslosigkeit und der Höhe der öffentlichen Schulden in Relation zum Bruttoinlandsprodukt gibt es erhebliche Unterschiede.

	Arbeitslosenquote in Prozent (Juni 2022)	jährliche Inflationsrate in Prozent (Juni 2022)	öffentliche Schulden in Prozent des BIP (Ende 1. Quartal 2022)
Deutschland	2,8	8,2	68,2
Niederlande	3,4	9,9	50,7
Österreich	4,3	8,7	84,1
Eurozone	6,6	8,6	95,6
Griechenland	12,3	11,6	189,3
Italien	8,1	8,5	152,6
Portugal	6,1	9,0	127,0
Spanien	12,6	10,0	117,7

Tabelle 9.2: Zentrale makroökonomische Indikatoren für ausgewählte Eurozonen-Länder, Quellen: Eurostat 2022a, 2022b und 2022c

Solange Länder mit einer nur geringen **internationalen Wettbewerbsfähigkeit** noch über eine eigene Währung verfügen, können sie diesen ökonomischen Nachteil abdämpfen. Ein **flexibler Wechselkurs** ist ein entscheidendes Instrument, um produktionstechnologische Nachteile einer Volkswirtschaft auszugleichen und damit deren internationale Wettbewerbsfähigkeit zu sichern. Die Währung eines Landes mit Produktivitätsnachteilen wird im Fall eines flexiblen Wechselkurses abgewertet und federt so die Nachteile einer geringeren internationalen Wettbewerbsfähigkeit ab:

- Die Abwertung der eigenen Währung macht die Produkte der einheimischen Unternehmen im Ausland billiger. Das baut den Wettbewerbsnachteil der inländischen Unternehmen im Rest der Welt ab. Die Exporte nehmen zu. Das erhöht im Inland Produktion und Beschäftigung.
- Gleichzeitig erhöht die Abwertung der eigenen Währung den Preis der Produkte aus dem Ausland. Dadurch verbessert sich die preisliche Wettbewerbsfähigkeit der einheimischen Unternehmen im Inland. Die Importe des Inlands gehen zurück. Auch diese Entwicklung wirkt im Inland produktions- und beschäftigungserhöhend.

Mit der Einführung einer europäischen Gemeinschaftswährung entfällt diese Möglichkeit, sodass Volkswirtschaften mit ungünstigeren Produktionstechnologien bzw. mit geringeren Produktivitätszuwächsen Absatz- und Beschäftigungsprobleme erleiden. Der Verzicht auf eine eigene Währung in Kombination mit einer mangelnden internationalen Wettbewerbsfähigkeit äußert sich darin, dass die Exporte des Landes zurückgehen, während die Importe zunehmen. Dies bedeutet einen Rückgang der Nachfrage nach heimischen Produkten im In- und Ausland. Daraus resultiert ein Rückgang der Produktion und der Beschäftigung.

Angesichts dieser möglichen negativen ökonomischen Folgen, die sich aus dem Beitritt zu einer **Währungsunion** mit einer gemeinsamen Währung ergeben können, stellt sich die Frage, welche Bedingungen erfüllt sein müssen, damit dieser Beitritt für das betreffende Land vorteilhaft ist. Hier sind drei Aspekte von zentraler Bedeutung: eine ähnliche Produktivitätsentwicklung, nach unten hin flexible Preise der Produktionsfaktoren und eine hohe Faktormobilität.

Am unproblematischsten ist der Beitritt zu einer Währungsunion, wenn alle beteiligten Volkswirtschaften ein ähnliches Produktivitätsniveau besitzen und zudem die gleichen Produktivitätswachstumsraten aufweisen. In diesem Fall ist ein flexibler Wechselkurs zur Aufrechterhaltung der internationalen Wettbewerbsfähigkeit nicht erforderlich.

Sobald jedoch ein Mitglied einer Währungsunion bei der Produktivitätsentwicklung hinterherhinkt, ist es erforderlich, die Produktionskosten im Inland zu senken. Hier ist vor allem an ein Absenken der Preise für die in der Produktion eingesetzten Faktoren Arbeit, Boden und Kapital zu denken, also an eine Reduzierung der Löhne, Mieten bzw. Pachten und eine Zinssenkung. Da sich die Kapitalmärkte jedoch immer mehr zu international vernetzten Märkten entwickeln, kann ein einzelnes Land den Zinssatz nur sehr schwer beeinflussen. Und in einer Währungsunion, in der die Mitgliedstaaten keine eigenen Zentralbanken mehr haben, entfällt zudem die nationale Geldpolitik als Instrument zur Beeinflussung des Zinssatzes. Entscheidend ist daher eine Verringerung der Löhne, um so die Produktionskosten zu senken und die internationale Wettbewerbsfähigkeit wieder zu erlangen.

Wenn sich Lohnsenkungen jedoch nicht durchsetzen lassen, kann ein Land mit einer unterdurchschnittlichen Produktivitätsentwicklung einen Anstieg der Arbeitslosigkeit nur verhindern, wenn die heimischen Arbeitskräfte mobil sind und in die Länder der Währungsunion ziehen, in denen es eine höhere Produktivität mit höherer Produktion und Beschäftigung gibt. Die Mobilität des Faktors Arbeit sorgt dafür, dass in der Volkswirtschaft mit den Produktivitätsnachteilen die Arbeitslosigkeit nicht ansteigt, weil die überschüssigen Arbeitskräfte das Land verlassen. Damit unterbleibt ein Anstieg der staatlichen Ausgaben zur Abmilderung der Arbeitslosigkeit, sodass die staatliche Verschuldung nicht zunimmt.

Im Fall produktionstechnologischer Unterschiede sollten sich deshalb nur Länder zu einer Währungsunion zusammenschließen, zwischen denen eine hohe Faktormobilität herrscht und/oder in denen die Faktorpreise hinreichend flexibel sind. Dies ist die Kernaussage der sogenannten **Theorie des optimalen Währungsraums**, die auf Robert Mundell zurückgeht (vgl. Mundell 1961, ebenso McKinnon 1963). Diese beiden Bedingungen für eine funktionsfähige Währungsunion sind in der Eurozone jedoch nicht erfüllt: Die Mobilität der Arbeitskräfte ist innerhalb des Euroraums sehr gering, und auch Lohnsenkungen finden nur selten statt.

Die Europäische Zentralbank steht somit vor zwei enormen geldpolitischen Herausforderungen:

- Zum einen orientiert sie sich an der **durchschnittlichen Preisniveauentwicklung** der gesamten Eurozone. Das hat jedoch zur Folge, dass die geldpolitischen Entscheidungen für die einzelnen Volkswirtschaften zu locker oder zu restriktiv sind. Vereinfachend und zugespitzt bedeutet dies: Für die eine Hälfte der Eurozone ist eine bestimmte Zinsentscheidung zu locker (weil es in diesen Volkswirtschaften bereits eine hohe Güternachfrage gibt und der Inflationsdruck hoch ist, die Zinsen also höher sein müssten) und für die andere Hälfte ist die gleiche geldpolitische Entscheidung zu restriktiv (weil es noch gar keinen Inflationsdruck gibt und der höhere Zins nun die Investitionen verringert).

- Zum anderen ergibt sich eine Herausforderung, wenn die Europäische Zentralbank bei ihren geldpolitischen Entscheidungen auch die Auswirkungen auf die **öffentlichen Schulden** berücksichtigt. Falls die Europäische Zentralbank die Auswirkungen einer Leitzinserhöhung auf die langfristige Tragfähigkeit der öffentlichen Finanzen in ihr Entscheidungskalkül einbezieht, muss sie die staatlichen Schulden aller 19 Eurozonen-Staaten berücksichtigen. Dabei gilt: Wenn einer dieser Staaten seine Bonität verliert, droht dort ein Staatsbankrott, der historisch gesehen auch immer negative realwirtschaftliche Dominoeffekte für das betreffende Land nach sich zieht, also einen Rückgang von Produktion, Beschäftigung und Einkommen. Bei großen Volkswirtschaften, wie z. B. Italien, wirkt sich dieser Wirtschaftseinbruch auch auf die Eurozonen-Länder aus, die enge wirtschaftliche Verflechtungen mit Italien haben. Gleichzeitig könnte der Bankrott eines Staates der Eurozone zu der Erwartung bzw. Befürchtung führen, dass andere Eurozonen-Länder ebenfalls zahlungsunfähig werden könnten. Diese Unsicherheit kann dazu führen, dass diesen Ländern keine weiteren Kredite mehr gewährt werden – und wenn, dann nur zu höheren Zinsen, was die Schuldendynamik verschärfen würde. Damit würde die gesamte Eurozone früher oder später unter Druck geraten.

Während also beispielsweise die amerikanische Notenbank ihre Geldpolitik an der durchschnittlichen Entwicklung aller US-Bundesstaaten ausrichten kann, muss sich die Europäische Zentralbank letztendlich am schwächsten Eurozonen-Land orientieren. Erst wenn in allen 19 Eurozonen-Ländern die wirtschaftliche Dynamik stark genug ist, dass Zinssteigerungen den Aufschwung nicht abwürgen, kann eine Erhöhung des Leitzinses erfolgen. Dann aber kann es in den stark wachsenden Ländern der Eurozone bereits zu hohe Inflationsraten geben. Hier gibt es einen **Zielkonflikt**, der sich nicht auflösen lässt.

9.7 Inflationsbekämpfung durch Devisenmarktinterventionen

Mit den bisher beschriebenen geldpolitischen Instrumenten zielt eine Zentralbank direkt auf das einheimische Preisniveau ab. Darüber hinaus kann eine Zentralbank über die Beeinflussung des Wechselkurses die Preise für importierte Waren und Dienstleistungen – ausgedrückt in der Währung des Inlands – beeinflussen.

Will die Zentralbank das inländische Preisniveau senken, hilft dabei eine **Aufwertung** der eigenen Währung. Diese Aufwertung ist gleichbedeutend mit einer Abwertung der Währung des Auslands. Sie senkt die Preise für importierte Produkte. Wie in → Abschnitt 5.4 gezeigt, kostet eine Tonne amerikanischer Stahl im Wert von 1.000,- Dollar bei einem Wechselkurs von einem Dollar gleich einem Euro in Europa 1.000,- Euro. Wenn der Dollar wegen seiner Abwertung nur noch 0,85 Euro wert ist, sinkt der Preis für amerikanischen Stahl in Europa auf 850,- Euro. Falls in Europa amerikanische Produkte einen spürbar großen Anteil an dem Warenkorb haben, der für die Berechnung des Verbraucherpreisindexes herangezogen wird, wirkt die Aufwertung des Euros in der Eurozone **preisniveausenkend**.

Die Europäische Zentralbank kann durch **Devisenmarktinterventionen** den Wechselkurs des Euros beeinflussen. Wenn sie eine Aufwertung des Euros und damit eine Abwertung des Dollars anstrebt, verkauft sie Dollar aus ihren Devisenbeständen. Der Verkauf von Dollar bewirkt auf den internationalen Devisenmärkten eine Erhöhung des Dollarangebots. So kommt es zu einem Angebotsüberschuss auf dem Markt für Dollar. Wie auf allen Märkten führt ein Angebotsüberschuss zu einem Rückgang des Preises für das auf dem Markt gehandelte Produkt. In diesem Fall sinkt also der Wert des Dollars.

Bei einem hinreichend hohen Volumen von Dollar, das die Europäische Zentralbank auf den Devisenmärkten verkauft, kommt es also zu der erwünschten Dollarabwertung – und damit Euroaufwertung. Allerdings ist zu beachten, dass die Devisenreserven einer Zentralbank begrenzt sind. Sollte die Europäische Zentralbank alle ihre Dollarbestände verkauft haben, steht ihr dieses Instrument nicht mehr zur Verfügung.

Devisenmarktinterventionen können auch erfolgen, um eine **Deflation** im Inland zu verhindern. Zu ihr kann es kommen, wenn die Aufwertung der heimischen Währung zu stark ist. Bei einer starken Aufwertung der eigenen Währung kann der preisniveaudämpfende Effekt so groß werden, dass die

Inflationsrate negativ wird. In diesem Fall erfolgen die Devisenmarktinterventionen einer Zentralbank dadurch, dass sie ausländische Währungen kauft, um so deren Wert zu stabilisieren bzw. zu erhöhen. Ein Beispiel für so ein Vorgehen ist die Schweizerische Nationalbank.

Im Laufe des Jahres 2011 wurde der Schweizer Franken so stark, dass eine deflationäre Entwicklung befürchtet wurde. Um dies zu verhindern, legte die Schweizerische Zentralbank Anfang September 2011 einen Mindestkurs für den Euro fest. In der entsprechenden Pressemitteilung hieß es: „Die Schweizerische Nationalbank ... toleriert am Devisenmarkt ab sofort keinen Euro-Franken-Kurs unter dem Mindestkurs von 1.20. Die Nationalbank wird den Mindestkurs mit aller Konsequenz durchsetzen und ist bereit, unbeschränkt Devisen zu kaufen“ (Schweizerische Nationalbank 2011). Dieser Mindestkurs wurde erst am 15. Januar 2015 aufgehoben (vgl. Schweizerische Nationalbank 2015). Die Stärkung der ausländischen Währung bedeutet eine Schwächung der eigenen Währung. Für dieses Instrument gibt es keine Begrenzung, denn die Zentralbank kann das Angebot der eigenen Währung, die sie für den Kauf von Devisen benötigt, beliebig ausweiten.

9.8 Fazit zur restriktiven Geldpolitik

Eine Verringerung des Preisniveauanstiegs verlangt den Abbau des gesamtwirtschaftlichen Nachfrageüberhangs, der für einen Anstieg des Preisniveaus verantwortlich ist.

Eine restriktive Geldpolitik der Zentralbank kann die gesamtwirtschaftliche Güternachfrage reduzieren, weil **höhere Zinsen** die Investitionsgüternachfrage der Unternehmen ebenso reduzieren wie die kreditfinanzierten Güterkäufe der privaten Haushalte und des Staates. Zusätzlich bewirkt ein höherer Zinssatz eine Aufwertung der heimischen Währung, was zu einer geringeren Exportnachfrage führt und gleichzeitig über höhere Importe das Güterangebot im Inland ausweitet. Dies alles baut den inflationserhöhenden Nachfrageüberhang ab. Folglich ist eine restriktive Geldpolitik eine geeignete wirtschaftspolitische Antwort auf eine nachfragegetriebene Inflation.

Bei einer **nachfragegetriebenen Inflation** kann es sogar trotz einer Zinserhöhung zu einem Anstieg der gesamtwirtschaftlichen Produktionskapazitäten und damit auch des Inlandsprodukts kommen:

- Bei einer nachfragegetriebenen Inflation geht der Preisniveauanstieg auf eine höhere gesamtwirtschaftliche Güternachfrage (Y^d ↑) zurück. Das höhere Preisniveau ($P_1 > P_0$) geht einher mit einem höheren Inlandsprodukt ($Y_1 > Y_0$, → Abbildung 9.3).
- Der Zinsanstieg, der sich aus einer restriktiven Geldpolitik ergibt, bewirkt einen Rückgang der Investitionen (I ↓). Die damit verbundene Verringerung der gesamtwirtschaftlichen Güternachfrage dämpft sowohl den Inflationsdruck ($P_2 < P_1$) als auch das Inlandsprodukt ($Y_2 < Y_1$). Solange der Anstieg des Preisniveaus von P_0 auf P_2 zu einer Inflationsrate von weniger als zwei Prozent führt, erreicht beispielsweise die Europäische Zentralbank ihr Inflationsziel. Wie → Abbildung 9.3 zeigt, kann es trotz des Rückgangs des Inlandsprodukts zu einem Gütermarktgleichgewicht kommen, bei dem das Inlandsprodukt größer ist als in der Ausgangssituation ($Y_2 > Y_0$).

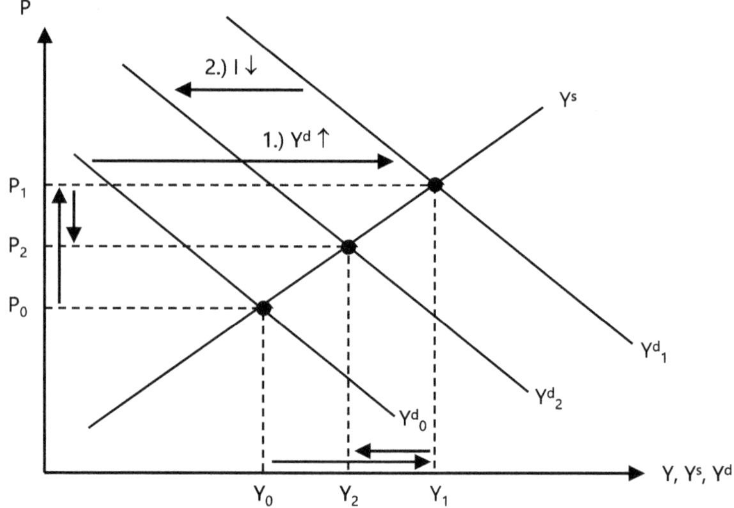

Abbildung 9.3: Folgen einer restriktiven Geldpolitik bei einer nachfragegetriebenen Inflation

Zu beachten ist zudem, dass es auch bei sinkenden Investitionen immer noch zu Investitionen kommt, die den gesamtwirtschaftlichen Produktionsapparat vergrößern (sofern die Nettoinvestitionen positiv sind). Damit wächst auch das gesamtwirtschaftliche Güterangebot. Der daraus resultierende Abbau des Nachfrageüberhangs auf dem Gütermarkt bewirkt einen weiteren

Rückgang des gesamtwirtschaftlichen Preisniveaus und einen Anstieg des Inlandsprodukts – und damit auch ein höheres Beschäftigungsniveau.

Bei einer Inflation, die auf andere Ursachen zurückzuführen ist, ist eine restriktive Geldpolitik hingegen weniger erfolgreich. Bei einer **Gewinninflation** setzt die Zinspolitik der Zentralbank nicht an der Inflationsursache – also der bestehenden Marktmacht von Monopolisten oder Kartellen – an. Auch bei einer **importierten Inflation** ist die heimische Zentralbank mehr oder weniger machtlos, weil sie mit ihren geldpolitischen Instrumenten nicht die im Ausland liegenden Inflationsursachen bekämpfen kann.

Schließlich ist eine Zinserhöhung auch nicht in der Lage, die Angebotsverknappung, die die Ursache einer **angebotsgetriebenen Inflation** ist, zu beheben. Im Gegenteil: höhere Zinsen dämpfen die Investitionstätigkeiten der Unternehmen und stellen zudem über höhere Kapitalkosten eine Erhöhung der Produktionskosten dar. Bei einer angebotsgetriebenen Inflation wirkt sich eine restriktive Geldpolitik darüber hinaus auch schon kurzfristig negativ auf Produktion und Beschäftigung aus. Selbst wenn ein Preisniveauanstieg, der zu einer Inflation von nicht mehr als zwei Prozent führt, akzeptiert wird ($P_2 > P_0$), kommt es zu einem Rückgang des Inlandsprodukt ($Y_2 < Y_0$, → Abbildung 9.4). Im Fall einer nachfragegetriebenen Inflation ist hingegen bei einer restriktiven Geldpolitik ein höheres Inlandsprodukt als in der Ausgangssituation möglich, wie in → Abbildung 9.3 gezeigt.

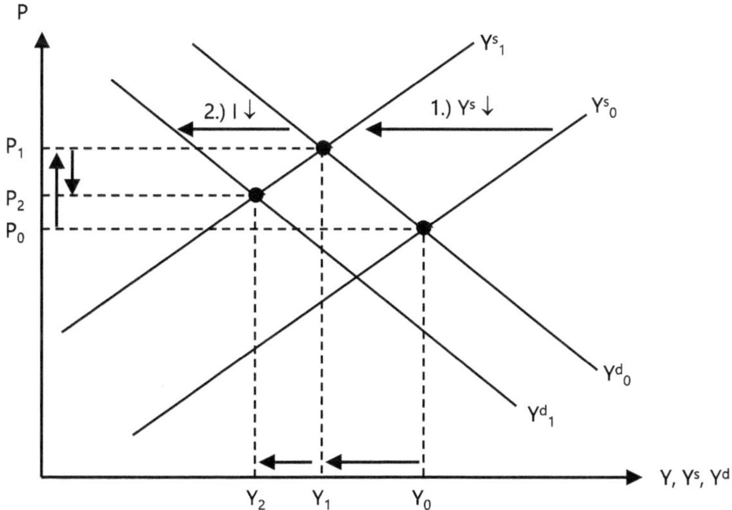

Abbildung 9.4: Folgen einer Leitzinserhöhung bei einer angebotsgetriebenen Inflation

Trotz dieser Grenzen der Geldpolitik ist darauf hinzuweisen, dass ein zu starker Anstieg der Inflationsraten zu verhindern ist, weil hohe Inflationsraten mittel- und langfristig negative Auswirkungen auf Wachstum und Beschäftigung haben können (siehe dazu die Ausführungen im → Abschnitt 4.3). Auch wenn eine restriktive Geldpolitik über den Zinsanstieg die weiter oben beschriebenen Verringerungen von Produktion, Beschäftigung und damit auch Einkommen nach sich ziehen können, sind die Nachteile in Kauf zu nehmen, um eine **Hyperinflation** zu verhindern.

Sofern die Zentralbank alleine nicht in der Lage ist, die Inflationsursachen zu bekämpfen – dies ist insbesondere bei einer angebotsgetriebenen Inflation der Fall –, braucht sie zusätzliche Unterstützung. Dabei ist allen voran die **Fiskalpolitik** gefordert. Dies gilt schon alleine deshalb, weil fiskalpolitische Maßnahmen einen Einfluss auf geldpolitische Zielgrößen haben und umgekehrt. So haben die geldpolitischen Entscheidungen der Zentralbank stets eine Auswirkung auf die Entwicklung der staatlichen Verschuldung, vor allem über die Höhe der staatlichen Zinsausgaben und über die Auswirkungen der Geldpolitik auf das Wirtschaftswachstum der Volkswirtschaft. Und fiskalpolitische Maßnahmen haben ihrerseits Auswirkungen auf die Zinshöhe und das gesamtwirtschaftliche Preisniveau, vor allem über die Höhe der staatlichen Kreditaufnahme und über die staatliche Nachfrage nach Gütern und Produktionsfaktoren. Daher sind die „Geld- und Fiskalpolitik … inhärent miteinander verwoben“ (Sigl-Glöckner et al. 2021, S. 17). Wie die Fiskalpolitik und andere wirtschaftspolitische Maßnahmen das gesamtwirtschaftliche Preisniveau dämpfen können und so zur Preisniveaustabilität beitragen, wird im anschließenden zehnten Kapitel diskutiert.

10 Weitere wirtschaftspolitische Handlungsoptionen

Weitere wirtschaftspolitische Maßnahmen, die dem Ziel der Preisniveaustabilität dienen, sind in erster Linie Maßnahmen zur Steigerung des gesamtwirtschaftlichen Güterangebots und zur Reduzierung der Güternachfrage. Hinzu kommen eine Intensivierung des Wettbewerbs zur Bekämpfung einer Gewinninflation und eine sozialpolitische Flankierung hoher Inflationsraten zur Vermeidung sozialer Spannungen. Staatliche Preisbegrenzungen nach oben, also Höchstpreise, sind hingegen nicht sinnvoll.

10.1 Ineffektivität von Preiseingriffen

Wenn die Preise für Konsumgüter steigen, besteht ein erster Reflex darin, diese Preissteigerungen durch einen staatlichen Eingriff in das Preissystem zu bremsen. Das dafür passende Instrument ist ein **Höchstpreis**. Dabei handelt es sich um einen gesetzlich festgelegten Preis, der unter dem Gleichgewichtspreis liegt, der sich auf dem Markt ohne diesen Markteingriff ergeben würde. Ein Höchstpreis darf unterschritten, aber nicht überschritten werden. Sein Ziel ist es, die Konsumenten vor zu hohen Preisen zu schützen.

Ein Höchstpreis begrenzt zwar einen Preisanstieg bei den von ihm betroffenen Waren und Dienstleistungen. Wenn für eine Vielzahl von Konsumgütern Preisdeckelungen nach oben eingeführt werden, wirkt sich dies auch auf das gesamtwirtschaftliche Preisniveau aus. Die Inflation wird somit gedämpft. Ein Höchstpreis hat aber auch drei zentrale Nachteile.

Zunächst einmal führt der Höchstpreis (p^H) zu einem **Nachfrageüberhang** (⟶ Abbildung 10.1). Da der Höchstpreis nicht überschritten werden darf, kann der Nachfrageüberhang nicht durch eine Preissteigerung abgebaut werden, sodass der Nachfrageüberhang **dauerhaft** ist. Dies bedeutet, dass nicht alle Nachfrager zum Zuge kommen und das betreffende Gut erwerben können. Die Konsumenten haben daher einen Anreiz, den Höchstpreis zu umgehen, indem sich beispielsweise ein Schwarzmarkt für das betreffende Gut bildet oder andere Zahlungsformen gewählt werden,

z. B. Bestechungsgelder oder überhöhte Abstandszahlungen im Fall von Höchstmieten.

Die Tatsache, dass der Höchstpreis nicht überschritten werden darf, hat zudem zur Folge, dass es für die Anbieter keinen Anreiz gibt, ihr Angebot auszuweiten. Ein Abbau des Nachfrageüberhangs durch eine Ausweitung des Angebots erfolgt daher nur, wenn der Staat die Anbieter subventioniert oder selbst als Anbieter auftritt. Ein Markteingriff des Staates in Form eines Höchstpreises zieht daher weitere Markteingriffe nach sich.

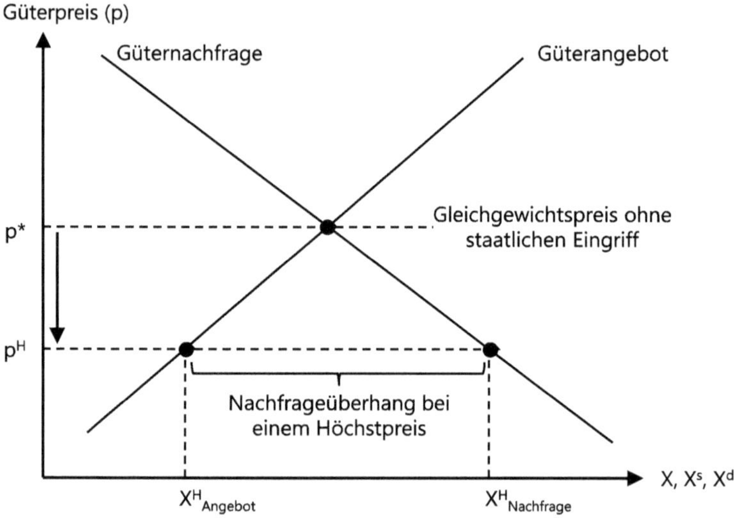

Abbildung 10.1: Wirkung eines Höchstpreises

Höchstpreise lassen somit den Inflationsdruck weiterhin bestehen, weil die gesamtwirtschaftliche Güternachfrage dauerhaft größer ist als das Angebot. Dies kann als eine **zurückgestaute Inflation** bezeichnet werden: Die offizielle Inflationsrate weist keinen Preisniveauanstieg aus, aber der preisniveauerhöhende Nachfrageüberhang besteht weiter.

Vor allem bei einer angebotsgetriebenen Inflation ist ein Höchstpreis wenig hilfreich: Weil der Preis durch die Begrenzung nach oben weiterhin relativ niedrig ist, bleibt es bei einer relativ hohen gesamtwirtschaftlichen Nachfrage.

Ein zweiter Nachteil dieses Instruments besteht darin, dass es auch aus **verteilungspolitischen Gründen** nicht sinnvoll ist. Von der Begrenzung des Preises nach oben profitieren alle Wirtschaftsakteure, also auch einkommensstarke Haushalte, die Preissteigerungen ohne staatliche Unterstützung verkraften können. Dies ist besonders problematisch, wenn sich die Preisbegrenzung auf Produkte bezieht, die aus dem Ausland importiert werden. Wenn also beispielsweise in Deutschland im Fall des Ukrainekrieges ein Höchstpreis für Erdgas gefordert und durchgesetzt wird, muss nach wie vor der am Weltmarkt herrschende hohe Preis bezahlt werden, um dieses Erdgas zu erwerben. Die Differenz zwischen dem in Deutschland geltenden Höchstpreis und dem höheren Weltmarktpreis muss also gedeckt werden. Die Unternehmen, die das Erdgas in Deutschland verkaufen, werden dies nicht leisten können, weil das zu Verlusten führt.

Also muss der Staat den Unternehmen diese Preisdifferenz erstatten. Wenn der Staat jedoch Steuergelder einsetzt, ist zu fragen, ob von diesen Geldern auch die erwähnten einkommensstarken Haushalte profitieren sollen. Ein sparsamer Umgang mit den finanziellen Mitteln, die dem Staat zur Verfügung stehen, verlangt einen zielgenauen Einsatz dieser Mittel. Es sollten also nur diejenigen, die auf staatliche Unterstützungsmaßnahmen angewiesen sind, entsprechende finanzielle Mittel erhalten. Mit einem Höchstpreis gelingt dies nicht.

Drittens ist noch zu berücksichtigen, dass mit einem Höchstpreis zentrale **Preisfunktionen**, die im ersten Kapitel beschrieben wurden, außer Kraft gesetzt werden. Das betrifft zunächst die bereits angesprochene Markträumungsfunktion. Wie in → Abbildung 10.1 gezeigt, führt ein Höchstpreis zu einem dauerhaften Nachfrageüberhang. Damit geht die Allokations- und die Koordinierungsfunktion verloren, denn der Preis sorgt nicht mehr dafür, dass die Produktionsfaktoren in die Herstellung der Produkte wandern, die besonders stark nachgefragt werden. Die Unternehmen haben darüber hinaus keinen Anreiz, ihre Produktion auszuweiten. Schließlich geht die Informationsfunktion des Preises verloren, weil der Preis nicht mehr die tatsächlich existierenden Knappheiten abbildet. Der Höchstpreis ist definitionsgemäß niedriger als der tatsächliche Marktpreis. Damit signalisiert ein Höchstpreis eine relativ hohe Verfügbarkeit des betroffenen Produkts, obwohl tatsächlich eine größere Knappheit vorliegt.

Im Ergebnis führen die ökonomischen Nachteile eines Höchstpreises dazu, dass dieses Instrument nicht geeignet ist, inflationäre Tendenzen dauerhaft erfolgreich zu bekämpfen. Die Preise – und mit ihnen das gesamtwirtschaftliche Preisniveau – werden zwar gesenkt, die Ursache der

Preisniveauerhöhung, also der gesamtwirtschaftliche Nachfrageüberhang, wird hingegen sogar noch vergrößert.

10.2 Maßnahmen zur Ausweitung des Güterangebots

Eine Möglichkeit zur Reduzierung eines preisniveauerhöhenden gesamtwirtschaftlichen Nachfrageüberhangs ist eine Ausweitung des Güterangebots. Dies lässt sich dadurch erreichen, dass die Produktionskapazitäten einer Volkswirtschaft ausgebaut werden. Dafür ist es erforderlich, die Quantität und/oder die Qualität der Produktionsfaktoren zu erhöhen. Hierzu bietet sich ein breites Spektrum wirtschaftspolitischer Maßnahmen an.

Ein erster Ansatzpunkt zur Erhöhung der gesamtwirtschaftlichen Produktionskapazitäten sind Maßnahmen, die eine Steigerung der **Produktivität** bewirken. Mit Blick auf die Arbeitsproduktivität ist an eine Verbesserung der Bildung zu denken, um so die Kompetenzen der Erwerbstätigen zu erhöhen und deren Produktivität zu steigern. Dies umfasst das gesamte Bildungssystem, also die frühkindliche Bildung, die allgemeinbildenden Schulen, das System der dualen Ausbildung, beruflichen Vollzeitschulen, Universitäten und Fachhochschulen sowie schließlich das gesamte System der beruflichen Weiterbildung.

Eine weitere Möglichkeit zur Erhöhung der Produktivität besteht aus der Intensivierung der Aktivitäten im Bereich **Forschung** und **Entwicklung**, um so neue Produktionsverfahren und Technologien zu entwickeln, die ihrerseits eine Produktivitätssteigerung bedeuten. Zu denken ist in diesem Kontext vor allem an einen arbeitssparenden technologischen Fortschritt als Reaktion auf die Alterung der Gesellschaft sowie an einen emissionssparenden technologischen Fortschritt zur Reduzierung der klimaschädlichen Treibhausgasemissionen. Dabei spielt – wie im siebten Kapitel erläutert – der verstärkte Einsatz digitaler Technologien eine wichtige Rolle: Digitale Technologien optimieren betriebliche Abläufe und steigern dadurch die Produktivität. So trägt beispielsweise die systematische Auswertung von Big Data durch hochwertige künstliche Intelligenz (KI) dazu bei, dass wirtschaftliche Entscheidungs- und Produktionsprozesse schneller, präziser und zuverlässiger durchgeführt werden können. Zudem beschleunigen die Automatisierung und die Algorithmisierung zahlreiche betriebliche Prozesse, z. B. Produktentwicklung, Verwaltung, Handel und Vertrieb, aber auch das gesamte Beschaffungswesen. Diese Beschleunigung bedeutet eine preisniveausenkende Effizienzsteigerung (vgl. BaFin 2018, S. 11).

Ein zweiter grundsätzlicher Ansatzpunkt zur Steigerung der gesamtwirtschaftlichen Produktionskapazitäten besteht aus der Erhöhung des **Arbeitskräfteangebots.** Eine Möglichkeit dafür ist die Erhöhung der Zuwanderung von qualifizierten Arbeitskräften aus dem Ausland. Eine andere Option ist die Steigerung der Erwerbsbeteiligung. Denkbar sind beispielsweise verbesserte Rahmenbedingungen für die Vereinbarkeit von Familie und Beruf sowie Reformen im Rentensystem, die die Erwerbsbeteiligung von älteren Beschäftigten erhöhen. In Deutschland bietet sich zudem eine Reform der Ehegattenbesteuerung an. Das würde „den Anreiz für Zweitverdienende zu einer Ausweitung ihres Arbeitsangebots stärken. Positive Beschäftigungseffekte dieser Reform wären insbesondere auf Ausweitungen des Arbeitsangebots von Frauen zurückzuführen“ (Blömer, Brandt und Peichl 2021, S. 8).

Weniger prominent in der wirtschaftspolitischen Diskussion ist eine Steigerung der Erwerbsbeteiligung durch eine bessere Bildung und einen besseren Gesundheitszustand (die nachfolgenden Ausführungen basieren auf Horvath et al. 2021).

- Ein höheres Bildungsniveau führt über zwei zentrale Wege zu einer höheren Erwerbsbeteiligung. Erstens ist es für Menschen attraktiver, ihren Arbeitseinsatz zu erhöhen, wenn ihr Stundenlohn steigt. Dessen Höhe hängt maßgeblich von der Produktivität ab. Wird davon ausgegangen, dass ein höheres Bildungsniveau mit einer höheren Arbeitsproduktivität einhergeht, führt der daraus resultierende höhere Lohn zu einer größeren Bereitschaft der Erwerbstätigen, ihre Arbeitskraft auf dem Arbeitsmarkt anzubieten – dem Arbeitsmarkt stehen mehr Erwerbspersonen zur Verfügung. Zweitens verbessert ein höheres Bildungsniveau in Industrienationen wie Deutschland die Chance, dass Unternehmen Arbeitsplatzsuchende auch tatsächlich einstellen. Industrieländer produzieren – wie in → Abschnitt 5.1 gezeigt – in der Regel mit viel Kapital, Technologie und gut qualifizierten Arbeitskräften. Produktionsprozesse, für die gering qualifizierte Personen benötigt werden, finden vor allem in Schwellen- und Entwicklungsländern statt. Mit einer Verbesserung des Bildungsniveaus in einem Industrieland wie Deutschland steigt die Arbeitsmarktpartizipation deshalb auch nachfrageseitig.

- Der Zusammenhang zwischen einem guten Gesundheitszustand und der Arbeitsmarktbeteiligung lässt sich ähnlich begründen: Ein schlechter Gesundheitszustand bedeutet unter anderem häufigere krankheitsbedingte und damit ungeplante Fehlzeiten im Betrieb. Er kann daher von den Unternehmen als Hinweis auf eine relativ geringe Arbeitsproduktivität angesehen werden. Bei einem guten Gesundheitszustand ist hingegen eine höhere Arbeitsproduktivität zu erwarten, die zu einem höheren Lohn führt. Das wiederum erhöht die Bereitschaft der betroffenen Person, ihre Arbeitskraft auf dem Arbeitsmarkt anzubieten. Und für Unternehmen in hoch entwickelten Volkswirtschaften ist es wiederum attraktiver, Menschen mit einer hohen erwarteten Arbeitsproduktivität – also qualifizierte und gesunde Arbeitskräfte – einzustellen. Diese Zusammenhänge sind empirisch belegt: In Deutschland weisen die Menschen mit einem guten Gesundheitszustand ab dem Alter von 20 Jahren eine deutlich höhere Arbeitsmarktbeteiligung auf als Personen mit einem schlechten Gesundheitszustand.

Ein dritter Ansatzpunkt zur Steigerung der gesamtwirtschaftlichen Produktionskapazitäten besteht aus der Erhöhung des **Kapitalbestands**. Voraussetzung dafür sind höhere Nettoinvestitionen. Diese werden vor allem von den privaten Unternehmen durchgeführt. Anreize für eine Erhöhung der Investitionen sind unter anderem Änderungen im Steuerrecht, die die Nettorendite entsprechender Investitionen erhöhen. Daneben sind aber auch öffentliche Investitionen erforderlich, um die öffentliche Infrastruktur zu verbessern. Vor dem Hintergrund der zwingend erforderlichen ökologischen Transformation ist hier vor allem an klimafreundliche öffentliche Investitionen zu denken, also z. B. an den Ausbau von erneuerbaren Energien und an den Aufbau einer funktionierenden Wasserstoffwirtschaft. Letztere benötigt zahlreiche Infrastrukturelemente. Dazu gehören neben einem ausreichenden Angebot an erneuerbarer Energie vor allem die Erzeugungsinfrastruktur, die Wasserstoffspeicherinfrastruktur, eine CO_2-Speicherinfrastruktur (sie speichert gegebenenfalls anfallende Treibhausgasemissionen, die bei der Trennung des Wasserstoffs von den Ausgangsstoffen entstehen) sowie die Transport- und die Sicherheitsinfrastruktur (vgl. Petersen und Paulus 2022). Wichtig ist in diesem Kontext der Hinweis, dass nur sogenannter **grüner Wasserstoff** als klimaneutral einzustufen ist (⟶ Box 11).

Box 11 | Treibhausgasneutraler Wasserstoff

Wasserstoff (H_2) ist das häufigste chemische Element im Weltall und ein Energieträger. Bei der Nutzung von Wasserstoff entstehen keine Treibhausgasemissionen, denn Wasserstoff verbrennt ohne CO_2-Ausstoß zu Wasserdampf. Allerdings kommt Wasserstoff in der Natur nur in Verbindung mit anderen Stoffen vor (Wasser, Erdgas, Erdöl, Kohle, Biomasse etc.). Um den Wasserstoff zu isolieren, muss Energie aufgewendet werden. Dies führt zu chemischen Reaktionen, die die Verbindung des Wasserstoffs mit den Ausgangsstoffen auflösen. Es gibt eine Vielzahl von Möglichkeiten, Wasserstoff zu gewinnen. Vollkommen treibhausgasneutraler Wasserstoff liegt nur vor, wenn Wasser unter Hinzufügung von elektrischer Energie in Wasserstoff und Sauerstoff gespalten und wenn die dafür erforderliche Energie aus erneuerbaren Quellen stammt (z. B. Wind- oder Sonnenenergie). Dies wird als grüner Wasserstoff bezeichnet (vgl. Petersen und Paulus 2022, S. 164).

Im Kontext der Wasserstoffindustrie ist mit Blick auf die Wirtschaftspolitik an öffentliche Investitionen in den Bereichen der notwendigen Wasserstoffinfrastruktur zu denken, also vor allem an die erforderlichen Rohrleitungsnetze für den Transport von Wasserstoff, an ein umfangreiches Netz öffentlich zugänglicher Wasserstofftankstellen sowie an den Umbau des öffentlichen Personennah- und -fernverkehrs (vgl. Grimm, Nöh und Schwarz 2021, S. 164).

Ein vierter Ansatzpunkt zur Steigerung des gesamtwirtschaftlichen Güterangebots besteht darin, dass eine Volkswirtschaft ihre Märkte für ausländische Produkte öffnet. **Importe** erhöhen das im Inland zur Verfügung stehende Güterangebot. Dies wirkt für sich genommen preisniveaudämpfend. Allerdings ist auch zu berücksichtigen, dass das Inland seine Importe bezahlen muss. Hierfür gibt es drei grundlegende Finanzierungsmöglichkeiten mit unterschiedlichen Auswirkungen auf das inländische Preisniveau:

- Die Importe werden mit den **Exporterlösen** des Inlands bezahlt. Das bedeutet jedoch, dass das Inland Waren und Dienstleistungen exportieren muss. Dadurch geht das Güterangebot im Inland zurück. Diese Angebotsreduzierung wirkt preisniveauerhöhend. Ob das inländische Preisniveau per Saldo steigt oder sinkt, hängt davon ab, wie beliebt die inländischen Produkte im Rest der Welt sind: Wenn das Inland hochwertige Produkte verkauft, die von den Konsumenten im Rest der

Welt geschätzt werden, kann für die exportierten Gütereinheiten ein hoher Preis erzielt werden. Das Inland muss dann relativ wenige Güter exportieren, um eine gewünschte Menge an Importgütern zu erhalten. Die Angebotsreduzierung, die sich im Inland als Folge der Exporte einstellt, ist gering. In der Summe steigt das Güterangebot im Inland, sodass der preisniveaudämpfende Effekt der Importe überwiegt. Falls die Produkte des Inlands im Rest der Welt jedoch nur einen geringen Preis erzielen können, muss das Inland relativ viele Güter exportieren, um eine gewünschte Menge an Importgütern zu erhalten. Das bedeutet eine stärkere Angebotsreduzierung im Inland. Der preisniveaudämpfende Effekt ist daher nur gering. Im ungünstigsten Fall kann es sogar zu einem Preisniveauanstieg im Inland kommen, d. h. der preisniveauerhöhende Effekt der Exporte ist größer als der preisniveaudämpfende Effekt der Importe.

- Das Inland löst Teile seines **Auslandsvermögens** auf und verwendet die daraus resultierenden Erlöse für die Bezahlung seiner Importe. Das inländische Güterangebot wird daher nicht verringert. Der Import von Waren und Dienstleistungen führt für sich genommen zu einem Preisniveaurückgang. Der Rückgriff auf ausländisches Vermögen setzt jedoch voraus, dass die Volkswirtschaft in der Vergangenheit einen Exportüberschuss erzielt hat, der zu einem Aufbau von Auslandsvermögen führte (→ Abschnitt 6.3)
- Das Inland führt **kreditfinanzierte** Importe durch. Auch in diesem Fall kommt es zu keiner Reduzierung des Güterangebots im Inland. Allerdings muss das Land in der Zukunft Exportüberschüsse erwirtschaften, um Einnahmen zu generieren, mit denen die Kredite gegenüber dem Ausland getilgt werden müssen. Diese Exporte erhöhen in der Zukunft den Inflationsdruck, weil es dann wegen der Exporte zu einer Verringerung des inländischen Güterangebots kommt. Die Kosten der Inflationsdämpfung in der Gegenwart sind höhere Inflationsraten in der Zukunft.

10.3 Maßnahmen zur Reduzierung der Güternachfrage

Die Wirtschaftspolitik kann die Inflationsbekämpfung dadurch unterstützen, dass sie Maßnahmen ergreift, die zu einem Rückgang der gesamtwirtschaftlichen Güternachfrage führen.

Ein unmittelbarer Ansatzpunkt dafür sind die staatlichen Ausgaben für Güterkäufe. Wenn der Staat weniger Waren und Dienstleistungen erwirbt und seine Investitionsausgaben reduziert, verringert er damit die Nachfrage nach Konsum- und Investitionsgütern. Das senkt die gesamtwirtschaftliche Güternachfrage und wirkt somit inflationsdämpfend. Diese Form der staatlichen Ausgabenpolitik wird als eine **restriktive Fiskalpolitik** bezeichnet.

Der Staat kann darüber hinaus auch die Nachfrage der privaten Haushalte nach Konsumgütern beeinflussen. Ein dafür mögliches wirtschaftspolitisches Instrument ist die **Steuerpolitik**. Durch eine stärkere Steuerbelastung der Bruttoeinkommen wird das verfügbare Einkommen der Konsumenten verringert. Im Normalfall reagieren die Verbraucher auf die Reduzierung ihres verfügbaren Einkommens, indem sie ihre Konsumausgaben einschränken. Damit gehen die Konsumgüternachfrage und die gesamtwirtschaftliche Güternachfrage zurück. Die gleiche Konsequenz ergibt sich, wenn der Staat die Höhe seiner Transferzahlungen verringert, also z. B. das Arbeitslosengeld oder die Renten reduziert bzw. nur geringfügig erhöht. Letzteres wäre der Fall, wenn die nominalen Zuwächse bei den Transferzahlungen geringer sind als die Inflationsrate. Für die Transferempfänger bedeutet das einen Kaufkraftverlust, der ihre Güternachfrage einschränkt.

Auch die Höhe der **Investitionsgüternachfrage** der Unternehmen im Inland kann durch wirtschaftspolitische Maßnahmen beeinflusst werden. Die Entscheidung, ob potenzielle Investitionen tatsächlich durchgeführt werden, hängt von der erwarteten Rendite der Investitionsprojekte ab. Diese kann durch die Steuerpolitik verändert werden. Wenn der Staat beispielsweise die Abschreibungsmöglichkeiten der Unternehmen erschwert, macht dies Investitionen betriebswirtschaftlich weniger attraktiv. Die Folge ist ein Rückgang der Investitionsgüternachfrage und damit der gesamtwirtschaftlichen Güternachfrage.

Schließlich kann der Staat die Exportnachfrage dämpfen, indem er den Export erschwert. Ein besonders hartes Instrument sind dabei **Exportbeschränkungen** oder sogar Exportverbote. Zu diesem Instrument griffen zahlreiche Regierungen in der Coronapandemie. Um Versorgungsengpässe im eigenen Land zu verhindern, führten sie Exportbeschränkungen für lebenswichtige Medikamente, Beatmungsgeräte, persönliche Schutzausrüstung und Nahrungsmittel ein (vgl. Draper 2020, S. 14). Dadurch werden Angebotsverknappungen im Inland, die zu Preissteigerungen führen, verhindert.

Eine andere Möglichkeit zur Verringerung der gesamtwirtschaftlichen Güternachfrage ist die Stärkung der im siebten Kapitel erwähnten **Sharing Economy**. Dafür bietet sich z. B. eine staatliche Förderung des Ausbaus des Car-Sharings mit Elektroautomobilen an. Das Car-Sharing würde dabei die gesamtwirtschaftlich nachgefragte Menge an Automobilen verringern. Und die gezielte Förderung der Elektromobilität reduziert die Nachfrage nach fossiler Energie, deren Preis im Zeitablauf steigt. Um dies zu erreichen, könnte der Staat den Ausbau des dafür erforderlichen flächendeckenden Netzes an Ladestationen unterstützen.

Ein weiterer Ansatzpunkt zur Reduzierung der gesamtwirtschaftlichen Nachfrage betrifft die Nachfrage nach Vorleistungen und Rohstoffen. Ansatzpunkt dafür ist eine Steigerung der **Ressourcenproduktivität**. Wenn es wegen einer technologischen Verbesserung gelingt, ein bestimmtes Produkt mit weniger Energie und weniger natürlichen Ressourcen herzustellen, geht die Nachfrage nach den involvierten Ressourcen zurück. Das bewirkt einen Rückgang der Preise, die für diese Rohstoffe zu zahlen sind. Zudem sinken dadurch auch die Produktionskosten und mit ihnen die Preise der Endprodukte.

Eine geringere Ressourcennachfrage lässt sich nicht nur durch technologische Innovationen erreichen, sondern auch durch veränderte neue Produktionskonzepte. Ein Beispiel dafür ist die **zirkuläre Wirtschaft** (Circular Economy). Beim diesem Wirtschaftskonzept verbleiben die Stoffe, die mit der Herstellung eines Produkts verbunden sind, auch über die Lebensdauer des Gegenstands im Stoffkreislauf. Zentrale Elemente der zirkulären Ökonomie sind „die Wieder- und Weiterverwendung von Waren, das Recycling von Materialien und Stoffen sowie eine Gestaltung der Waren, die eine Kreislaufführung ohne Verluste in der Qualität ermöglicht“ (Hiebel et al. 2017, S. 7). Ziel ist, Abfälle, Emissionen und eine Entnahme natürlicher Ressourcen aus der Umwelt so weit wie möglich zu reduzieren. Im Idealfall wird überhaupt kein Abfall erzeugt, weil die natürlichen Rohstoffe im Rahmen des Recyclings immer wieder für die Herstellung von Produkten verwendet werden können (vgl. Wilts und v. Gries 2017, S. 2). Wenn bei der Herstellung vieler Produkte der Rohstoffverbrauch spürbar verringert werden kann, reduziert dies die Produktionskosten und mit ihnen die Preise.

Schließlich lässt sich die gesamtwirtschaftliche Güternachfrage auch noch durch die Forcierung eines Präferenz- bzw. Wertewandels reduzieren. Wenn dieser Präferenzwandel das Konsumverhalten vieler Menschen dahingehend verändert, dass sie weniger Waren und Dienstleistungen benötigen, reduziert das die gesamtwirtschaftliche Güternachfrage.

Ein **Präferenzwandel** der Verbraucher lässt sich unter anderem schon als Reaktion auf einen höheren Preis für bestimmte Produkte wie folgt erklären (vgl. zu den folgenden Ausführungen Elster 1987, S. 211–235): Wenn beispielsweise der Preis für einen innereuropäischen Flug wegen eines höheren Preises für Treibhausgasemissionen bzw. steigende Energiekosten stark steigt und ein Verbraucher sich diesen Flug nicht mehr leisten kann, ist er zunächst unzufrieden. Diese Unzufriedenheit lässt sich jedoch verringern, wenn der Verbraucher seine Wertvorstellungen oder Wünsche an den höheren Preis anpasst. Er kann beispielsweise seinen Lebensstil so ändern, dass er andere Freizeitaktivitäten höher bewertet. Denkbar ist auch, dass er den anfallenden Vorbereitungsstress stärker gewichtet und zu der Einschätzung kommt, dass die Flugreise einen geringeren Nettonutzen stiftet und daher keine erstrebenswerte Handlungsalternative ist. Durch solche Anpassungsmechanismen kann sich ein Präferenzwandel einstellen, der die Nachfrage nach ressourcenintensiven Aktivitäten reduziert.

Ein anderes, nicht monetäres Instrument zur Veränderung des Konsumverhaltens ist das „**Nudging**". Dabei geht es darum, menschliche Verhaltensroutinen durch kleine „Anstupser" zu verändern. Dieses Instrument wird z. B. im Kontext der Umweltpolitik eingesetzt (vgl. zu den folgenden Ausführungen Umweltbundesamt 2017, S. 13, 23–32). Ziel ist es, die Verbraucher durch einen „Stupser" zu einem umweltschonenderen und ressourcenärmeren Verhalten zu motivieren – und zwar so, dass dabei nicht auf staatliche Ge- und Verbote oder monetäre Anreize reagiert wird, sondern die Menschen quasi automatisch auf ressourcenärmere Konsumaktivitäten ausweichen. Die Grundidee ist, dass sich viele Menschen eigentlich für ein umweltschonendes Verhalten entscheiden würden. Sie tun dies aber aus Gründen der Bequemlichkeit, der Trägheit und Gewohnheit oder auch aus Vergesslichkeit – um nur einige Hindernisse zu nennen – nicht. Ein sanfter Stupser kann die Menschen dazu bewegen, von ihren Verhaltensroutinen abzuweichen.

Beispiele, mit denen dies erreicht wird, sind die transparente Offenlegung der Umweltkosten, die z. B. mit der nur einmaligen Verwendung von Handtüchern in Hotels verbunden sind, eine prominente Platzierung von ressourcenschonenden Produkten in Geschäften, Supermärkten und Kantinen oder Warnhinweise hinsichtlich des Ressourcenverbrauchs, der mit der Herstellung eines Produkts verbunden ist. All diese Maßnahmen zielen letztlich darauf ab, die Menschen zu einem Handeln zu bewegen, das eigentlich ihren Präferenzen entspricht, welches sie jedoch aus Bequemlichkeit und Gewohnheit nicht umsetzen. Ein sanfter Anstoß reißt die Menschen aus ihrer Routine und ermöglicht so ein den Präferenzen entsprechendes Verhalten.

Ein entsprechender Präferenzwandel ist Teil einer sogenannten Suffizienzstrategie. **Suffizienz** bedeutet in diesem Kontext, dass Menschen ihren Konsum freiwillig reduzieren. Das bedeutet nicht, dass Menschen auf notwendige Dinge verzichten, sondern dass sie freiwillig auf nicht notwendige Güter verzichten. Die Folge ist ein genügsamer und umweltverträglicher Verbrauch natürlicher Ressourcen. Konkrete Maßnahmen sind beispielsweise, im Urlaub regionale Ziele zu bereisen, den Modekonsum zu reduzieren, auf öffentliche Verkehrsmittel umzusteigen, langlebige Produkte zu verwenden, sie zu pflegen und zu reparieren, Second-Hand-Produkte zu kaufen – um nur einige Möglichkeiten zu nennen. Wenn Menschen im Rahmen der Entscheidung, suffizient zu leben, ihren materiellen Konsum reduzieren, ist dies kein Verzicht mehr, weil sie die bewusste Entscheidung für ein einfacheres Leben treffen, die sogar zu einer Nutzensteigerung führen kann (vgl. Nicoll 2016, S. 169 f., 408). Für die Volkswirtschaft resultiert daraus eine geringere Nachfrage nach Waren und Dienstleistungen, die das Preisniveau für sich genommen senkt.

10.4 Intensivierung des Wettbewerbs

Eine Intensivierung des Wettbewerbs in einer Volkswirtschaft wirkt vor allem über die Forcierung des **technologischen Fortschritts** preisniveaudämpfend. Je stärker der preisliche Wettbewerbsdruck ist, desto höher sind die Anreize bzw. Zwänge für die einzelnen Unternehmen, ihre Produktionskosten durch Effizienzsteigerungen zu senken und diese Kostensenkungen anschließend in Form geringerer Güterpreise an die Verbraucher weiterzuleiten.

Monopole und Kartelle haben diesen Wettbewerbsdruck nicht. Daher ist bei ihnen nur mit geringeren Produktivitätsfortschritten zu rechnen. Und selbst wenn es zu technologisch bedingten Produktionskostensenkungen kommt, kann die Marktmacht eines Monopolisten dazu führen, dass diese Kostensenkung nicht oder nur teilweise bei den Konsumenten ankommt (siehe dazu auch Anhang 1).

Ein sinnvolles Instrument zur Bekämpfung der Inflation im Inland ist daher eine **Wettbewerbspolitik**, die das Entstehen von Monopolen und Kartellen verhindert. Dort, wo die spezifische Kostenstruktur (sehr hohe Fixkosten und äußerst geringe variable Kosten) sowie die speziellen Produkteigenschaften (z. B. der Netzwerkcharakter von Produkten) zu einem **natürlichen Monopol** führen, ist die Verhinderung eines Monopols oder die Zerschlagung dieses Monopols nicht möglich. In diesem Fall müssen die Wettbewerbsbehörden das Monopol regulieren. Das bedeutet, dass einem Monopolisten z. B. Vorschriften über den Preis gemacht werden, den er maximal von den Verbrauchern verlangen darf. Dies wirkt preisniveausenkend.

Aktuelle Beispiele für Monopole sind unter anderem die Anbieter der Gas- und Stromnetze, Anbieter fossiler Energien und die US-Datenmonopole. Maßnahmen zur Begrenzung der hohen Gewinne, die das Ergebnis von Monopolpreisen sind, sind daher geeignet, die **Gewinninflation** zu bekämpfen (vgl. Nauschnigg 2022).

Eine weitere Möglichkeit zu Intensivierung des Wettbewerbs ergibt sich, wenn digitale Technologien dazu führen, dass private Haushalte als zusätzliche Anbieter in den Markt eintreten. Beispiele dafür wurden im siebten Kapitel beschrieben. Zu den bekanntesten Angeboten der **Plattformökonomie** gehören Mitfahrgelegenheiten und Übernachtungsangebote von Privatpersonen. Wenn beispielsweise private Wohnungsanbieter Übernachtungen anbieten, ist das eine gesamtwirtschaftliche Angebotserhöhung. Sie zwingt die kommerziellen Anbieter wie Hotels, Gasthöfe und Pensionen, ihre Preise zu senken. Dabei ist jedoch zu beachten, dass zentrale Standards im Bereich des Verbraucherschutzes nicht außer Kraft gesetzt werden.

In einer **offenen Volkswirtschaft**, die Handel mit anderen Ländern treibt, wirkt die Öffnung der Landesgrenzen für Waren und Dienstleistungen inflationsdämpfend. Wenn die einheimischen Konsumenten auf preiswertere Angebote aus dem Ausland zurückgreifen können, kann das die Inflationsrate im Inland verringern. Zudem kann das zusätzliche Angebot aus dem Ausland die Marktmacht der inländischen Monopole reduzieren. Die Öffnung der heimischen Märkte für Angebote aus dem Ausland ist so gesehen eine **Anti-Monopolpolitik**.

Der inflationsdämpfende Effekt der Marktöffnung hat jedoch einen volkswirtschaftlichen Preis: Wenn inländische Käufer billigere Substitute aus dem Ausland kaufen, sinkt ihre Nachfrage nach den vergleichbaren einheimischen Produkten. Die Unternehmen des Inlands passen sich an die geringere Nachfrage an und reduzieren ihre Produktion (→ Abbildung 5.1

im fünften Kapitel). Damit geht auch das Beschäftigungsniveau im Inland zurück.

Zum Schutz der betroffenen einheimischen Sektoren und der dort beschäftigten Personen erheben Regierungen immer wieder **Importzölle**. Ein Importzoll erhöht den Preis, den die einheimischen Verbraucher für Produkte aus dem Ausland bezahlen müssen. Damit werden die Angebote der inländischen Unternehmen wieder wettbewerbsfähiger.

Wenn nun das inländische Preisniveau gesenkt werden soll, bietet es sich an, bestehende Importzölle und andere Handelshemmnisse abzubauen – entweder vollständig oder zumindest teilweise. Die unmittelbare Folge des Abbaus von Handelshemmnissen ist der Preisrückgang im Inland. Dies lässt sich mit Hilfe einer Modifizierung der → Abbildung 5.1 zeigen. Angenommen wird, dass der Weltmarktpreis eines bestimmten Produkts (p^W) für das Inland eine gegebene und konstante Größe ist. Das bedeutet, dass die Angebotsgerade des Rests der Welt (X^s_{Welt}) in einem Preis-Mengen-Diagramm parallel zur Mengen-Achse verläuft (→ Abbildung 10.2). Zum Schutz der einheimischen Unternehmen erhebt das Inland einen Importzoll in Form eines Mengenzoll (z für Zollsatz). Das bedeutet, dass auf jede importierte Mengeneinheit ein fester Geldbetrag als Zoll erhoben wird, z. B. 80,- Euro pro Tonne Stahl. Dadurch wird die Angebotsgerade des Rests der Welt um diesen Geldbetrag nach oben verschoben. Hieraus resultiert ein Marktgleichgewicht, bei dem im Inland der Preis für das betreffende Produkt die Höhe ($p^W + z_0$) hat.

Wenn das Inland seinen Importzoll reduziert – also beispielsweise von 80,- auf 30,- Euro –, bedeutet dies, dass die Angebotsgerade des Rests der Welt um diesen Betrag nach unten verschoben wird. Daraus ergibt sich ein neues Marktgleichgewicht mit einem geringeren Marktpreis ($p^W + z_1$ mit $z_1 < z_0$). Das Ziel der Inflationsbekämpfung wird dadurch erreicht. Allerdings gehen im Inland die Produktion und damit auch die Beschäftigung zurück ($X^s_{Inland, 1} < X^s_{Inland, 0}$).

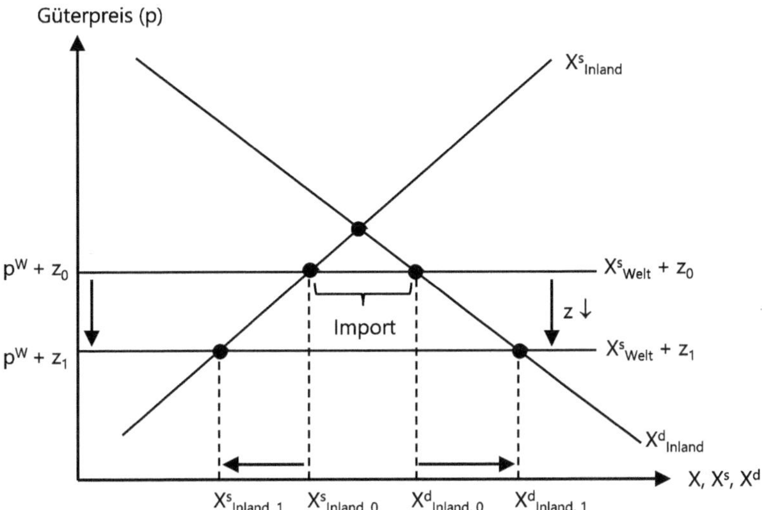

Abbildung 10.2: Preissenkung durch die Reduzierung eines Importzolls (z)

Ein zusätzlicher Effekt der Zollsenkung ist die Erhöhung des **Wettbewerbsdrucks** für inländische Unternehmen. Dieser Wettbewerbsdruck erhöht den Zwang für die Unternehmen im Inland, ihre Produktionskosten durch technische Fortschritte und organisatorische Innovationen zu senken. Das wirkt preisniveausenkend. Allerdings benötigen die Entwicklung und Umsetzung technologischer Innovationen Zeit. Dieser inflationsdämpfende Effekt ist daher mittel- oder sogar langfristiger Natur.

10.5 Sozialpolitische Flankierung der Inflation

Eine Preisniveauerhöhung trifft zwar alle Preise einer Volkswirtschaft und damit auch alle Wirtschaftsakteure. Allerdings fällt die individuelle Betroffenheit der **Kaufkraftverluste**, die mit steigenden Preisen verbunden sind, bei einzelnen Wirtschaftsakteuren unterschiedlich aus. Dies gilt insbesondere für die privaten Haushalte. Dabei sind vor allem zwei Unterschiede zu berücksichtigen: die Betroffenheit von steigenden Preisen und die Möglichkeiten, auf steigende Preise zu reagieren. Grundsätzlich gilt dabei, dass einkommensreiche Haushalte besser mit steigenden Preisen umgehen können als einkommensarme Haushalte.

Die unterschiedliche **Betroffenheit** von höheren Preisen ist darauf zurückzuführen, dass ärmere Haushalte andere Konsumgewohnheiten haben als Haushalte mit einem hohen verfügbaren Einkommen. Bei den Haushalten mit einem geringen verfügbaren Einkommen ist der Anteil der Ausgaben für Mieten, Energie und Nahrungsmitteln höher als bei einkommensreichen Haushalten. Steigende Preise für diese drei Konsumgüterarten treffen die ärmeren Haushalte daher stärker. Die haushaltsspezifischen Inflationsraten sind deshalb bei den ärmeren Haushalten höher als bei einkommensreichen Haushalten (vgl. Weichenrieder und Gürer 2020, S. 836).

So kommt eine Untersuchung, die 25 EU-Länder umfasst, zu folgendem Ergebnis: Betrachtet werden die Inflationsraten der jeweiligen Einkommensdezile. Dazu werden alle privaten Haushalte der Volkswirtschaft entsprechend ihrer Einkommenshöhe sortiert. Die zehn Prozent der Haushalte mit den geringsten Einkommen bilden das unterste Dezil. Das oberste Dezil besteht aus den zehn Prozent der Haushalte mit den höchsten Einkommen. Empirisch zeigt sich, dass die jährlichen Inflationsraten des untersten Dezils der jeweiligen Volkswirtschaft rund 0,8 Prozentpunkte höher sind als die jährlichen Inflationsraten des obersten Dezils (vgl. Gürer und Weichenrieder 2020).

Auch die Möglichkeiten zum **Umgang** mit höheren Preisen unterscheiden sich entlang der Einkommenshöhe:

- Einkommensreiche Haushalte können in der Regel besser mit steigenden Verbraucherpreisen umgehen. Sie geben nicht ihr gesamtes verfügbares Einkommen für Konsumgüter aus und haben deshalb finanzielle Puffer. Haushalte mit hohen Einkommen sind in der Lage, Ersparnisse zu bilden. Bei steigenden Preisen können sie ihre Ersparnisbildung einschränken, um so das Konsumniveau zu halten. Darüber hinaus haben diese Haushalte in der Regel auch in der Vergangenheit Ersparnisse gebildet. Diese können sie im Fall einer Inflation auflösen und für den Kauf von Konsumgütern verwenden.
- Einkommensarme Haushalte müssen hingegen ihr gesamtes verfügbares Einkommen für den Kauf von Konsumgütern ausgeben. Sie haben daher keine finanziellen Spielräume, mit denen sie höhere Preise abfedern können. Und sie haben in der Regel auch keine Ersparnisse, die sie für den Kauf von Gütern verwenden können.

Angesichts der unterschiedlichen Auswirkungen von hohen Inflationsraten auf ärmere und einkommensreiche Haushalte ist eine **sozialpolitische**

Flankierung steigender Konsumgüterpreise erforderlich, weil sonst soziale Spannungen drohen, die zu politischen Polarisierungen führen können.

Wie genau diese Flankierung aussieht, d. h. welche Personengruppen finanzielle Entlastungen erhalten sollen und welche nicht, ist eine gesellschaftspolitische Entscheidung, die sich mit rein wirtschaftswissenschaftlichen Argumenten und Analysen nicht treffen lässt. Immerhin sind jedoch drei grundsätzliche Tendenzaussagen möglich:

- Zunächst einmal sind nicht sämtliche Preisniveausteigerungen Anlass für finanzielle Kompensationen. Zumindest bei Inflationsraten, die nahe an dem Inflationsziel der Europäischen Zentralbank liegen, ist eine sozialpolitische Flankierung nicht erforderlich. Anders sieht es aus, wenn es beispielsweise wegen stark steigender Energiepreise zu einem Anstieg der Inflation kommt – so wie nach dem Ausbruch des Ukrainekriegs im Frühjahr 2022 in Deutschland und Europa. In diesem Fall kann es zu einer **Energiearmut** kommen. Sie liegt vor, wenn eine Wohnung nicht mehr angemessen geheizt werden kann, wenn nicht genügend Strom für alle elektrischen Geräte vorhanden ist und die Mobilitätsbedürfnisse nicht bedient werden können (vgl. Europäische Union 2011).
- Da eine sozialpolitische Flankierung hoher Inflationsraten eine staatliche Finanzierung verlangt, sollten finanzielle Transferzahlungen und steuerliche Entlastungen möglichst **bedarfsgerecht** sein. Organisatorisch ist es einfacher, mit pauschalen Entlastungen zu arbeiten, also z. B. jedem Bürger eine Ausgleichszahlung in Höhe von 500,- Euro pro Jahr zu zahlen oder die Mehrwertsteuer von 19 auf sieben Prozent zu reduzieren. Allerdings entlastet das auch einkommensreiche Haushalte, die Preisniveauerhöhungen ohne staatliche Unterstützung verkraften können. Ein sparsamer Umgang mit staatlichen Mitteln spricht dafür, tatsächlich nur die Haushalte zu entlasten, die auf solche Mittel angewiesen sind. Das bedeutet jedoch einen höheren Verwaltungsaufwand, der für eine individuelle Bedarfsprüfung erforderlich ist.
- Die konkrete Ausgestaltung von finanziellen Entlastungen sollte so sein, dass es immer noch genügend hohe **finanzielle Anreize** für ein sparsames Ausgabeverhalten gibt. Dies ist notwendig, weil die Ursache von hohen Inflationsraten ein gesamtwirtschaftlicher Nachfrageüberhang ist. Ihn gilt es abzubauen. Dies gilt insbesondere bei einer angebotsgetriebenen Inflation. Gerade bei einer langanhaltenden

Angebotsverknappung lässt sich die Inflation nur bekämpfen, wenn die gesamtwirtschaftliche Nachfrage sinkt.

Für eine sozialpolitische Flankierung steigender Preise, die diese Anforderungen erfüllt, stehen dem Staat unterschiedliche Instrumente zur Verfügung (vgl. Boysen-Hogrefe, S. 581 f., Priem et al. 2022, S. 393, Dullien und Weber 2022, S. 596, Hüther 2022, S. 758 f.):

- Der Staat kann den privaten Haushalten, die eine finanzielle Unterstützung benötigen, höhere **Transferleistungen** zahlen. Er kann z. B. bei den einkommensschwachen Haushalten das Wohngeld erhöhen, ihnen Heizkostenzuschüsse oder einmalige Energiepauschalen zahlen, stärkere Rentenerhöhungen beschließen oder das Kindergeld erhöhen.
- Eine andere Möglichkeit besteht aus der **Senkung** von **Steuern** und Abgaben. Dadurch werden die verfügbaren Einkommen erhöht. Für eine bedarfsgerechte Entlastung von einkommensschwachen Haushalten sind steuerliche Entlastungen erforderlich, die gezielt diesen Haushalten helfen. Hierfür bietet sich z. B. die Erhöhung des steuerlichen Grundfreibetrags an. Der Grundfreibetrag entspricht dem Existenzminimum in einem Land. Da er nicht reduziert werden darf, wird er auch nicht besteuert – Einkommen bis zur Höhe des Existenzminimums sind daher steuerfrei. Derartige Steuerermäßigungen helfen jedoch nur den Haushalten, deren Einkommen so hoch ist, dass sie überhaupt Steuern zahlen müssen. Personen mit geringen oder gar keinen Einkommen haben nichts von niedrigeren Steuern. Das betrifft vor allem Erwerbstätige, die nur niedrige Löhne erhalten, Studierende und Haushalte mit geringen Renten und Pensionen.
- Sofern eine Inflation nur temporär ist, bieten sich statt dauerhaften Steuersenkungen auch **Steuerstundungen** an. Bei Unternehmen kann das beispielsweise eine Stundung der Vorauszahlungen der Gewerbe-, der Umsatz- und der Körperschaftsteuer sein. Diese Maßnahme entspricht einem staatlichen Kredit an steuerpflichtige Unternehmen (vgl. Hüther 2022, S. 759). Wenn die Inflationsrate wieder zurückgeht und sich die finanzielle Lage der Unternehmen verbessert, zahlen die Unternehmen diese Steuern zurück.
- Wenn die hohe Inflationsrate eines Landes das Resultat nur einiger weniger, dafür aber stark steigender Preise ist – also z. B. hoher Energiepreise –, können einkommensschwache Haushalte durch sozialverträgliche Energiepreise entlastet werden. Bei einer **sozialverträglichen**

Preisgestaltung gibt es für ein identisches Produkt unterschiedliche Preise. Einkommensschwache Personen zahlen dabei geringere Preise als Personen mit einem hohen verfügbaren Einkommen. Im Fall von Strompreisen bedeutet dies, dass die ärmeren Personen bzw. Haushalte unterdurchschnittliche Strompreise zahlen müssen. Denkbar ist auch, dass die einkommensschwachen Haushalte sogar freie Grundkontingente erhalten (vgl. Tews 2013, S. 26).

- Eine Alternative zu sozialverträglichen Energiepreisen ist ein **Preisdeckel**. Dieser Vorschlag ist im Kontext der steigenden Gaspreise, die sich durch den Ukrainekrieg einstellten, 2022 in die wirtschaftspolitische Diskussion gebracht worden. Bei einem Gaspreisdeckel erhält jeder Haushalt eine feste Menge an Kilowattstunden Gas zu einem gedeckelten Gaspreis. Die Menge kann z. B. dem durchschnittlichen Grundbedarf verschiedener Haushaltstypen entsprechen. Der Preis orientiert sich an dem Preis vor dem Energiepreisanstieg. Falls ein Haushalt mehr Energie benötigt, muss er die über den durchschnittlichen Bedarf hinausgehenden Energiemengen zum vollen Marktpreis erwerben (⟶ Box 12). Um wiederum nur den Haushalten zu helfen, die eine finanzielle Unterstützung benötigen, ist zu überlegen, einen solchen Preisdeckel einkommensabhängig zu gewähren.
- Eine Entlastung für einkommensschwache Haushalte ergibt sich ebenfalls, wenn der Staat **preiswerte Alternativen** für teure Konsumgüter anbietet. Im Fall stark steigender Benzinpreise können die Verbraucher beispielsweise entlastet werden, indem das Angebot im Bereich des öffentlichen Personenverkehrs ausgebaut wird.

Box 12 | Gaspreisbremse statt Höchstpreis

Im Oktober 2022 legte eine Expertenkommission als Reaktion auf die Erdgasverknappung im Zuge des russischen Angriffs auf die Ukraine einen ersten Vorschlag für eine Gaspreisbremse in Deutschland vor. Für die privaten Haushalte bedeutet dies, dass sie von März 2023 bis April 2024 80 Prozent des Gasverbrauchs des Vorjahrs zu einem garantierten Preis von 0,12 Euro pro Kilowattstunde erhalten. Für einen darüber hinausgehenden Gasverbrauch muss der dann jeweils geltende Marktpreis bezahlt werden. Zum Vergleich: Im Herbst 2021 lag der Gaspreis bei rund 0,07 Euro pro Kilowattstunden, im Herbst 2022 bei rund 0,28 Euro. Für kleine und mittlere Unternehmen gelten die gleichen Regeln. Für industrielle Großunternehmen, von denen es in Deutschland rund 24.000 bis 25.000 gibt, wurde eine etwas andere Regelung vorgeschlagen. Diese Unternehmen sollen ein Grundkontingent zum Preis von 0,07 Euro pro Kilowattstunde erhalten. Die Höhe dieses Kontingents entspricht 70 Prozent des Verbrauchs des Jahres 2021. Die Differenz zwischen den tatsächlichen Marktpreisen für Gas und diesen Preisdeckeln erhalten die Gasanbieter vom Staat (vgl. ExpertInnen-Kommission Gas und Wärme 2022). Wichtig ist in diesem Kontext, dass diese Form einer Gaspreisbremse keine echte Preisbegrenzung ist: Der Preis, der sich am Markt bildet, ist nicht durch einen staatlichen Eingriff begrenzt. Es liegt also kein Höchstpreis vor, der das gesamtwirtschaftliche Preisniveau reduziert. Gedeckelt werden lediglich die Ausgaben der privaten Haushalte und der Unternehmen für die genannten Grundkontingente. Ein inflationsdämpfender Effekt stellt sich ein, wenn die Unternehmen die geringeren Produktionskosten, die bei ihnen anfallen, in Form von geringeren Güterpreisen an die Konsumenten weiterreichen.

Auch bei der **Finanzierung** dieser sozialpolitischen Flankierung ist auf eine faire Lastenverteilung zu achten. Bei einer sozialverträglichen Tarifgestaltung bedeutet dies beispielsweise, dass die einkommensreichen Haushalte überdurchschnittlich hohe Preise zahlen müssen, um so die Einnahmeausfälle zu kompensieren, die aus den unterdurchschnittlichen Preisen der einkommensärmeren Haushalte resultieren. Und bei steuerlichen Entlastungen der unteren Einkommensgruppen sind die damit verbundenen Steuermindereinnahmen des Staates durch höhere Steuereinnahmen bei den oberen Einkommensgruppen auszugleichen.

Eine sozialpolitische Flankierung hoher Inflationsraten ist zudem ein Element einer sogenannten „**Konzertierten Aktion**“. Dieser Begriff beschreibt die Zusammenarbeit zwischen der Geld- und Fiskalpolitik sowie den Sozialpartnern, also den Gewerkschaften und den Arbeitgebern. Ziel einer Konzertierten Aktion ist die Bekämpfung der Inflation, ohne dabei einen wirtschaftlichen Abschwung herbeizuführen. Wenn der Staat die privaten Haushalte finanziell entlastet, müssen die Nominallöhne weniger stark steigen. Das reduziert die Gefahr einer **Lohn-Preis-Spirale** (vgl. Hüther und Obst 2022, S. 3).

10.6 Fazit zu den wirtschaftspolitischen Handlungsoptionen

Inflation ist ein Symptom, entweder einer zu hohen Güternachfrage oder eines zu geringen Güterangebots. Die Verringerung des Inflationsdrucks verlangt eine Wirtschaftspolitik, die an den Ursachen dieses Symptoms ansetzt.

Wenn die Inflation das Ergebnis einer zu hohen Güternachfrage ist, eignet sich eine restriktive Geldpolitik zur Reduzierung der gesamtwirtschaftlichen Güternachfrage, weil höhere Zinsen vor allem die Investitionsgüternachfrage der Unternehmen und die kreditfinanzierten Konsumgüterkäufe der privaten Haushalte verringern. Die Geldpolitik der Zentralbank passt die gesamtwirtschaftliche Güternachfrage an die Produktionskapazitäten der Volkswirtschaft an.

Falls der Anstieg des gesamtwirtschaftlichen Preisniveaus jedoch andere Ursachen hat – also z. B. eine Angebotsverknappung oder steigende Preise im Ausland –, ist eine restriktive Geldpolitik nur begrenzt wirksam. In diesen Fällen bedarf es zusätzlicher wirtschaftspolitischer Maßnahmen.

11 Fazit und Ausblick

Der Anstieg des gesamtwirtschaftlichen Preisniveaus ist letztendlich darauf zurückzuführen, dass die gesamtwirtschaftliche Güternachfrage größer ist das Güterangebot. Dazu kommt es, wenn die Güternachfrage stärker wächst als das Güterangebot.

Für einen Anstieg der gesamtwirtschaftlichen **Güternachfrage** gibt es zahlreiche Gründe. Sie können realwirtschaftlicher oder monetärer Natur sein. Eine realwirtschaftliche Ursache für eine steigende Güternachfrage ist ein Bevölkerungsanstieg, weil eine größere Zahl von Menschen mehr Lebensmittel, Wohnraum, Kleidung und andere Konsumgüter benötigt. Ein Beispiel für eine monetäre Ursache ist eine expansive Geldpolitik der Zentralbank. Sie führt zu sinkenden Zinsen, die die Investitionen der Unternehmen ankurbeln. Das bewirkt einen Anstieg der gesamtwirtschaftlichen Güternachfrage.

Häufig haben die genannten Ursachen aber auch Auswirkungen auf das **Güterangebot** einer Volkswirtschaft. Bei einem Bevölkerungszuwachs erhöht sich die Zahl der Personen im erwerbsfähigen Alter. Ein damit verbundener Anstieg des gesamtwirtschaftlichen Beschäftigungsniveaus geht mit einer höheren Produktion und einem größeren Güterangebot einher. Investitionen erhöhen ebenfalls die physischen Produktionskapazitäten der Volkswirtschaft und mit ihnen das Güterangebot.

Mit Blick auf die Entwicklung des gesamtwirtschaftlichen Preisniveaus im Zeitablauf ist also entscheidend, welche der beiden relevanten Wachstumsraten – die der gesamtwirtschaftlichen Güternachfrage oder die des Güterangebots – größer ist.

Aus den Überlegungen in den Kapiteln fünf bis acht lassen sich folgende Schlussfolgerungen ziehen: In den **letzten Jahrzehnten** war die Weltwirtschaft geprägt von **wachstumsfreundlichen** Rahmenbedingungen: Der weltweite Abbau von Handelshemmnissen und die daraus resultierende voranschreitende Globalisierung riefen wachstumsfördernde Spezialisierungsgewinne hervor. Die Weltbevölkerung zeichnete sich durch einen hohen und wachsenden Anteil von Menschen im erwerbsfähigen Alter an der Gesamtbevölkerung aus. Und natürliche Ressourcen standen preiswert zur Verfügung, ohne dass die gesellschaftlichen Zusatzkosten, die mit ihrem Verbrauch verbunden sind, eingepreist wurden.

Das alles hatte zur Folge, dass das gesamtwirtschaftliche Güterangebot stärker wuchs als die entsprechende Nachfrage – zumindest in den entwickelten Volkswirtschaften. In einem Preisniveau-Mengen-Diagramm bedeutet dies, dass die gesamtwirtschaftliche Güterangebotsgerade (Y^s) stärker nach rechts verschoben wird als die Güternachfragegerade (Y^d). Das daraus resultierende neue Gleichgewicht zeichnet sich durch eine höhere Gütermenge und ein geringeres Preisniveau aus (→ Abbildung 11.1). Bei wachstumsfreundlichen Rahmenbedingungen kommt es somit zu einem Wirtschaftswachstum mit geringeren Inflationsraten oder sogar einem Rückgang des gesamtwirtschaftlichen Preisniveaus.

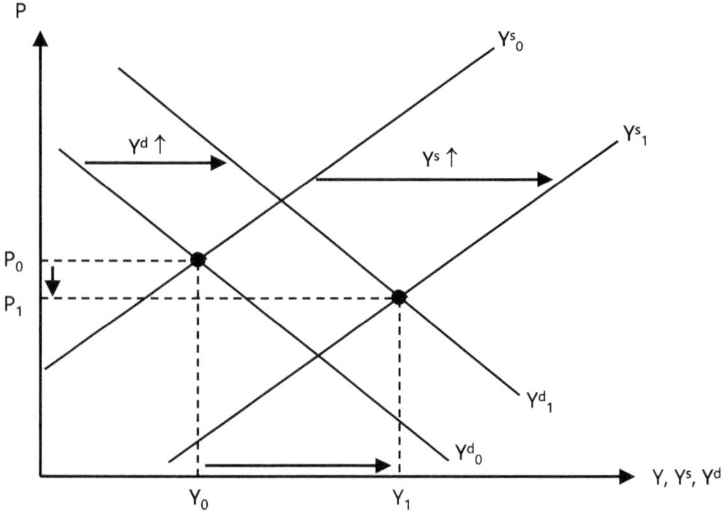

Abbildung 11.1: Inflationsdämpfende Wirkung wachstumsfreundlicher Rahmenbedingungen

Perspektivisch ist jedoch davon auszugehen, dass sich die weltweiten wirtschaftlichen Rahmenbedingungen verändern und **wachstumsdämpfend** werden. Die Zunahme protektionistischer Maßnahmen, eine stärkere Bedeutung geopolitischer Überlegungen für die Ausgestaltung der Außenwirtschaftspolitik und die Einpreisung der negativen externen Effekte des Klimawandels rufen Deglobalisierungstendenzen hervor. Der Anteil der Personen im erwerbsfähigen Alter geht zurück – nicht nur in Europa und entwickelten Industrienationen, sondern weltweit. Natürliche Ressourcen werden zunehmend knapper und teurer – auch, weil immer mehr Volkswirtschaften die gesellschaftlichen Zusatzkosten des Verbrauchs nichterneuerbarer Ressourcen einpreisen.

Der Anstieg des gesamtwirtschaftlichen Güterangebots fällt also zukünftig geringer aus. Die Weltbevölkerung wächst jedoch weiter, was für sich genommen bereits eine steigende Güternachfrage impliziert. Gleichzeitig ist in den Schwellenländern mit einem Anstieg der Pro-Kopf-Einkommen zu rechnen. Das lässt die Nachfrage nach Konsumgütern zusätzlich steigen. Zur Beschreibung des zukünftigen gesamtwirtschaftlichen Gleichgewichts wird die gesamtwirtschaftliche Güternachfragegerade daher stärker nach rechts verschoben als die Güterangebotsgerade. Das daraus resultierende Gleichgewicht zeichnet sich weiterhin durch eine höhere Gütermenge aus, aber nun durch ein höheres Preisniveau (→ Abbildung 11.2). Bei wachstumsdämpfenden Rahmenbedingungen kommt es zu einem Wirtschaftswachstum mit einem höheren gesamtwirtschaftlichen Preisniveau.

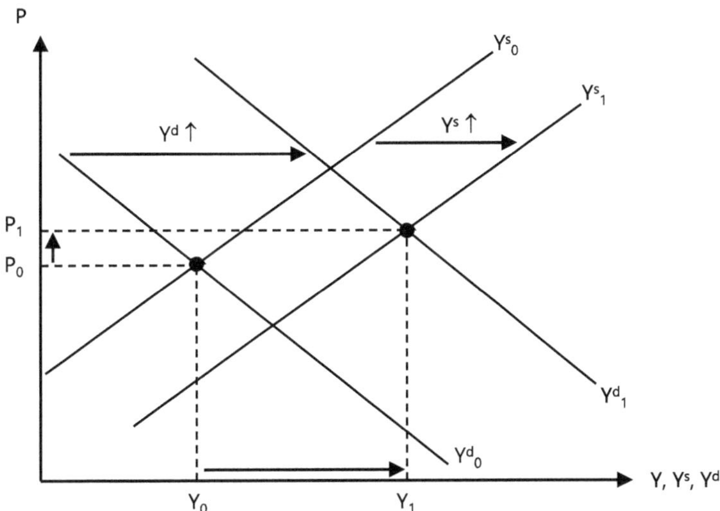

Abbildung 11.2: Inflationserhöhende Wirkung wachstumsdämpfender Rahmenbedingungen

Die veränderten weltweiten wirtschaftlichen Rahmenbedingungen haben aber nicht nur Konsequenzen für die Inflationsraten, sondern auch für die

Wirksamkeit der geldpolitischen Maßnahmen zur Begrenzung der Preisniveauanstiege.

In den letzten drei Jahrzehnten waren die Inflationsraten in den entwickelten Volkswirtschaften moderat (→ Abschnitt 2.3). Wenn es zu inflationären Tendenzen kam, waren diese primär das Resultat einer vorherigen expansiven Geldpolitik, mit der die Zentralbanken auf wirtschaftliche Schwächephasen reagierten. Die mit einer expansiven Geldpolitik einhergehenden niedrigen Zinsen kurbelten die Investitionstätigkeiten der Unternehmen und die kreditfinanzierten Konsumgüterkäufe der privaten Haushalte an. Es handelte sich also um eine **nachfragegetriebene Inflation**, die sich mit einer restriktiven Geldpolitik relativ gut bekämpfen lässt.

Zukünftig werden hingegen verstärkt Angebotsverknappungen für steigende Preise und höhere Inflationsraten sorgen. Die weltweite demografische Entwicklung, die zu befürchtenden Deglobalisierungstendenzen und das Zusammenspiel aus Klimawandel und der zwingend erforderlichen ökologischen Transformation sorgen dafür, dass das weltweite Güterangebot langsamer wachsen dürfte als die weltweite Güternachfrage einer nach wie vor wachsenden Weltbevölkerung. Bei einer **angebotsgetriebenen Inflation** ist die Wirksamkeit einer restriktiven Geldpolitik jedoch begrenzt. Höhere Zinsen können zwar die gesamtwirtschaftliche Güternachfrage dämpfen, sie sind jedoch nicht in der Lage, die eigentliche Inflationsursache – ein zu geringes Güterangebot – zu beseitigen. Im Gegenteil: Höhere Zinsen wirken sich negativ auf die Investitionsbereitschaft der Unternehmen aus. Damit wachsen die gesamtwirtschaftlichen Produktionskapazitäten nur langsam, was sich wiederum negativ auf das gesamtwirtschaftliche Güterangebot auswirkt.

Um zu starke Preisniveauanstiege zu vermeiden, müssen also zusätzlich zur Geldpolitik der Zentralbanken weitere wirtschaftspolitische Maßnahmen ergriffen werden. Hier gibt es im Kern drei Ansatzpunkte:

- An erster Stelle sind wirtschaftspolitische Maßnahmen zur **Steigerung** des gesamtwirtschaftlichen **Güterangebots** zu nennen. Hier geht es unter anderem um Produktivitätssteigerungen durch Bildung, Innovationen und technologische Fortschritte und eine bessere Nutzung der vorhandenen Produktionsfaktoren. Dabei sind jedoch die planetaren Grenzen zu berücksichtigen, d. h. die Steigerung des gesamtwirtschaftlichen Güterangebots muss im Rahmen eines grünen, also klimaneutralen Wirtschaftswachstums erfolgen.

- Zur Reduzierung eines preisniveauerhöhenden Nachfrageüberhangs bieten sich auch Maßnahmen zur **Verringerung** der gesamtwirtschaftlichen **Güternachfrage** an. Ein Verzicht sollte dabei jedoch nicht das Ziel sein. Wichtiger sind Maßnahmen, die die mengenmäßige Nachfrage nach Gütern verringern, ohne dass es dabei zu einem geringeren Konsumniveau kommt. Zu denken ist dabei vor allem an einen gemeinsamen Gebrauch von physischen Produkten, z. B. im Rahmen eines Car-Sharings. So lässt sich die Nachfrage nach Pkws verringern, ohne dass die Fahrleistungen eingeschränkt werden müssen. Auch der Ausbau des öffentlichen Verkehrswesens bedeutet, dass die Menschen ihre Mobilitätswünsche nicht einschränken müssen, aber dennoch weniger natürliche Ressourcen verbrauchen.
- Wenn es trotz dieser Anstrengungen zu Nachfrageüberhängen kommt, die die Preise für lebenswichtige Produkte spürbar steigen lassen, sind flankierende **sozialpolitische Maßnahmen** erforderlich. Das betrifft zum einen Transferzahlungen an einkommensschwache private Haushalte, für die steigende Konsumgüterpreise eine so große Belastung darstellen, dass sie sich nicht mehr alle lebensnotwendigen Güter leisten können – also vor allem Strom, eine ausreichende Menge an Lebensmitteln und eine hinreichend große Wohnung. Zum anderen geht es um die Unternehmen und die bei ihnen beschäftigten Personen, die bei hohen Produktionskosten nicht mehr wettbewerbsfähig sind und ihre Produktion einschränken oder sogar einstellen müssen. Hier ist allen voran die **Arbeitsmarktpolitik** gefordert, um diejenigen, die ihren Arbeitsplatz verlieren, so zu qualifizieren, dass sie an anderen Stellen eingesetzt werden können und damit dem demografisch bedingten Arbeitskräftemangel entgegenwirken.

Die Inflationsbekämpfung wird damit zu einer Aufgabe für die **gesamte Wirtschaftspolitik** und nicht mehr nur ein Thema, für das die Zentralbanken verantwortlich sind. Das verlangt eine stärkere Koordinierung zwischen allen wirtschaftspolitischen Akteuren. Die klassische wirtschaftspolitische Arbeitsteilung, nach der die Zentralbank eines Landes für die Preisniveaustabilität verantwortlich ist, dürfte in Zukunft immer weniger anwendbar sein.

Anhang 1: Preisbildung auf einem Monopolmarkt

Ein **Monopolmarkt** ist ein Markt, der sich dadurch auszeichnet, dass es nur einen einzigen Anbieter gibt, den Monopolisten. Ihm stehen viele Nachfrager gegenüber, die alle klein sind und daher keinen Einfluss auf den Preis haben. Für das auf dem Monopolmarkt gehandelte Gut gibt es keine oder nur schlechte Substitute, d. h. die Konsumenten können auch nicht auf ähnliche Angebote anderer Anbieter ausweichen. Der Preis des auf dem Monopolmarkt gehandelten Gutes ist flexibel und unterliegt nur dem Einfluss der Marktbeteiligten. Der Monopolist hat dabei einen besonders großen Einfluss auf den Preis, weil er bei seiner Preisgestaltung nicht auf die Reaktionen anderer Anbieter Rücksicht nehmen muss.

Ziel des Monopolisten ist die Gewinnmaximierung. Das Gewinnmaximum eines Monopolisten liegt – so wie bei allen Marktformen – bei der Menge, bei der die **Grenzkosten** der Produktion mit dem Grenzerlös übereinstimmen. Der **Grenzerlös** ist der in Geldeinheiten ausgedrückte Erlös, den ein Anbieter für den Verkauf der letzten Gütereinheit erhält.

Dass die Identität von Grenzkosten und Grenzerlös die Bedingung zur Erreichung des Gewinnmaximums ist, lässt sich wie folgt zeigen: Der Gewinn eines Unternehmens (G) ist die Differenz zwischen dem Erlös (E) und den Kosten der Produktion (K). Alle drei Größen hängen von der Produktionsmenge (X) ab. Der Erlös ergibt sich aus der Multiplikation des Güterpreises (p) mit der Produktionsmenge. Somit gilt:

$$(A1.1)\ G(X) = E(X) - K(X) = p \cdot X - K(X)$$

Das Gewinnmaximum wird bestimmt, indem die erste Ableitung der Gewinnfunktion nach X gebildet wird und diese gleich null gesetzt wird.

$$(A1.2)\ \partial G/\partial X = p - \partial K/\partial X = 0$$

Daraus folgt die Bedingung für die gewinnmaximierende Gütermenge:

$$(A1.3)\ p = \partial K/\partial X$$

Ökonomisch bedeutet diese Bedingung Folgendes: Ein Unternehmen maximiert seinen Gewinn, wenn es die Gütermenge anbietet, bei der der Marktpreis mit den Grenzkosten der Produktion übereinstimmt. Der Preis ist dabei der Grenzerlös. Damit gilt als allgemeine Bedingung für ein Gewinnmaximum, dass der Grenzerlös mit den Grenzkosten übereinstimmt.

Diese Grenzerlös-gleich-Grenzkosten-Bedingung gilt auch für einen **Monopolisten**. Anders als auf einem Markt unter vollständiger Konkurrenz ist der Grenzerlös für einen Monopolisten jedoch keine konstante Größe. Da die gesamte Marktnachfragekurve die für den Monopolisten relevante Preis-Absatz-Kurve ist, nimmt der Preis, den der Monopolist pro Gütereinheit erzielen kann, mit steigenden Absatzmengen ab. Der Erlös ergibt sich aus der Multiplikation von Absatzmenge (X) und Preis (p), wobei der Preis wiederum eine Funktion der Menge X ist. Somit gilt für die Erlösfunktion (E) eines Monopolisten folgender Zusammenhang:

$$\text{(A1.4) } E(X) = X \cdot p(X) \text{ mit } \partial E/\partial X = p + X \cdot \partial p/\partial X$$

Der Ausdruck ($\partial E/\partial X = p + X \cdot \partial p/\partial X$) ist die erste Ableitung der Erlösfunktion nach der Gütermenge, also der **Grenzerlös**. Diese Größe gibt an, wie sich der Gesamterlös verändert, wenn das Unternehmen eine Gütereinheit mehr verkauft. Genaugenommen handelt es sich dabei um eine infinitesimale – also eine extrem kleine – Änderung der verkauften Gütermenge.

Grafisch lässt sich die gewinnmaximale Angebotsmenge eines Monopolisten wie folgt darstellen: Ausgehend von einer linearen Marktnachfragefunktion lässt sich der Zusammenhang zwischen nachgefragter Menge (X^d) und Preis (p) mit Hilfe der Gleichung $X^d = a - b \cdot p$ ausdrücken. Die Marktnachfragefunktion kann aber auch in der Form $p = c - d \cdot X$ dargestellt werden. Die Erlösfunktion des Monopolisten lautet somit:

$$\text{(A1.5) } E(X) = X \cdot p(X) = X \cdot (c - d \cdot X) = c \cdot X - d \cdot X^2$$

Die **Grenzerlösfunktion** des Monopolisten ergibt sich aus der ersten Ableitung der Erlösfunktion nach X:

$$\text{(A1.6) } \partial E/\partial X = c - 2 \cdot d \cdot X$$

Der Vergleich der Grenzerlösfunktion mit der Marktnachfragefunktion zeigt, dass die Grenzerlösfunktion und die Marktnachfragekurve beide im Punkt c beginnen (siehe Abbildung A1.1). Die Steigung der Grenzerlösfunktion ist dabei doppelt so groß wie die Steigung der Marktnachfragekurve ($-2 \cdot d$ anstatt $-d$).

Grafisch lässt sich das Monopolgleichgewicht durch den Schnittpunkt der Grenzerlöskurve (GE) und der Grenzkostenkurve (GK) bestimmen. Dieser Schnittpunkt (Q*) bestimmt die vom Monopolisten angebotene Gütermenge

(X^*). Der Gleichgewichtspreis (p^*) ergibt sich mit Hilfe der Marktnachfragekurve und entspricht dem Preis, zu dem die Konsumenten bereit sind, die vom Monopolisten angebotene Gütermenge abzunehmen. Verglichen mit dem Gleichgewicht im Fall der vollständigen Konkurrenz, ergeben sich zwei zentrale Unterschiede: Bei vollständiger Konkurrenz ergibt sich das Marktgleichgewicht durch den Schnittpunkt der Marktnachfragekurve und der Marktangebotskurve (Q_0). Im Vergleich zur vollständigen Konkurrenz bietet der Monopolist somit eine geringere Menge an ($X^* < X_0$), die er zu einem höheren Preis verkauft ($p^* > p_0$).

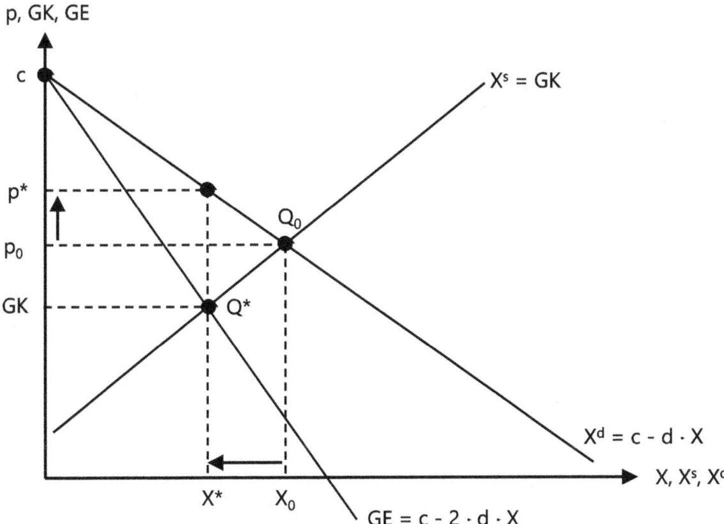

Abbildung A.1.1: Marktgleichgewicht bei einem Monopol

Anhang 2: Lohn- und Zinssatz bei einer neoklassischen Produktionsfunktion

Gewinnmaximierende Unternehmen fragen von einem Faktor immer so viele Mengeneinheiten nach, dass folgender Zusammenhang gilt: Das **Wertgrenzprodukt** der letzten eingesetzten Faktoreinheit entspricht dem Nominalpreis dieses Faktors. Ökonomisch bedeutet das Folgendes: Angenommen, der Lohn für eine Stunde beträgt 12,50 Euro. Ein Beschäftigter stellt ein Produkt her, für das am Markt 2,50 Euro erzielt werden können. Weitere Produktionskosten fallen annahmegemäß nicht an. In der ersten Stunde stellt die Person sieben Produkteinheiten her, in der zweiten nur noch sechs, in der dritten fünf und in der vierten vier. Aus Sicht eines gewinnmaximierenden Unternehmens lässt sich die optimale Anzahl an Arbeitsstunden wie folgt berechnen:

- In der ersten Stunde erwirtschaftet eine Arbeitskraft ein Wertgrenzprodukt in Höhe von 17,50 Euro ($7 \cdot 2{,}50 = 17{,}50$). Bei dem geltenden Stundenlohn wird ein Gewinn von fünf Euro erzielt.
- In der zweiten Arbeitsstunde beträgt das Wertgrenzprodukt 15,- Euro. Auch diese Arbeitsstunde lohnt sich aus Sicht des Unternehmens, weil sie einen Gewinn in Höhe von 2,50 Euro erbringt.
- In der dritten Stunde werden fünf Gütereinheiten hergestellt, die einen Erlös von 12,50 Euro erzielen. Das Unternehmen ist indifferent, ob es diese Arbeitsstunde noch nachfragt, weil der Erlös gerade so hoch ist wie die Kosten für diesen Arbeitseinsatz.
- Eine vierte Arbeitsstunde ist betriebswirtschaftlich nicht mehr sinnvoll. Sie bringt einen Erlös von zehn Euro, kostet jedoch 12,50 Euro und bedeutet somit einen Verlust in Höhe von 2,50 Euro.
- Die gewinnmaximale Arbeitsnachfrage des Unternehmens liegt also bei vier Stunden und damit bei der Stundenzahl, bei der das Wertgrenzprodukt dem Stundenlohn von 12,50 Euro entspricht.

Das Wertgrenzprodukt ist daher eine entscheidende Determinante für die Bestimmung der Lohnhöhe in einer Volkswirtschaft. Es setzt sich zusammen aus dem physischen Grenzprodukt des Faktors Arbeit und dem Marktpreis für das hergestellte Produkt. Entscheidend für das physische Grenzprodukt ist wiederum die verwendete Produktionsfunktion.

Ausgangspunkt der nachfolgenden Analyse ist eine neoklassische Produktionsfunktion, die linear-homogen und substitutional ist, also die Cobb-Douglas-Produktionsfunktion. Der Output (Y) wird mit Hilfe der beiden homogenen Produktionsfaktoren Arbeit (L für Labour) und Kapital (K) produziert. Das Preisniveau ist auf 1 normiert, d. h., es handelt sich sowohl um Realgrößen als auch um Wertgrößen bzw. nominale Größen. Wird von außenwirtschaftlichen Beziehungen abgesehen, die Abschreibungen gleich null gesetzt und weder Subventionen gezahlt noch indirekte Steuern erhoben, entspricht der Output (Y) sowohl dem Bruttoinlandsprodukt des Landes als auch dem Bruttonationaleinkommen und dem Volkseinkommen.

$$\text{(A2.1) } Y = f(K, L) = K^{\alpha} \cdot L^{1-\alpha} \text{ mit } 0 < \alpha < 1$$

Die erste Ableitung der Produktionsfunktion nach dem Faktor Arbeit ergibt die **Grenzproduktivität** des Faktors Arbeit, die im neoklassischen Modell zugleich dem nominalen Lohnsatz (w) entspricht. Wegen des auf 1 normierten Preisniveaus ist dies zugleich auch der **Reallohnsatz**. Die zweite Ableitung zeigt, wie sich die Grenzproduktivität des Faktors Arbeit – und damit auch der Reallohnsatz – verändert, wenn die Einsatzmenge des Faktors Arbeit verändert wird.

$$\text{(A2.2a) } \partial Y/\partial L = w = K^{\alpha} \cdot (1 - \alpha) \cdot L^{-\alpha} > 0$$
$$\text{(A2.2b) } \partial^2 Y/\partial L^2 = -\alpha \cdot K^{\alpha} \cdot (1 - \alpha) \cdot L^{-\alpha-1} < 0 \text{ (wegen } -\alpha < 0)$$

Die neoklassische Produktionsfunktion zeichnet sich durch eine positive (Gleichung A2.2a), aber abnehmende (Gleichung A2.2b) Grenzproduktivität des Faktors Arbeit aus. Ein Anstieg der eingesetzten Menge an Arbeit reduziert somit die Grenzproduktivität – und damit auch den Lohn.

Die erste Ableitung der gesamtwirtschaftlichen Produktionsfunktion nach dem Faktor Kapital ergibt die Grenzproduktivität des Faktors Kapital, die im neoklassischen Modell zugleich dem **Zins** bzw. **Realzinssatz** (r) als Preis für den Faktor Kapital entspricht. Auch der Faktor Kapital besitzt eine positive, aber abnehmende Grenzproduktivität. Ein Anstieg des Kapitaleinsatzes hat daher einen Rückgang des Realzinses zur Folge.

$$\text{(A2.3a) } \partial Y/\partial K = r = \alpha \cdot K^{\alpha-1} \cdot L^{1-\alpha} > 0$$
$$\text{(A2.3b) } \partial^2 Y/\partial K^2 = \alpha \cdot (\alpha - 1) \cdot K^{\alpha-2} \cdot L^{1-\alpha} < 0 \text{ (wegen } (\alpha - 1) < 0)$$

Relevant ist dann noch die Frage, wie eine Veränderung des Kapitaleinsatzes die Lohnhöhe verändert. Dafür muss Gleichung (A2.2a), die die Grenzproduktivität des Faktors Arbeit ausdrückt und damit auch die Lohnhöhe, nach dem Faktor Kapital abgeleitet werden. Aus $\partial Y/\partial L = w = K^{\alpha} \cdot (1 - \alpha) \cdot L^{-\alpha}$ folgt:

(A2.2c) $\partial^2 Y/\partial L \partial K = \alpha \cdot K^{\alpha - 1} \cdot (1 - \alpha) \cdot L^{-\alpha} > 0$ (wegen $\alpha > 0$ und $(1 - \alpha) > 0$)

Ein Anstieg des Kapitaleinsatzes erhöht somit die Grenzproduktivität des Faktors Arbeit.

Die gleiche Überlegung lässt sich für die Veränderung des Zinssatzes als Reaktion auf einen veränderten Arbeitseinsatz anstellen. Dazu muss Gleichung (A2.3b) nach dem Faktor Arbeit abgeleitet werden. Aus $\partial Y/\partial K = r = \alpha \cdot K^{\alpha - 1} \cdot L^{1 - \alpha}$ folgt:

(A2.3c) $\partial^2 Y/\partial K \partial L = \alpha \cdot K^{\alpha - 1} \cdot (1 - \alpha) \cdot L^{-\alpha} > 0$ (wegen $\alpha > 0$ und $(1 - \alpha) > 0$)

Aus diesen Zusammenhängen lassen sich folgende Ableitungen ziehen:

- Wenn in einer **alternden Gesellschaft** wegen des hohen Angebots an Arbeitskräften viele Arbeitskräfte eingesetzt werden, entspricht dies einer Steigerung des Arbeitseinsatzes (L). Nach Gleichung (A2.2a) bedeutet dies einen Rückgang der Grenzproduktivität des Faktors Arbeit und damit einen Rückgang des Lohns. Bei einem hohen Arbeitseinsatz sind folglich die Grenzproduktivität des Faktors Arbeit und der Lohn relativ gering. Dies entspricht den Ausführungen aus → Abschnitt 6.2.
- Wenn hingegen in einer **alten Gesellschaft** weniger Arbeitskräfte zur Verfügung stehen und der gesamtwirtschaftliche Arbeitseinsatz deshalb zurückgeht, resultiert daraus ein Anstieg der Grenzproduktivität des Faktors Arbeit und damit ein Anstieg des Lohns. Dies entspricht den Ausführungen aus → Abschnitt 6.3, in dem für eine alternde Gesellschaft ein Anstieg des Lohns diagnostiziert wurde.
- Die Steigerung des Arbeitskräfteeinsatzes in der Produktion bedeutet ceteris paribus wegen Gleichung (A2.3c) einen Anstieg der Grenzproduktivität des Kapitals und damit des Zinssatzes bzw. einen hohen Zins. Bei einem sinkenden Arbeitskräfteeinsatz gehen die Grenzproduktivität des Kapitals und der Zinssatz zurück.

Anhang 3: Der Realzins

Der Realzins ist im Gegensatz zum Nominalzinssatz ein Zinssatz, der auch die Kaufkraftveränderung berücksichtigt, die sich aus einer Inflation oder einer Deflation ergibt. Die Berechnung des **realen Zinssatzes** (r) lässt sich wie folgt herleiten. Ausgangspunkt ist ein Sparer, der 100,- Euro zu einem nominalen Zinssatz (i) von fünf Prozent für ein Jahr anlegt. Nach einem Jahr ist der Anfangsbetrag (A) auf einen Endbetrag (E) in Höhe von 105,- Euro angewachsen. Formal lässt sich dieser Betrag wie folgt errechnen: $E = (1 + i) \cdot A$.

Falls die **Inflationsrate** (π) in diesem einjährigen Zeitraum drei Prozent beträgt, schmälert das die Kaufkraft des Endbetrags. Um den realen Wert des Endbetrags (E^r) zu berechnen, muss der nominale Endbetrag durch das neue Preisniveau dividiert werden. Wenn das Preisniveau zu Beginn des Anlagezeitraums die Höhe P_0 hatte, erreicht es am Ende des Anlagezeitraums die Höhe $P_1 = (1 + \pi) \cdot P_0$. Der reale, also inflationsbereinigte Wert des Endbetrags hat somit folgende Höhe:

$$\text{(A3.1)}\ E^r = E/P_1 = E/(1 + \pi) \cdot P_0 =$$
$$(1 + i) \cdot A/(1 + \pi) \cdot P_0 = [(1 + i) / (1 + \pi)] \cdot A/P_0$$

Alternativ lässt sich der reale Endwert des Anlagebetrags unmittelbar mit dem realen Zinssatz (r) berechnen. Dazu wird der reale Wert des Anlagebetrags benötigt. Er ergibt sich dadurch, dass der Anfangswert (A) durch das Preisniveau zu Beginn des Anlagezeitraums (P_0) dividiert wird. Daraus ergibt sich folgender Zusammenhang:

$$\text{(A3.2)}\ E^r = (1 + r) \cdot A/P_0$$

Nun können die Gleichungen (A3.1) und (A3.2) gleichgesetzt werden.

$$\text{(A3.3)}\ (1 + r) \cdot A/P_0 = [(1 + i) / (1 + \pi)] \cdot A/P_0$$

Der Ausdruck (A/P_0) kann herausgekürzt werden. Daraus ergibt sich der Ausdruck der Gleichung (A3.4).

$$\text{(A3.4)}\ (1 + r) = (1 + i) / (1 + \pi)$$

Wird Gleichung (A3.4) nach r aufgelöst, ergibt sich für den Realzins folgende Bestimmungsformel:

$$(A3.5)\ r = [(1 + i) / (1 + \pi)] - 1$$

Mit der Gleichung (A3.5) lassen sich einige Beispiele für die Höhe des Realzinssatzes in Abhängigkeit vom Nominalzinssatz und der Inflationsrate berechnen (⟶ Tabelle A3.1).

Nominalzinssatz (i)	Inflationsrate (π)	r berechnet nach Gleichung (A3.5)	r gerundet
6 %	4 %	1,9231 %	2 %
6 %	2 %	3,9216 %	4 %
6 %	8 %	−1,8519 %	−2 %

Tabelle A3.1: Zusammenhang zwischen Nominalzinssatz, Inflationsrate und Realzinssatz

Der Blick auf die gerundeten Werte für den realen Zinssatz zeigt, dass sich der Realzinssatz näherungsweise dadurch berechnen lässt, dass die Inflationsrate vom nominalen Zinssatz abgezogen wird. Als grobe **Faustformel** gilt daher: Realzinssatz = Nominalzinssatz abzüglich der Inflationsrate bzw. $r = i - \pi$.

Dies lässt sich auch mit Hilfe einiger Umformungen von Gleichung (A3.5) zeigen. Dazu wird der Ausdruck − 1 ersetzt durch $(1 + \pi) / (1 + \pi)$:

$$(A3.6)\ r = [(1 + i) / (1 + \pi)] - [(1 + \pi) / (1 + \pi)] = (1 + i - 1 - \pi) / (1 + \pi) = (i - \pi) / (1 + \pi)$$

Bei einer geringen Inflationsrate – also einem kleinen Wert von π – entspricht der Ausdruck $(1 + \pi)$ ungefähr 1, d. h. es gilt: $1 + \pi \approx 1$. Daraus ergibt sich schließlich Gleichung (A3.7) als Faustformel für die Berechnung des Realzinssatzes r:

$$(A3.7)\ r = (i - \pi) / 1 = i - \pi$$

Glossar

Abwertung. Wenn der Wert einer Währung an den Devisenmärkten sinkt, liegt eine Abwertung dieser Währung vor.

Abwertungs-Inflations-Spirale. Eine Situation, in der hohe Preissteigerungen im Inland zu einem Exportrückgang führen, der eine Abwertung der heimischen Währung bewirkt, die dann die Preise für Importe erhöht und so über steigende Preise für importierte Rohstoffe, Vorleistungen und Endprodukte die inländische Inflation weiter beschleunigt.

Angebotsgetriebene Inflation. Wenn die Ursache für einen Anstieg des gesamtwirtschaftlichen Preisniveaus ein Nachfrageüberhang ist und dieser aus einem Rückgang des gesamtwirtschaftlichen Güterangebots resultiert, liegt eine angebotsgetriebene Inflation vor.

Angebotskrise. Eine wirtschaftliche Krise, verstanden als ein Rückgang von Produktion und Beschäftigung, die dadurch ausgelöst wird, dass das gesamtwirtschaftliche Güterangebot zurückgeht, z. B. wegen stark gestiegener Produktionskosten oder unterbrochenen Lieferketten, wird als Angebotskrise bezeichnet.

Angebotsüberschuss. Ein Angebotsüberschuss liegt vor, wenn das gesamtwirtschaftliche Güterangebot größer ist als die Güternachfrage. Folge eines Angebotsüberschusses ist ein Rückgang des gesamtwirtschaftlichen Preisniveaus.

Aufwertung. Wenn der Wert einer Währung an den Devisenmärkten steigt, liegt eine Aufwertung dieser Währung vor.

Ausland. Das Ausland umfasst alle natürlichen und juristischen Wirtschaftseinheiten, die ihren Wohnsitz bzw. ihren Unternehmensstandort nicht im Inland haben. Entscheidend für die Zuordnung zum Inland oder zum Ausland ist nicht die Nationalität, sondern ausschließlich der Wohn- bzw. Standort.

Bruttoinlandsprodukt. Das Bruttoinlandsprodukt eines Landes entspricht dem Wert aller Waren und Dienstleistungen, die innerhalb eines Jahres in einem Land hergestellt werden.

CO_2-Preis. Ein CO_2-Preis liegt vor, wenn der Staat von den Wirtschaftsakteuren, die eine Tonne Treibhausgas verursachen, dafür eine Abgabe fordert. Sie kann in Form einer Mengensteuer erfolgen oder in Form eines Preises für ein Emissionszertifikat.

Deflation. Eine Deflation liegt vor, wenn das gesamtwirtschaftliche Preisniveau im Zeitablauf geringer wird.

Demografischer Wandel. Der demografische Wandel bedeutet die gleichzeitige Veränderung der Bevölkerungszahl und der Altersstruktur einer Bevölkerung.

Devisenmarktinterventionen. Eine Devisenmarktintervention liegt vor, wenn die Zentralbank eines Landes ausländische Währungen kauft (bzw. verkauft), um so eine Aufwertung der ausländischen Währung (bzw. eine Abwertung der ausländischen Währung) zu erreichen und damit gleichzeitig eine Abwertung der eigenen Währung (bzw. eine Aufwertung der eigenen Währung).

Dienstleistungen. Dienstleistungen sind immaterielle Produkte, also z. B. die Leistungen von Ärzten, Anwälten und Beratern.

Digitalisierung. Die Digitalisierung beschreibt im Wesentlichen die weltweite Ausbreitung von Informations- und Kommunikationstechnologien sowie datengestützten Algorithmen zur Auswertung großer Datenmengen in allen Bereichen des menschlichen Daseins.

Disinflation. Eine Disinflation liegt vor, wenn die Inflationsrate im Zeitablauf immer geringer wird, aber dabei positiv bleibt.

Fiskalische Dominanz. Wenn die Zentralbank eines Landes bei ihrer Geldpolitik nicht nur das Ziel der Preisniveaustabilität verfolgen kann, sondern auf die Auswirkungen ihrer geldpolitischen Entscheidungen auf die langfristige Tragfähigkeit der öffentlichen Finanzen Rücksicht nehmen muss, liegt eine fiskalische Dominanz vor.

Fiskalpolitik. Die Fiskalpolitik bezeichnet Veränderungen der gesamtwirtschaftlichen Güternachfrage durch den Staat. Eine Erhöhung der Staatsausgaben für Waren und Dienstleistungen wird als expansive Fiskalpolitik bezeichnet

Geldpolitik. Die Geldpolitik bezeichnet Veränderungen der gesamtwirtschaftlichen Geldmenge durch die Zentralbank eines Landes. Eine Erhöhung der nominalen Geldmenge wird als expansive Geldpolitik bezeichnet

Geldwertillusion. Die Geldwertillusion beschreibt den Umstand, dass Wirtschaftsakteure zumindest temporär eine Inflation nicht (oder nicht in deren vollem Ausmaß) erkennen und daher meinen, dass der reale Wert einer bestimmten Geldmenge unverändert ist, obwohl er inflationsbedingt gesunken ist.

Gewinninflation. Wenn die Ursache für einen Anstieg des gesamtwirtschaftlichen Preisniveaus ein Gewinnaufschlag von Unternehmen ist, die über die dafür erforderliche Marktmacht verfügen, liegt eine Gewinninflation vor.

Globalisierung. Globalisierung bedeutet die ökonomische, soziale und politische Verflechtung der Länder untereinander.

Green Growth. Ein Wirtschaftswachstum, bei dem der technologische Fortschritt dafür sorgt, dass die Produktion von Waren und Dienstleistungen ohne klimaschädliche Treibhausgasemissionen erfolgt.

Grüne Inflation. Ein Anstieg des gesamtwirtschaftlichen Preisniveaus, der auf Maßnahmen zur Förderung der Klimaneutralität – also z. B. höhere CO_2-Preise und der Einsatz emissionsärmerer Produktionstechnologien mit höheren Produktionskosten – zurückzuführen ist.

Güter. Güter sind der umfassende Begriff für Waren (materielle Produkte) und Dienstleistungen (immaterielle Produkte).

Höchstpreis. Ein Höchstpreis ist ein staatlich festgelegter Preis, der unter dem Preis liegt, der sich aus einem Marktgleichgewicht ergibt und der nicht überschritten werden darf.

Hyperinflation. Eine Hyperinflation liegt vor, wenn die monatliche Inflationsrate 50 Prozent und mehr beträgt.

Importierte Inflation. Eine importierte Inflation liegt vor, wenn das inländische Preisniveau steigt, weil die Preise für ausländische Güter steigen – z. B., weil es im Ausland eine Inflation gibt oder weil es zu einer Aufwertung der ausländischen Währung kommt.

Inflation. Eine Inflation liegt vor, wenn das gesamtwirtschaftliche Preisniveau im Zeitablauf steigt. Das bedeutet, dass die Verbraucherpreise auf gesamtwirtschaftlicher Ebene steigen.

Inflationsrate. Die Inflationsrate gibt an, mit welcher Rate sich das gesamtwirtschaftliche Preisniveau einer Volkswirtschaft im Zeitablauf verändert. Die gängigsten Maße dafür sind die jährliche Inflationsrate sowie monatliche Inflationsraten (gegenüber dem Vormonat oder gegenüber dem Vorjahresmonat).

Inflationsziel. Das Inflationsziel ist die Inflationshöhe, die die Zentralbank einer Volkswirtschaft mit ihrer Geldpolitik erreichen will.

Inland. Das Inland umfasst alle natürlichen und juristischen Wirtschaftseinheiten, die ihren Wohnsitz bzw. ihren Unternehmensstandort im Inland haben, unabhängig von ihrer Nationalität.

Investitionen. Investitionen bedeuten den Ausbau der gesamtwirtschaftlichen Produktionskapazitäten durch den Bau von zusätzlichen Gebäuden, den Erwerb zusätzlicher Maschinen etc. und bewirken so eine Erhöhung des Produktionsfaktors Kapital.

Kerninflation. Die Kerninflationsrate ist eine Inflationsrate, bei der kurzfristige Schwankungen der Inflationsrate herausgerechnet werden. Güter, deren Preise erfahrungsgemäß stark schwanken, werden herausgerechnet. Das betrifft vor allem Energiepreise und unverarbeitete Nahrungsmittel wie Obst und Gemüse.

Konsumquote. Die Konsumquote einer Volkswirtschaft ist der Anteil der gesamtwirtschaftlichen Konsumausgaben am gesamtwirtschaftlichen Einkommen.

Konzertierte Aktion. Dieser Begriff beschreibt die Zusammenarbeit zwischen der Geld- und der Fiskalpolitik sowie den Sozialpartnern (also den Gewerkschaften und den Arbeitgebern), um gemeinsam die Inflation zu bekämpfen und dabei einen Wirtschaftseinbruch zu vermeiden.

Kosteninflation. Wenn die Ursache für einen Anstieg des gesamtwirtschaftlichen Preisniveaus ein Anstieg der Produktionskosten ist, liegt eine Kosteninflation vor.

Langfristige Tragfähigkeit der öffentlichen Finanzen. Die langfristige Tragfähigkeit der öffentlichen Finanzen bedeutet, dass der Staat seinen bestehenden finanziellen Verpflichtungen dauerhaft nachkommen kann, also nicht zahlungsunfähig wird.

Lohn. Der Lohn ist der Preis für den Arbeitsfaktor Arbeit. Wird der nominale Lohn durch das gesamtwirtschaftliche Preisniveau dividiert, handelt es sich um den Reallohn.

Lohn-Preis-Spirale. Eine Situation, in der steigende Güterpreise zu steigenden Nominallöhnen führen, die wiederum über steigende Produktionskosten einen Güterpreisanstieg bewirken, der zu weiteren Nominallohnerhöhungen führt.

Mindestpreis. Ein Mindestpreis ist ein staatlich festgelegter Preis, der über dem Preis liegt, der sich aus einem Marktgleichgewicht ergibt und der nicht unterschritten werden darf.

Monopol. Eine Marktsituation, in der es nur einen Anbieter für ein bestimmtes Produkt gibt (den Monopolisten), der über Marktmacht verfügt und einen Preissetzungsspielraum hat.

Nachfragegetriebene Inflation. Wenn die Ursache für einen Anstieg des gesamtwirtschaftlichen Preisniveaus ein Nachfrageüberhang ist und dieser aus einem Anstieg der gesamtwirtschaftlichen Güternachfrage resultiert, liegt eine nachfragegetriebene Inflation vor.

Nachfragekrise. Eine wirtschaftliche Krise, verstanden als ein Rückgang von Produktion und Beschäftigung, die dadurch ausgelöst wird, dass die gesamtwirtschaftliche Güternachfrage zurückgeht und die Unternehmen Produktion und Beschäftigung entsprechend reduzieren, wird als Nachfragekrise bezeichnet.

Nachfrageüberhang. Ein Nachfrageüberhang liegt vor, wenn die gesamtwirtschaftliche Güternachfrage größer ist als das gesamtwirtschaftliche Güterangebot. Folge eines Nachfrageüberhangs ist ein Anstieg des gesamtwirtschaftlichen Preisniveaus.

Natürlicher Zins. Der Zinssatz, bei dem Preisniveaustabilität herrscht und gleichzeitig der Gütermarkt geräumt ist.

Nudging. Beim „Nudging“ geht es darum, menschliche Verhaltensroutinen durch kleine „Anstupser“ zu verändern. Ziel ist es, die Menschen zu einer Verhaltensänderung zu motivieren, ohne dabei staatliche Ge- und Verbote sowie monetäre Anreize einzusetzen.

Ökologische Transformation. Alle Maßnahmen, die dem Ziel dienen, die Wirtschaft und Gesellschaft eines Landes klimaneutral zu gestalten.

Preise. Preise sind die in Geldeinheiten ausgedrückten Werte von Waren, Dienstleistungen, Vermögensgegenständen und Produktionsfaktoren (also z. B. der Lohn als Preis für den Produktionsfaktor Arbeit).

Preisniveau. Das Preisniveau gibt den gewichteten Durchschnitt aller Preise einer Volkswirtschaft an.

Produktionsfaktoren. In der Makroökonomie werden zwei zentrale Produktionsfaktoren berücksichtigt: Arbeit und Kapital. Der Faktor Arbeit umfasst die menschlichen Tätigkeiten im Rahmen der Herstellung von Gütern. Der Faktor Kapital betrifft die bei der Produktion eingesetzten Sachmittel wie Maschinen, Gebäude, Roh-, Hilfs- und Betriebsstoffe sowie Vorprodukte. Beim Kapital handelt es sich daher um Sach- bzw. Realkapital.

Produktionsmöglichkeitenkurve. Alle Kombinationen von Gütermengen, die eine Volkswirtschaft mit den gegebenen Mengen an Produktionsfaktoren und der gegebenen Produktionstechnologie maximal herstellen kann.

Produktivität. Die Produktivität ist eine Kennzahl, die den Output in Relation zum Input setzt, der für die Herstellung dieses Outputs erforderlich ist. Wenn der Output bei einem konstanten Input wächst, liegt eine Produktivitätssteigerung vor.

Rezession. Eine Rezession liegt vor, wenn das reale Bruttoinlandsprodukt im Zeitablauf sinkt. Von einer technischen Rezession wird gesprochen, wenn das reale Bruttoinlandsprodukt eines Landes mindestens zwei Quartale in Folge schrumpft.

Sparquote. Die Sparquote einer Volkswirtschaft ist der Anteil der gesamtwirtschaftlichen Ersparnisse am gesamtwirtschaftlichen Einkommen.

Stagflation. Eine wirtschaftliche Situation, in der es gleichzeitig eine Stagnation und eine Inflation gibt, wird als Stagflation bezeichnet.

Stagnation. Von einer Stagnation wird gesprochen, wenn sich das Wirtschaftswachstum verlangsamt oder sogar zum Erliegen kommt, sodass das Bruttoinlandsprodukt mehr oder weniger konstant bleibt.

Verbraucherpreisindex. Der Verbraucherpreisindex umfasst die Preise aller Waren und Dienstleistungen, die von den privaten Haushalten eines Landes erworben werden. Er entspricht dem Preis eines Warenkorbs, der diese Waren und Dienstleistungen enthält. Aus der Veränderung des Verbraucherpreisindexes ergibt sich die Inflationsrate der Volkswirtschaft.

Volkswirtschaftliche Gesamtrechnung. Die Volkswirtschaftliche Gesamtrechnung ist ein umfassendes System von verschiedenen, aufeinander abgestimmten Berechnungen, die das Ziel haben, die gesamtwirtschaftliche Entwicklung einer Volkswirtschaft in einem abgelaufenen Jahr zu erfassen. Zu den wichtigsten Angaben gehören empirische Daten zur Entstehung, Verwendung und Verteilung des Bruttoinlandsprodukts.

Währungsunion. Eine Währungsunion liegt vor, wenn sich mehrere Länder dazu entscheiden, eine gemeinsame Währung einzuführen und ihre nationalen Währungen aufzugeben.

Waren. Waren sind physische bzw. materielle Produkte, also z. B. Möbel, Nahrungsmittel und elektronische Geräte.

Wechselkurs. Der Wechselkurs ist der Preis, der für eine Devise, also eine ausländische Währungseinheit, gezahlt werden muss.

Zentralbank. Die Zentralbank ist eine staatliche Institution, die in einer Volkswirtschaft als einzige Institution gesetzliche Zahlungsmittel ausgeben darf. Sie versorgt die gesamte Volkswirtschaft mit Bargeld, gewährt den Geschäftsbanken Kredite und ist mit ihrer Geldpolitik für das Erreichen der Preisniveaustabilität verantwortlich.

Zentralbankgeld. Das Zentralbankgeld ist das Geld, das die Zentralbank der Volkswirtschaft zur Verfügung stellt. Es setzt sich zusammen aus dem Bargeld und den Guthaben, das die Geschäftsbanken bei der Zentralbank haben. Dieses Zentralbankgeld ist die Geldbasis der Volkswirtschaft

Zins. Der Zins ist der Preis für den Faktor Kapital. Wird der nominale Zins durch das gesamtwirtschaftliche Preisniveau dividiert, handelt es sich um den Realzins.

Zweitrundeneffekte. Wenn ein Anstieg des gesamtwirtschaftlichen Preisniveaus die Wirtschaftsakteure einer Volkswirtschaft dazu bewegt, weitere inflationserhöhende Entscheidungen zu treffen, handelt es sich um Zweitrundeneffekte einer Inflation. Ein Beispiel sind Nominallohnerhöhungen als Reaktion auf ein gestiegenes Preisniveau.

Literaturverzeichnis

Ademmer, M., F. Bickenbach, E. Bode, J. Boysen-Hogrefe, S. Fiedler, K.-J. Gern, H. Görg, D. Groll, C. Hornok, N. Jannsen, S. Kooths und C. Krieger-Boden (2017). „Produktivität in Deutschland – Messbarkeit und Entwicklung". Kieler Beiträge zur Wirtschaftspolitik, Nr. 12. Kiel.

Aksoy, Y., H. Basso und R. Smith (2016). „Demografie bremst Wirtschaft". Die Volkswirtschaft (89) 11. 14–19.

Autor, D., D. Dorn und G. Hanson (2013). „The China Syndrome: Local Labor Market Effects of Import Competition in the United States". American Economic Review (103), 2121–2168.

BaFin (Bundesanstalt für Finanzdienstleistungsaufsicht) (Hrsg.) (2018). Big Data trifft auf künstliche Intelligenz – Herausforderungen und Implikationen für Aufsicht und Regulierung von Finanzdienstleistungen. Bonn und Frankfurt a. M.

Berenberg und HWWI (Hamburgisches WeltWirtschaftsInstitut) (2015). Strategie 2030 – Digitalökonomie. Hamburg.

Bertelsmann Stiftung (Hrsg.) (2022). „Die Rückkehr der Knappheit – Wie globale Demografie, Deglobalisierung und Dekarbonisierung Verteilungskonflikte verschärfen". Megatrend-Report #04. Gütersloh 2022.

Bertelsmann Stiftung (Hrsg.) (2019). Consequences of ageing and directed technological change. Gütersloh.

Blömer, M., P. Brandt und A. Peichl (2021). Raus aus der Zweitverdienerinnenfalle – Reformvorschläge zum Abbau von Fehlanreizen im deutschen Steuer- und Sozialversicherungssystem. Bertelsmann Stiftung (Hrsg.). Gütersloh.

BMF (Bundesministerium der Finanzen) (2019). Tragfähigkeitsbericht 2020 – Fünfter Bericht zur Tragfähigkeit der öffentlichen Finanzen. Berlin.

Bobeica, E., E. Lis, C. Nickel und Y. Sun (2017). „Demographics and inflation". ECB Working Paper, No. 2006. Frankfurt a. M.

Borsky, S. (2020). „Internationaler Handel, Klimapolitik und Carbon Leakage". Policy Brief Nr. 45 (Mai 2020) des Kompetenzzentrums „Forschungsschwerpunkt Internationale Wirtschaft". Wien.

Boysen-Hogrefe, J. (2022). „Die Finanzpolitik kann nicht alle entlasten". Wirtschaftsdienst (102). 581–583.

Brandt, A. (2017). „Digitaler Kapitalismus – Dynamiken, Potenziale, Monopole". spw, Heft 220, 3/2017. 39–47.

Brugger, E. A., und S. Limacher (2011). Biodiversität und Wirtschaft: Enge Wechselwirkungen. Zürich.

Cavallo, A. (2018). „More Amazon Effects: Online Competition and Pricing Behaviors". Discussion Paper Havard Business School, 2018.

Charbonneau, K. B., A. Evans, S. Sarker und L. Suchanek (2017). „Digitalization and Inflation: A Review of the Literature". Bank of Canada: Staff Analytical Note 2017–20. Ottawa.

Crespo Cuaresma, J., E. Gnan und D. Ritzberger-Grünwald (2005). „Der natürliche Zinssatz – Begriffsbestimmung und Analyse für den Euroraum". Geldpolitik & Wirtschaft Q4/05. Wien. 31–51.

Deutsche Bundesbank (2022). Geld und Geldpolitik (Stand: Frühjahr 2022). Frankfurt am Main.

Deutsche Bundesbank (2017). „Zur Entwicklung des natürlichen Zinses". Monatsbericht Oktober 2017. 29–44.

Deutsche Bundesbank (2016). „Die Phillips-Kurve als Instrument der Preisanalyse und Inflationsprognose in Deutschland". Monatsbericht April 2016. 31–46.

Deutsche Bundesbank (1975). Geschäftsbericht der Deutschen Bundesbank 1974. Frankfurt am Main.

Draper, P. (2020). Globale Handelskooperation nach COVID-19 und die Zukunft der WTO. Hrsg. von der Stiftung Entwicklung und Frieden. Bonn.

Dreher, A. (2006). „Does Globalization Affect Growth? Evidence from a new Index of Globalization". Applied Economics (38). 1091–1110.

Dullien, S., und I. M. Weber (2022). „Höchste Zeit für einen Gaspreisdeckel: ein wichtiges Instrument im Kampf gegen Energiepreisbelastung". Wirtschaftsdienst (102). 595–598.

Engelhardt, S. v., L. Wangler und S. Wischmann (2017). Eigenschaften und Erfolgsfaktoren digitaler Plattformen. Berlin.

Elster, J. (1987). Subversion der Rationalität. Frankfurt a. M./New York.

Esche, A., M. Lizarazo López und T. Petersen (2019). „Fostering Prosperity: Investment and Demographic Transition". Asian Development Bank Institute (Hrsg.): Aging Societies – Policies and Perspectives. Tokio. 10–20.

Europäische Union (2011). Stellungnahme des Europäischen Wirtschafts- und Sozialausschusses zum Thema „Energiearmut im Kontext von Liberalisierung und Wirtschaftskrise" (Sondierungsstellungnahme) (2011/C 44/09). Hauptberichterstatter: Sergio Ernesto Santillán Cabeza. Amtsblatt der Europäischen Union C 44/53, 11.2.2011.

Eurostat (2022a). „Schnellschätzung Juli 2022: Jährliche Inflation im Euroraum auf 8,9% gestiegen". Pressemitteilung Nr. 86/2022 vom 29. Juli 2022. Luxemburg.

Eurostat (2022b). „Erstes Quartal 2022: Rückgang des öffentlichen Schuldenstands im Euroraum auf 95,6% des BIP". Pressemitteilung Nr. 83/2022 vom 21. Juli 2022. Luxemburg.

Eurostat (2022c). „Juni 2022: Arbeitslosenquote im Euroraum bei 6,6%". Pressemitteilung Nr. 88/2022 vom 1. August 2022. Luxemburg.

ExpertInnen-Kommission Gas und Wärme (2022). Sicher durch den Winter – Zwischenbericht. Berlin.

EZB (Europäische Zentralbank) (2022). „Geldpolitische Beschlüsse". Pressemitteilung vom 27. Oktober 2022. Frankfurt am Main.

EZB (Europäische Zentralbank) (2021). „EZB-Rat verabschiedet neue geldpolitische Strategie". Pressemitteilung vom 8. Juli 2021. Frankfurt am Main.

EZB (Europäische Zentralbank) (2009). Preisniveaustabilität: Warum sie wichtig für Dich ist. Frankfurt am Main.

Gerhards, E., C.-A. Goerl und M. Thöne (2012). „Tragfähigkeit der öffentlichen Finanzen: Eine Bestandsaufnahme national und international praktizierter Methoden der langfristigen Budgetanalyse". FiFo-Berichte Nr. 14. Köln.

Giersch, H. (1977). Konjunktur- und Wachstumspolitik in der offenen Wirtschaft – Allgemeine Wirtschaftspolitik, Bd. 2. Wiesbaden 1977.

Glatzer, E., E. Gnan und M. T. Valderrama (2006). „Globalisierung und ihre Auswirkungen auf Import- und Erzeugerpreise in Österreich". Geldpolitik & Wirtschaft Q3/06. Wien. 28–49.

Gnan, E., und M. T. Valderrama (2006). „Globalisierung, Inflation und Geldpolitik". Geldpolitik & Wirtschaft Q4/06. Wien. 38–58.

Görg, H., und K. Kamin (2021). „Globalisierung trifft Geoökonomie". Wirtschaftsdienst (101). 854–857.

Goodhart, C., und M. Pradhan (2017). „Demographics will reverse three multi-decade global trends". BIS Working Papers No 656.

Gretschko, V., N. Fugger und P. Gillen (2016), „Beschaffungskonflikte: Volkswagen und seine Zulieferer". Wirtschaftsdienst (96). 626–627.

Grimm, V., L. Nöh und M. Schwarz (2021). „Investitionen für nachhaltiges Wachstum in Deutschland: Status quo und Perspektiven". Wirtschaftsdienst (101). 162–167.

Gürer, E., und A. Weichenrieder (2020). „Pro-rich inflation in Europe: Implications for the measurement of inequality". German Economic Review (21). 107–138.

Hagenkort-Rieger, S., und N. Sewald (2021). „Theoretische und praktische Ansätze der Inflationsmessung in Zeiten der Corona-Pandemie". WISTA Wirtschaft und Statistik. Ausgabe 1/2021. 19–33.

Haucap, J. (2018). „Daten als Wettbewerbsfaktor". Wirtschaftsdienst (98). 472–477.

Hellmann, K.-U. (2010). „Prosumer Revisited: Zur Aktualität einer Debatte – Eine Einführung“. B. Blättel-Mink, K.-U. Hellmann (Hrsg.): Prosumer Revisited: Zur Aktualität einer Debatte, Wiesbaden. 13–48.

Herborn, A. und G. Schnabl (2022). „Wohnimmobilienpreise, Inflationsmessung und Geldpolitik im Euroraum“. Wirtschaftsdienst (102). 402–407.

Hiebel, M., J. Bertling, J. Nühlen, H. Pflaum, A. Somborn-Schulz, M. Franke, K. Reh und S. Kroop (2017). „Studie zur Circular Economy im Hinblick auf die chemische Industrie“. Fraunhofer-Institut für Umwelt-, Sicherheits- und Energietechnik UMSICHT (Hrsg.). Studie im Auftrag des Verbands der Chemischen Industrie e. V., Landesverband NRW. Oberhausen.

Hilpert, H. G. (2020). „Handel, Wirtschaft, Finanzen: Rivalitäten, Konflikte, Eskalationsrisiken“. Lippert, B., und V. Perthes (Hrsg.). Strategische Rivalität zwischen USA und China. Berlin. 27–31.

Hilpert, H. G. (2002). „Japans endlose Wirtschaftskrise – Perspektiven für Japan und die Weltwirtschaft“. SWP-Studie. Berlin.

Horst, M., D. Stempel und U. Neyer (2022). „Die EZB muss die Inflation glaubwürdiger bekämpfen“. Wirtschaftsdienst (102). 426–429.

Hüther, M. (2022). „Entlastungspaket: Stabilisierung der Erwartungen“. Wirtschaftsdienst (102). 757–760.

Hüther, M., und T. Obst (2022). „Phillipskurve und fiskalische Dominanz der Geldpolitik – Was treibt die Inflation?“. IW-Kurzbericht 57/2022. Köln.

Hutchins, G. (2020): „What if we are all wrong on productivity?”. Financial Times vom 29.1.2020. 9.

Illing, G. (2022). „Inflationsgefahr im Euroraum – wie gelingt eine sanfte Landung?“. Wirtschaftsdienst (102). 430–433.

Illing, G. (2016). „Geldpolitik und Staatsverschuldung – Monetäre oder fiskalische Dominanz?“. Aus Politik und Zeitgeschichte (66) 1/2. 3–10.

IMF (International Monetary Fund) (2022a). World Economic Outlook Database, April 2022. Washington DC.

IMF (International Monetary Fund) (2022b). World Economic Outlook Database, Oktober 2022. Washington DC.

Issing, O. (1990). Einführung in die Geldtheorie, 7. Aufl. München.

Juselius, M., und E. Takáts (2018). „The enduring link between demography and inflation“. BIS Working Paper No 722.

Kaldorf, M., M. Krause, L. Radke und F. Wicking (2022). „Geldpolitik und Klimawandel“. Wirtschaftsdienst (102). 545–551.

Kamin, S. B., M. Marazzi und J. W. Schindler (2006). „The Impact of Chinese Exports on Global Import Prices“. Review of International Economics (14). 179–201.

KfW (2022). „Grüne Inflation? Zwischen Klimaschutz und Preisniveaustabilität". KfW Research – Fokus Volkswirtschaft Nr. 368. Frankfurt am Main.

KfW (2020). „EZB-Inflationsziel: Flexibel in die Zukunft". KfW Research – Fokus Volkswirtschaft Nr. 297. Frankfurt am Main.

Koll, W. (2022). „Gesamtwirtschaftliche Stabilität im klimapolitischen Wandel". Wirtschaftsdienst (102). 288–293.

Krämer, J. (2018). „Datenschutz 2.0 – ökonomische Auswirkungen von Datenportabilität im Zeitalter des Datenkapitalismus". Wirtschaftsdienst (98). 466–469.

Kurz, C., und F. Rieger (2013). Arbeitsfrei – Eine Entdeckungsreise zu den Maschinen, die uns ersetzen. München.

Lichtblau, K., M. Fritsch, und A. Millack (2018). Digitalisierung von Wirtschaft und Gesellschaft in Deutschland – Ein Überblick. Köln. 77.

Mahlkow, H., T. Petersen und J. Wanner (2021). „Folgen eines höheren CO_2-Preises in der EU – wer gewinnt, wer verliert?". Wirtschaftsdienst (101). 870–877.

Matthes, F. C. (2020). „Der Preis für CO_2 – Über ein wichtiges Instrument ambitionierter Klimapolitik". Schriften zur Ökologie, Bd. 48. Hrsg. Heinrich-Böll-Stiftung. Berlin.

McKinnon, R. I. (1963). „Optimum Currency Areas". The American Economic Review (53). 717–724.

Michelsen, C. (2022). „Miet-Preis-Spirale – Sie beginnt sich zu drehen". Wirtschaftsdienst (102). 420.

Mundell, R. A. (1961). „A Theory of Optimum Currency Areas". The American Economic Review (51). 657–665.

Naturkapital Deutschland – TEEB DE (2012). Der Wert der Natur für Wirtschaft und Gesellschaft – Eine Einführung. Leipzig und Bonn.

Nauschnigg, F. (2022). „Inflation bekämpfen durch Senkung der Monopolrenten". Wirtschaftsdienst (102). 446–448.

Nicoll, N. (2016). Adieu, Wachstum! Das Ende einer Erfolgsgeschichte. Marburg.

Petersen, T. (2022a). Makroökonomie: Schritt für Schritt, 4. Aufl. München.

Petersen, T. (2022b). „Stagflation". Das Wirtschaftsstudium (51). 542–546.

Petersen, T. (2022c). „Die Rückkehr der Knappheit – wie globale Demografie, Deglobalisierung und Dekarbonisierung Verteilungskonflikte verschärfen". Bertelsmann Stiftung (Hrsg.). Megatrend-Report #04. Gütersloh.

Petersen, T. (2022d). „Importierte Inflation". Das Wirtschaftsstudium (51). 1019–1023.

Petersen, T. (2021a). Mikroökonomie: Schritt für Schritt, 4. Aufl. München.

Petersen, T. (2021b). CO_2 zum Nulltarif? Warum Treibhausgasemissionen einen Preis haben müssen. Gütersloh.

Petersen, T. (2020a). „Mögliche Effekte der Digitalisierung für die Inflationsrate“. Wirtschaftsdienst (100). 220–222.

Petersen, T. (2020b). Diginomics verstehen – Ökonomie im Licht der Digitalisierung. München.

Petersen, T. (2020c). „Optimale internationale Arbeitsteilung“. Wirtschaftsdienst (100). 291–293.

Petersen, T. (2020d). „Alterung, Inflation und internationale Wettbewerbsfähigkeit“. GED Diskussionspapier. Gütersloh.

Petersen, T. (2018). „Bruttoinlandsprodukt“. Das Wirtschaftsstudium (47). 1209–1212.

Petersen, T. (2016). „Preise und ihre Funktionen“. Das Wirtschaftsstudium (45). 1098–1101.

Petersen, T. (2013). „Inflation – Ursachen und Folgen“. Das Wirtschaftsstudium (42). 780–783.

Petersen, T. (2012). „Flexible Wechselkurse, internationale Wettbewerbsfähigkeit und optimaler Währungsraum“. Das Wirtschaftsstudium (41). 317–320.

Petersen, T. (2011): „Ökonomische Grenzen des Wachstums“. Wirtschaftswissenschaftliches Studium (40). 250–253.

Petersen, T., M. Lizarazo López, S. Kaniovski und T. Url (2020). „Makroökonomische Folgen der demografischen Alterung – Simulationen für Deutschland, Japan und die USA bis 2050“. Wirtschaftsdienst (100). 958–963.

Petersen, T., und S. Paulus (2022). „Wasserstoffwirtschaft“. Das Wirtschaftsstudium (51). 164–166.

Phillips, A. W. (1958). „The Relation between Unemployment and the Rate of Change of Money Wage Rates in the United Kingdom, 1861–1957“. Economica (25). 283–299.

Pies, I. (2020): „Joe Kaeser, Luisa Neubauer und die Moral der Klimapolitik: Ordonomische Reflexionen zur Wirtschafts- und Unternehmensethik“. Diskussionspapier No. 2020-02, Martin-Luther-Universität Halle-Wittenberg, Lehrstuhl für Wirtschaftsethik. Halle (Saale).

Priem, M., A. S. Kritikos, O. Morales und J. Schulze Düding (2022). „Folgen der Inflation treffen untere Mittelschicht besonders: Staatliche Hilfspakete wirken nur begrenzt“. DIW Wochenbericht (89). 387–394.

Quitzau, J., und A. Broders (2019). Marktwirtschaft in Gefahr? Digitale Monopole. Hamburg.

Rifkin, J. (2014). Die Null Grenzkosten Gesellschaft. Frankfurt a. M./New York.

Rudolf, P. (2020). „Der sino-amerikanische Weltkonflikt“. Lippert, B., und V. Perthes (Hrsg.). Strategische Rivalität zwischen USA und China. Berlin. 10–12.

Rupprecht, M. (2021). „Strafzölle, Handelskriege und die (ungeahnten) Folgen für die Welt". Rupprecht, M. (Hrsg.). Wirtschaft am Scheideweg – Corona, Brexit, Handelskriege und mehr. Stuttgart. 49–73.

Schäfer, D., und M. Bieg (2016). Auswirkungen der Digitalisierung auf die Preisstatistik, Methodeninformation des Statistischen Bundesamts. Wiesbaden.

Schnabel, I. (2022). „A new age of energy inflation: climateflation, fossilflation and greenflation". Speech by Isabel Schnabel, Member of the Executive Board of the ECB, at a panel on „Monetary Policy and Climate Change" at The ECB and its Watchers XXII Conference. 17.3.2022. Frankfurt am Main.

Schnabl, G. (2022). „Versteckte Inflation – Der weltweite Drang zu Preiskontrollen". Die Politische Meinung (67) Nr. 575. 29–33.

Schweizerische Nationalbank (2015). „Nationalbank hebt Mindestkurs auf und senkt Zins auf -0,75%". Medienmitteilung vom 15. Januar 2015. Zürich.

Schweizerische Nationalbank (2011). „Nationalbank legt Mindestkurs von 1.20 Franken pro Euro fest". Medienmitteilung vom 6. September 2011. Zürich.

Sigl-Glöckner, P., M. Krahé, P. Schneemelcher, F. Schuster, V. Hilbert und H. Meyer (2021). „Eine neue deutsche Finanzpolitik". Dezernat Zukunft. Berlin.

Solow, R. (1987). „We'd better watch out". New York Times vom 12.7.1987. 36.

Statistisches Bundesamt (2022a). Preise – Harmonisierte Verbraucherpreisindizes – Mai 2022. Wiesbaden.

Statistisches Bundesamt (2022b). Volkswirtschaftliche Gesamtrechnungen, Inlandsproduktberechnung, Lange Reihen ab 1970, Fachserie 18 Reihe 1.5, Ausgabe 2021, erschienen am 2. September 2022. Wiesbaden.

Statistisches Bundesamt (2022c). Ableitung des HVPI-Wägungsschemas für das Jahr 2022 (Preisbasis Dezember 2021). Wiesbaden.

Statistisches Bundesamt (2022d). Preise – Verbraucherpreisindizes für Deutschland, Jahresbericht 2021. Wiesbaden.

Statistisches Bundesamt (2021). Preise – Verbraucherpreisindex für Deutschland, erschienen am 10.12.2021. Wiesbaden.

SVR (Sachverständigenrat zur Begutachtung der gesamtwirtschaftlichen Entwicklung) (2021). „Transformation gestalten: Bildung, Digitalisierung und Nachhaltigkeit". Jahresgutachten 2021/22. Wiesbaden.

SVR (Sachverständigenrat zur Begutachtung der gesamtwirtschaftlichen Entwicklung) (2019). Aufbruch zu einer neuen Klimapolitik – Sondergutachten. Wiesbaden.

Tews, K. (2013). „Energiearmut definieren, identifizieren und bekämpfen – Eine Herausforderung der sozialverträglichen Gestaltung der Energiewende". FFU-Report

04-2013 des Forschungszentrums für Umweltpolitik der Freien Universität Berlin. Berlin.

Umweltbundesamt (2017). Nudge-Ansätze beim nachhaltigen Konsum: Ermittlung und Entwicklung von Maßnahmen zum „Anstoßen" nachhaltiger Konsummuster – Abschlussbericht. Dessau-Roßlau.

Umweltbundesamt (2016). Umweltschädliche Subventionen in Deutschland – Aktualisierte Ausgabe 2016. Dessau-Roßlau.

UN (United Nations, Department of Economic and Social Affairs, Population Division) (2022). World Population Prospects 2022, Online Edition. Rev. 1.

Varian, H. R. (2016). „Intelligent Technology". Finance and Development (53) 3. 6–9.

Verbraucherzentrale Bundesverband e. V. (2016). „Personalisierte Preise". Diskussionspapier des Verbraucherzentrale Bundesverbands. Berlin.

Weichenrieder, A., und E. Gürer (2020). „Inflation, Inflationsmessung und Zentralbankpolitik". Wirtschaftsdienst (100). 834–838.

Weidmann, J. (2018). „Höheres Wachstum, niedrigere Inflation? – Der digitale Wandel aus Notenbanksicht". Rede beim Empfang der Deutschen Bundesbank im Rahmen der Jahrestagung des Vereins für Socialpolitik am 3.9.2018, Freiburg.

Wicksell, K. (1898). Geldzins und Güterpreise: Eine Studie über die den Tauschwert des Geldes bestimmenden Ursachen. Jena.

Wilts, H., und N. von Gries (2017). Der schwere Weg zur Kreislaufwirtschaft. Wuppertal Institut (Hrsg.). Wuppertal.

WWF Deutschland (2019). Risiko Dürre – Der weltweite Durst nach Wasser in Zeiten der Klimakrise. Berlin.

Zander-Hayat, H., I. Domurath, und C. Groß (2016). „Personalisierte Preise". SVRV Working Paper (2). Berlin.

Register

Abbildungsverzeichnis

Tabellenverzeichnis